U0710455

中华近思学术

走向三国

单敏捷 著

汉末
群雄割据史
（190—220）

中華書局

图书在版编目(CIP)数据

走向三国:汉末群雄割据史:190—220/单敏捷著. —北京:中华书局,2025. 5. —(中华学术·近思). —ISBN 978-7-101-17073-3

Ⅰ. K234. 207

中国国家版本馆 CIP 数据核字第 2025HE6532 号

书　　名　走向三国:汉末群雄割据史(190—220)
著　　者　单敏捷
丛 书 名　中华学术·近思
统筹策划　孟庆媛
责任编辑　刘　方
装帧设计　周伟伟
责任印制　陈丽娜
出版发行　中华书局
　　　　　(北京市丰台区太平桥西里 38 号　100073)
　　　　　http://www.zhbc.com.cn
　　　　　E-mail:zhbc@zhbc.com.cn
印　　刷　北京盛通印刷股份有限公司
版　　次　2025 年 5 月第 1 版
　　　　　2025 年 5 月第 1 次印刷
规　　格　开本/880×1230 毫米　1/32
　　　　　印张 11½　插页 2　字数 260 千字
印　　数　1-5000 册
国际书号　ISBN 978-7-101-17073-3
定　　价　68.00 元

目录

第二章　南方地区

第三章 西部地区

第四章 制度与总论

引言　丰年之后的动乱与群雄混战的开启

“大有年”即大丰收，是古代统治者热切期盼的盛世的象征。《后汉书》中共出现两次“大有年”记录。第一次在明帝永平九年（66）。当时正值相对安定的东汉前期，所以有此记载并不奇怪。第二次却记在《灵帝纪》光和六年（183）的最后一行，这就很让人意外了。因为明年二月，张角就发起了黄巾起义。

“大有年”的出现，风调雨顺固然必不可少，而政治、社会环境也一定要是较为安定的，如果一直处于战乱之中，哪还会有好的收成？直觉告诉我们，在著名的“昏君”汉灵帝在位期间，又恰好是黄巾起事的前一年，就算不是乱象丛生、天下沸腾，似乎也不太应该出现“大有年”这种盛世才能看到的景象。这一记载亦有其他史料可以佐证。《后汉书·宦者吕强列传》载吕强向灵帝进言："比谷虽贱，而户有饥色"[1]，谷贱即意味着粮食丰收。在历代统治者极力追求的大丰收实现之后，百姓仍要忍饥挨饿，按照吕强的说法，是因为国家赋税沉重，以致"天下虽复尽力耕桑，犹不能供"[2]。其实赋税沉重到百姓无法承受，除了来自官府、豪强、商人的盘剥压榨，更多还应是谷贱伤农所致。农民的粮食卖不上价钱，多产了粮食，能换到的货币反而少于往常，国家赋税的大项算赋、更赋等，以及日常开销，都需要支付货币，需要支出的钱数不变，百姓能够保留的口粮便可能会连平年甚至部分欠年都比不上。丰年处理不当，也可能会引发尖锐的矛盾与激烈的社会动荡。

暂时抛开"大有年"可能对民众造成的伤害，回到黄巾起义前的政治、社会状况。在人们的一般印象中，起义前夕，除了统治者横征暴敛，百姓苦难深重，国家的统治秩序也一定出现了比较严重的问题。但细读《后汉书》文本，不难发现，这样的印象并不十分准确。反而史籍里清楚地记录着，桓帝后期以来的几处大规模边乱，至灵帝中期都已基本平定，灵帝也在尝试维持各种政治势力的平衡，并取得了一些成效。黄巾起义之前数年，东汉王朝确实出现了并不算太短暂的"好景"。无

1 《后汉书》卷七八《宦者吕强列传》，中华书局，1965年，第2529页。
2 《后汉书》卷七八《宦者吕强列传》，第2529页。

怪乎范晔在《后汉书·西羌传》中感叹："惜哉寇敌略定矣，而汉祚亦衰焉。呜呼！"[1]

灵帝艰难维持换来的平衡，终究在"苍天已死，黄天当立"的呼喊声中陷于崩塌。又过了几年，至中平六年，灵帝病死，东汉王朝的秩序重建终成泡影。延续四百年的大一统局面将在几个月后终结，并一步步走向天下三分，中国进入帝制时代以来的首次长期大规模分裂。这一转变的戏剧性和突然性，在对比了黄巾起义前的"好景"之后，更是让人瞠目结舌。换个视角来看，桓、灵二帝面对困局，做出了颇为系统的努力，包括大力平定边乱以及通过发动"党锢之祸"等手段镇压朝中有异见者，以此来继续维持汉朝的统治，延续大一统局面。这一目标似乎很快就要实现，却突然之间倾覆瓦解，正显示了当时政治、社会矛盾已颇为深重。桓、灵二帝的做法只是暂时掩盖了矛盾，至于错综复杂的边疆问题、朝中各种势力的暗流涌动、腐败的吏治等等，都没有得到真正解决，不过是推迟到了黄巾起义之后集中爆发。

灵帝后期各种矛盾如何集中爆发？国家如何由统一走向分裂？是本节的主要内容，也是本书主体部分的铺垫。本节之后，我们将聚焦于秦汉大一统到三国之间的过渡时期，即汉末

---

1 《后汉书》卷八七《西羌传》，第2901页。

群雄混战的阶段。大一统如何崩溃？献帝初年的破碎性分裂又为何最终演变为局部统一的三足鼎立？希望本书能对这些问题有所推进。

群雄割据混战的局面是如何形成的？这个问题好像没有必要再做探讨。一则因为历来谈论者、研究者不胜枚举，二则史料具在，条理清晰明了，没有更多可深究的余地。当然更重要的是，在人们的普遍记忆里，汉末混战是因黄巾而起。答案已经有了，何必再问呢？

不过，翻看前人的著作，可以发现他们对这一问题的解答并不全然一致，甚至有明显偏差。这究竟是怎么回事呢？

关于汉末三国历史的著作繁多，难以一一列举，这里仅举较有代表性的几种，简单探讨下不同学者对汉末乱局形成原因的认识。

钱穆在《国史大纲》中有这样的叙述：

> 两汉地方行政长官，即郡太守。其地位本甚高，秩二千石。平时得召见，高第得入为公卿。在郡得自辟属官，得自由主持地方之政事，得自由支配地方财政，得兼治地方军政。两汉的郡太守，权位既重，并得久任，俨如古代一诸侯，所异者只是不能世袭。中央政府对地方行政

有分派督查之人，曰刺史。西汉刺史秩六百石，居部九岁乃得迁守、相，位微而权重。每岁八月巡行所部，岁尽诣京师奏事。东汉刺史秩增至二千石，但因计吏还奏，不复诣京师，位任益尊。

灵帝时，地方变乱纷起，宗室刘焉建议改刺史为州牧，乃有地方行政实权。关东义兵起，讨董卓，太守亦各专兵柄。中央大权堕落，地方政权乘之而起，遂成三国初年之割据。[1]

这段话结尾处的“三国初年”实指汉献帝年间。钱穆论说汉代郡守和州刺史权重过大，东汉末尤甚，而董卓入洛、控制朝政以后，地方州郡长官遂以讨董名义纷纷起兵，于是就形成了群雄割据的局面。在他看来，汉末乱局之所以出现，根本上是因地方政府实力强大，而董卓入洛则是开启乱局的关键。吕思勉之《秦汉史》第十一章《后汉乱亡》以“何进之败”开篇，接下来便是“董卓之乱”，而黄巾起义以及凉州丧乱则出现在第十章《后汉衰乱》的最后一节，即第七节“后汉中叶后内乱”[2]。可见，吕思勉亦将董卓入洛视为汉末群雄混战的开端。

1 钱穆:《国史大纲》，商务印书馆，1996年，第216—217页。本书引用时为行文方便，未采纳原书分段方式。

2 吕思勉:《秦汉史》，上海古籍出版社，2005年，第297—314页。

对于黄巾起义，钱、吕两位学者并无太多评论。

以上所举的两部著作皆完成于民国时期。建国以后，对于上述问题的主流解释则将重点落在了黄巾起义之上。

何兹全在《三国史》中讲道："轰轰烈烈的黄巾农民暴动，主力军虽在一年中被镇压下去了，但余部却继续了十多年之久。它没有打垮东汉帝国建立黄天王朝，但东汉帝国却因它而皇威扫地，地方势力强大起来，出现分崩离析、分裂割据的局面。"[1]王仲荦在《魏晋南北朝史》中也有相似的评论："黄巾大起义，首先达到了摧毁东汉王朝的最终目的。尽管在灵帝以后，汉献帝还充当了有名无实的傀儡皇帝，但东汉王朝的大权实际上已落进曹操的手里去了。"[2]这两部书的观点给人以这样的印象：黄巾起义沉重打击了东汉王朝，使之名存实亡，汉末分裂割据及曹操专权的局面，亦皆由黄巾而起。然而，如果我们细读史书，不难发现两位学者在下此论断时，都忽略了从张角起事到献帝登基之间的几年中曲折复杂的历史变迁，而过于看重黄巾起义所扮演的角色。我们丝毫不须怀疑两位学者对史料的熟悉程度以及他们的治史功力，他们忽略中间过程，当然不是因为对那段历史不够了解。从吕思勉、钱穆等学者以董卓入洛为汉末混战起点，到王仲荦、何兹全等先生重视黄巾的作

---

1 何兹全:《三国史》，人民出版社，2011年，第9页。

2 王仲荦:《魏晋南北朝史》，上海人民出版社，1979年，第19页。

用，这一转变的产生，应是受到了建国以后尤重农民战争的史学氛围的影响。

另外，马植杰的《三国史》成书于上世纪九十年代。该书对于从黄巾起义到董卓入洛之间的历史有较为详细的叙述，没有类似何兹全、王仲荦等学者注重农民战争意义的阐述，而该书第一章第三节的标题为“黄巾大起义与东汉王朝的崩溃”[1]，相比钱、吕两位学者，仍算是比较看重黄巾的作用。马植杰的观点可以看作介于前述两种认识之间。

抛开特定时代的历史烙印，回到史料本身，我们应如何看待这段历史呢?

显然，东汉王朝的分崩离析，是因献帝初平元年（190）袁绍等关东诸州郡长官兴兵讨伐董卓而起。此时距离灵帝中平元年黄巾起义已相隔数载，且董卓入洛掌权的直接原因是灵帝死后外戚、宦官的大火拼，与黄巾的活动没有直接关系。因此，将汉末大分裂简单归因于黄巾，历史逻辑存在明显的脱节，是不太合适的。不过，仔细推究史料，我们仍能发现造成汉末分裂的不少基本历史条件，确与黄巾存在十分紧密的联系。由是，对于汉末分裂是否因黄巾起义而起的提问范式，我们固然应该跳出，但更应该思考：黄巾的活动如何改

1　马植杰:《三国史》，人民出版社，1993年，第8—10页。

变了东汉的政治、社会状况？又是如何引发了后续的历史变动？

黄巾与汉末混战存在怎样的历史联系，笔者总结为三条线索。

首先，黄巾起义引发了一系列的动乱，加剧了社会的动荡。虽然东汉中后期以来常战乱不息，但黄巾之后的战乱与动荡并非只是东汉旧疾复发而已。结合当时的历史情境，我们可以更为精确地认识黄巾之变造成的后续动荡对东汉政治秩序的致命破坏。

东汉一朝西北地区、北方长城一带、南方山区多次发生战乱，有些规模浩大，迁延日久。就东汉中期以降而言，顺帝永和羌乱（140—145）后，至桓帝年间，西北羌人又多次发起反抗战争，朝廷命张奂、段颎等率兵连年征讨，尤其是段颎，在付出了巨大的消耗之后，终于在桓帝永康元年（167）、灵帝建宁二年（169）分别击败西羌、东羌。羌人受到严酷镇压。此后直至黄巾起事，除了北方鲜卑的袭扰偶尔波及凉州，西北地区长期未再出现较大规模的战事。

在北方长城沿线，北匈奴政权瓦解后，鲜卑势力逐渐崛起，安帝、顺帝以后，渐渐成为汉朝的大患。最初鲜卑的袭扰对东汉北方边疆秩序的破坏还较为有限，桓帝时檀石槐崛起，集合鲜卑各部连年向东汉发难。延熹九年（166），檀石槐派骑兵数万袭击延边九郡，桓帝命张奂率大军出击，鲜卑才退回塞外，但汉军仍然对鲜卑的袭扰无计可施，左支右绌。汉朝试图与檀石槐和亲，授以王位，檀石槐拒不接受，继续袭击汉塞。灵帝时，西北、南方的战乱已经平息，东汉便集合大军，于熹平六年（177）命曾跟随段颎平定羌乱的悍将夏育、田晏等协同南匈奴军出塞二千里，主动进攻鲜卑，结果汉军大败，死伤无数，鲜卑转而更盛于前，甚至有大量边塞人口自发出塞，脱离汉朝而追随檀石槐。然而，仅仅几年以后，光和四年檀石槐病死，鲜卑各部失去了能够慑服诸部的统帅，势力逐渐衰弱。东汉又采用一些外交手段对鲜卑各部分化瓦解，很快就基本解除了鲜卑的威胁。至此，长城一带的局势也渐归平稳。

东汉中后期南方武陵蛮的大规模叛乱起于顺帝时期。随着南方开发的深入推进，以及东汉政府对南方山蛮控制的加强，顺帝年间，政府转变对武陵蛮的赋税政策，取消先前的诸多优惠待遇，施行与汉人相同的征收方案。由于山民居处深险，转输不便，同样的赋税往往意味着更为沉重的剥削。此举引发武陵蛮举兵反抗，汉朝付出巨大代价才将叛乱镇压下去。随后至桓帝年间，长沙、零陵、武陵等地山民又反，朝廷派车骑将军冯绲等率大军征讨，至延熹六年战争基本结束。此后武陵蛮虽又发起过动乱，但规模及持续时间都较为有限[1]。

可见，自桓帝后期以来，长期困扰东汉的边乱大体呈现渐归平息的趋势，尤其是檀石槐死后，边疆上大的威胁基本已看不到了。并不是说东汉的政治危机在灵帝时期已基本解除，宦官专权、党锢之祸以及越发严重的财政危机都表明了更大的矛盾已经在酝酿之中，但桓、灵时期国家在边疆的巨大投入确实收到了显而易见的成效。然而，长期辛苦经营换来的和平尚未持续太久，黄巾之后，各地变乱蜂起，波及地区之广、战乱之激烈远甚先前，几年之间，事态就超出了东汉政府的控制。灵帝中期相对安定的局面终成昙花一现。

中平元年二月，黄巾起义爆发。十一月，河、陇诸羌乘机起事，东西奔突，南北应援，遂攻劫城邑，席卷凉土。叛军还袭杀边将，逼劫西北大姓入伙同流："湟中义从胡北宫伯玉与先零羌叛，以金城人边章、韩遂为军帅，攻杀护羌校尉伶征、金城太守陈懿。"次年三月，北宫伯玉等东击三辅（京兆、冯翊、扶风三郡），扰动关中平原腹地[2]。北宫伯玉等人发动的动

1 王素《长沙东牌楼东汉简牍概述》指出："《后汉书·灵帝纪》仅记载两次蛮贼（笔者按，指荆州南部蛮贼）暴乱：一次在中平三年……一次在中平四年……值得注意的是：（一）这两次蛮贼暴乱都发生在中平元年'黄巾'起事后，有可能是受其影响所致，说明灵帝继位后，荆南曾维持过十多年的安宁……"（论文收入长沙市文物考古研究所、中国文物研究所编《长沙东牌楼东汉简牍》，文物出版社，2006年，第70页）

2 《后汉书》卷八《孝灵帝纪》，第350—351页。

乱对西北影响很大。东汉政府派张温、董卓、孙坚等前往讨伐，终究未能阻挡西北走向军阀割据。随后董卓入洛，从此马腾、韩遂等大小军阀豪帅盘踞凉州长达二十余年。

在内地，黄巾之后，流民大起，很多人聚集于太行山中，形成了庞大的黑山等势力。中平二年二月，“黑山贼张牛角等十余辈并起，所在寇钞”[1]。黑山是太行山一带活跃的山贼化武装力量的代表，在黄巾起义后迅速壮大，弥漫山谷，成为太行山区与华北平原一带颇有影响的力量，一直到官渡之战后才陆续降附曹操。

动乱又蔓延到东北边疆。中平四年，“渔阳人张纯与同郡张举举兵叛，攻杀右北平太守刘政、辽东太守杨终、护乌桓校尉公綦稠等。举自称天子，寇幽、冀二州”[2]。为了对付西北的变乱，东汉政府在幽州征发乌桓突骑远赴凉州平叛，引起乌桓骚动。张纯、张举利用这一机会发动乌桓诸部反抗东汉政府。幽州牧刘虞凭借在乌桓中的威信，促使张举集团内部分裂，张纯被其部下所杀。东汉对东北少数民族的战争，又使奉命讨伐乌桓的边将公孙瓒得以发展壮大，最后取代了刘虞对幽州的统治。

以上凉州、太行山区、幽州的三次变乱规模最大，影响

---

1 《后汉书》卷八《孝灵帝纪》，第351页。

2 《后汉书》卷八《孝灵帝纪》，第354页。

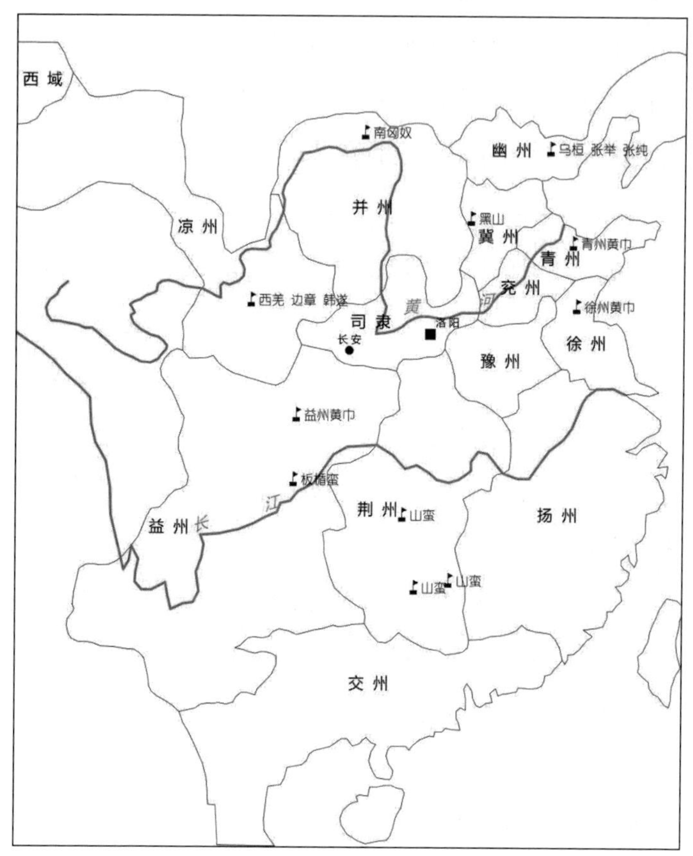

图 1 中平年间各地主要战乱示意图[1]

---

1 本书地图均烦劳宁夏大学历史系副教授高正亮老师绘制，特在此表示感谢！

最为深远，另外各地还有不少规模或大或小的动乱，其中较大的诸如益州黄巾、巴郡板楯以及荆州南部长沙零陵等郡山民的变乱等等[1]，都极大地改变了当时的政治、社会面貌。

其次，黄巾起义改变了东汉统治集团内部的政治结构，为外戚、宦官的大火拼准备了条件。起义爆发次月，何皇后之兄何进从河南尹升任大将军，屯兵洛阳都亭，开始掌握军权。与东汉一朝先前的外戚不同，何氏出身低微，依附于宦官方得发迹。我们无法断定，如果没有升任大将军及执掌兵权，何进在灵帝死后是否能够以外戚身份掌权，但黄巾起义无疑加速了何进在政治上崛起的步伐。

几年以后，中平五年八月，灵帝为了加强京师武备，于西园设置八校尉。《后汉书·何进传》载：

> 是时置西园八校尉，以小黄门蹇硕为上军校尉，虎贲中郎将袁绍为中军校尉，屯骑都尉鲍鸿为下军校尉，议郎

---

1 长沙东牌楼汉简有临湘守令文书反映中平后期荆州南部频有战事："荆南频遇军寇，租茤法赋，民不输入，冀蒙赦令，云当亏除。连年长逋，仓空无米，库无钱布……昭陵、连道尚有营守，小贼警急，见职吏各便归家，召唤不可复致……"（长沙市文物考古研究所、中国文物研究所编：《长沙东牌楼东汉简牍》，第77页）可见荆州南部已连续多年遭受兵患，为支援讨平叛乱，临湘县府库空竭。中平五年时，长沙、零陵二郡交界处的昭陵、连道等县尚有屯兵，战事尚未平息，而当地官吏多归家避难，正常的地方管理秩序也受到影响。

曹操为典军校尉，赵融为助军校尉，淳于琼为佐军校尉，又有左右校尉。帝以蹇硕壮健而有武略，特亲任之，以为元帅，督司隶校尉以下，虽大将军亦领属焉。[1]

通过有限的史料可以得知，八校尉统领着一支颇具实力的军队。《灵帝纪》载：中平五年十一月，“遣下军校尉鲍鸿讨葛陂黄巾。巴郡板楯蛮叛，遣上军别部司马赵谨讨平之”[2]，这是西园军的实际战例。关于西园，除了八校尉，西园卖官也非常有名。官职明码标价，官员接受任命以后要到西园向宦官付钱。灵帝末年大兴土木，又在西园聚集宝货[3]。西园还储藏了不少战略物

---

1 《后汉书》卷六九《何进列传》，第2247页。《后汉书·灵帝纪》李贤注引乐资《山阳公载记》八校尉的职位与《何进列传》略有出入：“小黄门蹇硕为上军校尉，虎贲中郎将袁绍为中军校尉，屯骑校尉鲍鸿为下军校尉，议郎曹操为典军校尉，赵融为助军左校尉，冯芳为助军右校尉，谏议大夫夏牟为左校尉，淳于琼为右校尉：凡八校尉，皆统于蹇硕。”（《后汉书》卷八《孝灵帝纪》，第356页）《三国志·张杨传》注引刘艾《灵帝纪》所载六校尉与李贤注引《山阳公载记》同，不同者“赵融、冯芳为助军校尉”（《三国志》卷八《魏书·张杨传》注引刘艾《灵帝纪》，中华书局，1982年，第251页）。

2 《后汉书》卷八《孝灵帝纪》，第357页。

3 《后汉书》卷七八《宦者张让列传》：“明年（笔者按，中平二年），南宫灾。（张）让、（赵）忠等说帝令敛天下田亩税十钱，以修宫室。发太原、河东、狄道诸郡材木及文石，每州郡部送至京师，黄门常侍辄令谴呵不中者，因强折贱买，十分雇一，因复货之于宦官，复不为即受，材木遂至腐积，宫室连年不成。刺史、太守复增私调，百姓呼嗟。凡诏所征求，皆令西园驺密约敕，号曰‘中使’，恐动州郡，多受赇赂。刺史、二千石及茂才孝廉迁除，皆责助军修宫钱，大郡至二三千万，余各有差。当之官者，皆先至西园谐价，然后得去。有钱不毕者，或至自杀。其守清者，（转下页）

资。《皇甫嵩列传》记载："嵩以为宜解党禁，益出中藏钱、西园厩马，以班军士。"[1]足见西园战马之多。此外，西园还可能是灵帝经常游嬉居住的场所，《续汉书·五行志》："灵帝于宫中西园驾四白驴，躬自操辔，驱驰周旋，以为大乐。于是公卿贵戚转相放效，至乘辎軿以为骑从，互相侵夺，贾与马齐。"[2]公卿贵戚纷纷效仿，说明灵帝应多次在西园驾白驴作乐。很有可能，西园八校尉负责保卫灵帝在此囤积的大量财产和物资，以及灵帝本人的安全，除此以外，似乎还有更深层的政治目的。

黄巾起义以后，全国动乱频仍，大将军何进及其弟车骑将军何苗在军队中的地位显著提升。不过，灵帝扶植外戚很大程度上只是迫于时局所需，实际上他对何氏已多有不满。据《何进传》："初，何皇后生皇子辩，王贵人生皇子协。群臣请立太子，帝以辩轻佻无威仪，不可为人主，然皇后有宠，且进又居重权，故久不决。"[3]关于皇子辩轻佻无威仪，还有其他的事例可以佐证。《三国志·董卓传》注引《献帝纪》："卓与帝（即少帝刘辩）语，语不可了。乃更与陈留王语，问祸乱由起；王答，自初至终，无所遗失。"[4]两位皇子个人素质存在差异，应

（接上页）乞不之官，皆迫遣之。""又造万金堂于西园，引司农金钱缯帛，仞积其中。"（第2535—2536页）

1 《后汉书》卷七一《皇甫嵩列传》，第2300页。

2 《续汉书》志一三《五行一》，《后汉书》，第3272页。

3 《后汉书》卷六九《何进列传》，第2247页。

4 《三国志》卷六《魏书·董卓传》注引《献帝纪》，第173页。

非毫无依据，而灵帝长期不立刘辩为太子，更在于他对何氏的态度。皇子刘协母王美人遭何后鸩杀之后，灵帝一度要废黜皇后，经宦官劝阻方才作罢。此后，灵帝安排自己的母亲董太后抚养皇子协，显然是为防范何氏加害。设置西园八校尉后，灵帝以蹇硕总其事，包括何进也要受蹇硕节制，说明灵帝对何进是有所排斥，至少是有意限制的。史料还记载灵帝临死前将皇子协托付于蹇硕[1]，这无疑又进一步加剧了何进与蹇硕的矛盾。

蹇硕虽名义上节制西园诸校尉及何进兄弟，但灵帝死后，袁绍、曹操等西园诸校尉便不再服从蹇硕。十常侍中的张让等人为了保全自己，果断牺牲蹇硕，以此暂时平息何进对宦官的怒火。可见，灵帝试图限制何进的做法并没有达到预期，却更激化了外戚与宦官的矛盾。蹇硕死后，何进及其周围的士人对宦官仍充满敌意，火并一触即发。然而，由于何氏与宦官有着千丝万缕的关系，包括何后在内的许多何氏成员并不充分信任何进周围的士人[2]。在士人与宦官撕扯之下，在如何对待宦官的问题上，何家内部出现了严重的分歧。何进犹豫不决，迁延日

1 《后汉书》卷六九《何进列传》，第2247页。

2 《后汉书》卷六九《何进列传》载：何进“遂与（袁）绍定筹策（笔者按，即诛杀宦官之策），而以其计白太后。太后不听，曰：‘中官统领禁省，自古及今，汉家故事，不可废也。且先帝新弃天下，我奈何楚楚与士人对共事乎？’”（第2249页）又载：“（何）苗谓进曰：‘始共从南阳来，俱以贫贱，依省内以致贵富。国家之事，亦何容易！覆水不可收。宜深思之，且与省内和也。’”（第2250页）

久，终为宦官所杀。何进的部下入宫尽诛宦官，轮流执掌朝权达一个世纪之久的外戚、宦官两大集团同时覆灭，东汉朝堂出现了巨大的政治空洞，给了董卓以可乘之机。

我们可以对整个事件过程作简单总结：黄巾起义后，何进兄弟迅速崛起。灵帝为了抑制何氏，又培植蹇硕。这一行为加剧了何进与宦官的矛盾。袁绍等士人此时向何进靠拢，企图联合、利用何进诛灭宦官，更加深了统治集团的分裂，最终酿成了外戚与宦官的火并。如果说黄巾起义导致了董卓入洛以及之后的山东军阀割据，是说不过去的，因为真正的割据混战还是在关东群雄纷纷起兵讨伐董卓之时才开始的，黄巾起义只是促使政治局面更加混乱，为更大规模的朝中斗争准备了条件。不过，将张角起兵作为一系列连锁反应的起点，是没有问题的。

另外，还有一点需要提一下。士人团体本来在窦武、陈蕃死后受到极大的压制，黄巾起义迫使灵帝不得不解除党人禁锢。何进身边的士人虽多非党锢之祸的直接受害者，但党锢的解除必然大大提升士人的政治地位[1]。这一点对灵帝末年以及以后的政局演变都有深远的影响。

---

1 《后汉书》卷六九《何进列传》载："蹇硕疑不自安，与中常侍赵忠等书曰：'大将军兄弟秉国专朝，今与天下党人谋诛先帝左右，埽灭我曹。'"（第2248页）袁绍等人虽未受党锢之祸，但宦官仍以党人视之，党锢的解除对于提升士人整体的政治地位，显然有很大作用。

再次，黄巾起义促使东汉政府加剧了对人民的盘剥，各种矛盾更趋激化。马植杰《三国史》讲道："农民起义的暴风骤雨，并不能使封建统治者有所收敛，他们反而变本加厉地向人民搜刮。"[1]早在黄巾起义前的熹平四年，灵帝就已"改平准为中准，使宦者为令，列于内署。自是诸署悉以阉人为丞、令"[2]，这些举措大大便利了皇帝和宦官搜刮钱财。《后汉书·贾琮传》载："时黄巾新破，兵凶之后，郡县重敛，因缘生奸。"[3]中平二年南宫火灾，灵帝大兴土木，又于西园卖官，搜刮财货。黄巾起义前，宦官亲属就多有在州郡为官者。他们中不少人横征暴敛，鱼肉百姓，败坏吏治。《后汉书·宦者吕强列传》："中平元年，黄巾贼起，帝问强所宜施行。强欲先诛左右贪浊者，大赦党人，料简刺史、二千石能否。帝纳之，乃先赦党人。于是诸常侍人人求退，又各自征还宗亲子弟在州郡者。"[4]吕强建议灵帝解除党锢、查办贪浊宦官、考核州郡官员，尤其后两事严重侵犯了宦官的利益。很多宦官在党锢解除以后，纷纷准备敛手，召回子弟在地方任职者，以免受到查办。随后宦官赵忠等陷害吕强，迫使吕强自杀。吕强既死，大

1 马植杰：《三国史》，第9页。
2 《后汉书》卷八《孝灵帝纪》，第337页。
3 《后汉书》卷三一《贾琮列传》，第1112页。
4 《后汉书》卷七八《宦者吕强列传》，第2533页。

概他的有些建议也不会得到很好的施行。又，黄巾起兵后，郎中张钧上书："窃惟张角所以能兴兵作乱，万人所以乐附之者，其源皆由十常侍多放父兄、子弟、婚亲、宾客典据州郡，辜榷财利，侵掠百姓，百姓之冤无所告诉，故谋议不轨，聚为盗贼。"[1]后张钧遭到收捕，死于狱中。又颇有中常侍与张角先有交通，事发之后，灵帝愤怒，诘问诸常侍："汝曹常言党人欲为不轨，皆令禁锢，或有伏诛。今党人更为国用，汝曹反与张角通，为可斩未?"[2]最后灵帝也未能给宦官以实质上的惩罚，反而放纵宦官在西园疯狂囤聚。

对于中平年间灵帝及宦官集团近乎掠夺的搜刮，当然可以从灵帝本人和宦官们的贪婪角度加以理解，不过这应当还不是全部。如西园八校尉的设置，除了保护灵帝本人及其聚敛的财物，也是为了应付日益频繁的军事活动，以及限制外戚何氏的势力。由于国家不安定因素大大增多，灵帝在洛阳扩大禁军规模，增加物资储备，也算是谋之长远。战乱之后人民更需要的是轻徭薄赋、休养生息，但这类举措并不能立即缓解王朝政府的压力。短期来看，政府更应加紧储备财物，以应对可能的突发事件，与民休息反而可能是非常危险的做法。如此一来，政府为了自身的利益，大肆加重人民的苦难，这在黄巾起义之后

---

1 《后汉书》卷七八《宦者张让列传》，第2535页。
2 《后汉书》卷七八《宦者张让列传》，第2535页。

的中平年间，更容易加剧社会动荡。

尽管已经“天下滋乱”[1]，但推动东汉真正走向分裂的关键一环直到董卓入洛以后才拼接完成。董卓专擅朝政，废少帝立陈留王，和士人团体的矛盾不断累积。袁绍、袁术、曹操等人逃离洛阳，他们联络一批关东地方长官借起兵讨董之机，纷纷割据自立。大量州郡长官迅速转变为地方军阀，自此混战不休。

农民起义为东汉分裂提供了一些条件，但如果直接说“东汉帝国却因它而皇威扫地，地方势力强大起来，出现分崩离析、分裂割据的局面”，或者说黄巾起义“达到了摧毁东汉王朝的最终目的”，是不恰当的，至少是不准确的。东汉走向分裂，除了可以溯源至黄巾起义，还有两个极为重要的因素，即中央不同政治势力的矛盾日趋尖锐，以及钱穆指出的州郡长官手握大权，此外再加上帝位更迭、西北武人介入等因素，乱局才最终形成。建国后尤为重视农民战争的思潮当然不是没有史学价值，黄巾起义确实可以称作是时代转折点，它引发了远较沉重打击东汉皇权、导致东汉分崩离析等描述更为复杂且重大的政治效应，可惜的是，这些更为具体的历史联系，却往往被忽视了。

---

1 《后汉书》卷六九《何进列传》，第2246页。

序章　流民与军阀

对于汉末群豪，人们以往更关注那些统帅或部分重要下属，如袁绍、刘表、沮授、陈宫等。然而，要对这些政治军事集团进行更为深入的讨论，就不能仅将研究限于少数重要人物，而是应主要考察影响各支割据势力政治运行的多种因素。

根据军阀集团形成渊源及内部政治运行方式，可将汉末群雄分为两类：第一类脱胎于东汉的政权系统，他们一般沿用旧有的国家机器，或适当加以改造之后统治地方；第二类出自反抗政府的武装势力，大多分布在边疆地区或偏远山区。这两类又可各分为两种情况。脱胎于东汉政权系统的势力中，既有由州郡等一般地方政府演化而来者，也有出自东汉军队系统尤其是边防军系统的，前者包括二袁、曹操、刘表之流，后者以董卓、公孙瓒最为典型。由反政府势力演化而来的军阀，一种是边疆地区胡汉结合的割据势力，以西北的马腾、韩遂为代表，另一种则是以流民为主体或大量吸收流民人口的武装势力，包括黄巾余部、黑山以及各种占据山泽险隘的中小军阀。

从政治、军事实力与对全局的影响力来看，由国家机构演化派生的军阀往往实力更为强大，后来也成为汉末混战走向的决定性力量，但他们大都形成于东汉政治秩序崩溃以后，晚于反政府势力军阀化的进程。由反政府武装所形成的军阀之中，以流民为主体的各种势力遍布各地，他们的发展轨迹更多反映大量普通民众的生存状况，亦是我们理解汉末社会所应重点关注的。

黄巾余部与黑山的军阀化进程

在各种由流民组成的军阀之中，影响最大的是黄巾余部与黑山。黄巾起义虽然只持续了不到一年，但波及地域极广，北起幽州广阳，南至南阳，战火遍及大河南北。黄巾起义激化了东汉长期积累的各种社会矛盾，战争所及之处，百姓纷纷死亡流离。黄巾被镇压后，各地又出现了大量的流民。为了生存，部分流民汇集成一支支浩浩荡荡的武装力量，攻击郡县，劫掠乡野。这些流民武装有的打出黄巾旗号，席卷各地，不断吸收更多流民以壮大队伍，有的则占据山险，成为山贼化的势力，其中尤以太行山区的黑山最为著名，影响最大。

灵帝时黄巾余部的活动此起彼伏，其中影响最大的是益州黄巾。中平年间，益州黄巾大起，马相拥众数万人，自称天子，攻杀刺史郤俭，纵横三蜀（蜀郡、广汉、犍为），旁及巴郡，联结板楯，益州大乱。州从事贾龙率领家兵，收合吏民，应当还调集了蜀郡属国都尉的边防军，最终击败马相[1]，迎刘焉就任州牧，益州黄巾遂定。

献帝初年，黄巾仍十分活跃。曹丕《典论》描述董卓迁都长安后的状况："会黄巾盛于海、岱，山寇暴于并、冀"[2]，简要概括了当时黄巾余部与黑山等势力的主要活动区域。从史籍记载看，当时青、徐黄巾尤盛，波及冀州、兖州等周边地区。其中见于史籍的两支最大规模的黄巾余部即是由青、徐分别向冀州、兖州迁徙者。《后汉书·公孙瓒列传》载：

初平二年，青、徐黄巾三十万众入勃海界，欲与黑山

1 《三国志》卷三一《蜀书·刘二牧传》："州从事贾龙领家兵数百人在犍为东界，摄敛吏民，得千余人，攻相等，数日破走，州界清静。"（第866页）《华阳国志》载："州从事贾龙，素领家兵在犍为。乃之青衣，率吏民攻相，破灭之。"（常璩著，任乃强校注：《华阳国志校补图注》，上海古籍出版社，1987年，第340页）青衣即汉嘉县，蜀郡属国都尉所治，贾龙至青衣，应为调集属国都尉所统之精锐羌兵，故能击破马相。

2 《三国志》卷二《魏书·文帝纪》注引《典论》，第89页。

合。瓒率步骑二万人，逆击于东光南，大破之，斩首三万余级。贼弃其车重数万两，奔走度河。瓒因其半济薄之，贼复大破，死者数万，流血丹水，收得生口七万余人，车甲财物不可胜算，威名大震。[1]

黄巾三十余万众扶老携幼，又有辎重财物，面对公孙瓒以幽州边防军为主体的精锐军队，毫无招架之力。黄巾的大量人口、物资为公孙瓒所得，壮大了公孙瓒的力量。

另一事例是曹操在兖州收降黄巾。初平二年（191），曹操入兖州讨黑山，随即在袁绍和兖州大族的支持下担任东郡太守。次年，青州黄巾大入兖州。《三国志·武帝纪》载：

青州黄巾众百万入兖州，杀任城相郑遂，转入东平。（兖州刺史）刘岱欲击之，鲍信谏……岱不从，遂与战，果为所杀。信乃与州吏万潜等至东郡迎太祖领兖州牧。遂进兵击黄巾于寿张东。信力战斗死，仅而破之……追黄巾至济北。乞降。冬，受降卒三十余万，男女百余万口，收其精锐者，号为青州兵。[2]

---

1 《后汉书》卷七三《公孙瓒列传》，第2359页。
2 《三国志》卷一《魏书·武帝纪》，第9—10页。

进入兖州的黄巾队伍有百万之众，人数更远远超过了公孙瓒于勃海所击败者。这支流民队伍并非仅是打着黄巾旗号，他们移书曹操云："昔在济南，毁坏神坛，其道乃与中黄太乙同，似若知道，今更迷惑。汉行已尽，黄家当立。天之大运，非君才力所能存也。"[1]可见其统帅确实是太平道的信徒，而几年前张角起兵时宣扬的"黄天当立"的口号，在当时民间仍有相当强的号召力。正因这种号召力长期存在，黄巾的旗号在张角失败后仍不断被流民武装打出。

黄巾余部在青、徐一带最为活跃，而青州尤盛于徐州。《后汉书·陶谦列传》载："会徐州黄巾起，以谦为徐州刺史，击黄巾，大破走之，境内晏然。"[2]陶谦曾任西北边将，参与讨伐韩遂等，因徐州黄巾起，他被派往徐州镇压。陶谦最终平定黄巾，基本恢复了当地的社会秩序，于是四周流民纷纷涌入徐州避难。陶谦平定徐州，得到了孙坚以及臧霸等青徐豪霸的支持。据《三国志·朱治传》，讨董联军解散后，朱治"特将步骑，东助徐州牧陶谦讨黄巾"[3]。朱治是孙坚的重要部将，而孙坚当时依附于袁术，朱治助陶谦进攻黄巾可能是出于袁术的调

1 《三国志》卷一《魏书·武帝纪》注引《魏书》，第10页。

2 《后汉书》卷七三《陶谦列传》，第2366页。

3 《三国志》卷五六《吴书·朱治传》，第1303页。

遭。《臧霸传》："黄巾起，霸从陶谦击破之，拜骑都尉。"[1]这是臧霸等青徐地方势力崛起的源头。

陶谦利用各种手段，借助多方力量，解决了徐州黄巾的问题，而青州黄巾则势头迅猛，超出了当地州郡政府的控制。裴注引《九州春秋》载：

> 初平中，焦和为青州刺史。是时英雄并起，黄巾寇暴，和务及同盟，俱入京畿，不暇为民保障，引军逾河而西……黄巾遂广，屠裂城邑。和不能御……州遂萧条，悉为丘墟也。[2]

青州刺史焦和将注意力更多集中于对付董卓，忽视了对州内秩序的掌控，导致青州黄巾不断壮大，并溢出到邻近各州，而焦和也因无法整合州内力量而在汉末争雄中乏善可陈。青州之中，北海国黄巾势头最盛。董卓与孔融不和，遂以之为北海相，将他排挤出京城。孔融到任后，收聚吏民，加强武备，不久张饶等黄巾二十余万众从冀州返回青州，涌入北海界。孔融率兵与之交战，为张饶所败，被迫退保朱虚县[3]。后黄巾又攻北

1 《三国志》卷一八《魏书·臧霸传》，第537页。
2 《三国志》卷七《魏书·臧洪传》注引《九州春秋》，第232页。
3 《后汉书》卷七〇《孔融列传》，第2263页。

海，孔融出屯昌都，为管亥所围，于是融遣太史慈前往平原向刘备求救，方解围城之急。黄巾余部的迅猛发展，使得青州州郡势力对当地的控制一直都颇为有限，这也为袁绍、公孙瓒等不停向青州渗透提供了机会。相应地，青州原有州郡官府及本地势力皆未能成长为较具实力的军阀。后来袁谭进入青州，排挤了焦和、孔融等地方官员，又击败了公孙瓒的部将，才勉强将青州力量整合起来。

经过公孙瓒、曹操、陶谦、袁谭等人的镇压，打着黄巾旗号的各支力量渐渐衰弱，但直到建安年间仍能见到黄巾余部的活动。官渡之战前夕，汝南黄巾刘辟等响应袁绍，袁绍派刘备前往汝南与刘辟等联合，袭扰许都一带，以牵制曹操[1]。长江下游地区也有黄巾余部的活动，可能是其最后余波。《三国志·张昭传》注引《吴书》载："及昭辅（孙）权……权每出征，留昭镇守，领幕府事。后黄巾贼起，昭讨平之。"[2]又《朱治传》："建安七年，权表治为吴郡太守……征讨夷越，佐定东南，禽截黄巾余类陈败、万秉等。"[3]又裴注引《吴书》："留赞字正明，会稽长山人。少为郡吏，与黄巾贼帅吴桓战，手斩得

1 《三国志》卷三二《蜀书·先主传》，第876页。
2 《三国志》卷五二《吴书·张昭传》注引《吴书》，第1221页。
3 《三国志》卷五六《吴书·朱治传》，第1303—1304页。

桓。”[1]从这些记载可知，晚到建安七年（202）以后，吴郡、会稽等东南地区仍有黄巾余部的活动，只是他们与张角之黄巾的渊源如何，已不可确知。

从现有史料看，黄巾余部具有较强的流动性，这可能与他们的活动范围主要在黄河流域以平原为主的地区有关。与之形成对比的是，黑山等势力虽然也时常转战郡县，但明显以太行山一带为根据地，流动性不及黄巾余部。

关于黑山的起源，《三国志·张燕传》载：

> 黄巾起，燕合聚少年为群盗，在山泽间转攻，还真定，众万余人……其后人众寖广，常山、赵郡、中山、上党、河内诸山谷皆相通，其小帅孙轻、王当等，各以部众从燕，众至百万，号曰黑山。[2]

同时西河白波谷又兴起一支出于黄巾余部的被称为白波贼的势力，活动于并州与司隶各郡之间。据《后汉书·董卓传》：

> 灵帝末，黄巾余党郭太等复起西河白波谷，转寇太原，

1 《三国志》卷六四《吴书·孙峻传》注引《吴书》，第1445页。
2 《三国志》卷八《魏书·张燕传》，第261页。

遂破河东，百姓流转三辅，号为“白波贼”，众十余万。[1]

当时与黑山、白波活动区域相近的山贼化的流民武装力量还有很多，见于裴注引《九州春秋》记载的有黑山、白波、黄龙、左校、牛角、五鹿、羝根、苦蝤、刘石、平汉、大洪、司隶、缘城、罗市、雷公、浮云、飞燕、白爵、杨凤、于毒等二十种之多，“大者二三万，小者不减数千”。面对如此之多的山贼化武装力量，政府无力讨伐，灵帝便派使者拜杨凤为黑山校尉，“领诸山贼”，并使之能够举孝廉、派遣计吏。后来这类军阀势力越来越多，不断壮大，以至“不可复数”[2]。张燕主动派使者前往京师，表示归附朝廷，灵帝遂拜燕平难中郎将[3]。黑山等各占险要，招揽徒众，朝廷为了安抚他们，授予部分统帅以官爵，并分配给他们察举及上计的名额。相较仍坚持“黄家当立”的黄巾余部，黑山等势力的统帅更愿意接受国家的招抚，作为保持自己的独立性的一种手段，其军阀化程度更深。

黑山等势力因为缺乏坚决推翻汉朝的明确政治目标，而更多致力于自保和壮大实力，故而他们与产生自东汉政权内部的军阀的关系也更为复杂微妙，甚至与之合纵连横，积极参与

1 《后汉书》卷七二《董卓列传》，第2327页。
2 《三国志》卷八《魏书·张燕传》注引《九州春秋》，第261—262页。
3 《三国志》卷八《魏书·张燕传》，第261页。

到群雄争战之中。黑山活动的范围在冀州附近，与袁绍过节颇多，而与公孙瓒为盟友。如初平二年时，黑山帅于毒、白绕、眭固等十余万众攻掠魏郡、东郡，东郡太守王肱无力抵御，曹操因此引兵入东郡救援，并击破白绕于濮阳[1]。魏郡属袁绍地盘，东郡属兖州，而兖州刺史刘岱当时正是袁绍极力拉拢的对象，曹操又是袁绍的依附势力。此次于毒等袭击魏郡、东郡，及曹操出兵征讨，都反映了黑山与袁绍的尖锐矛盾。初平四年，袁绍与公孙瓒对峙，刚罢兵不久，黑山便趁机袭击袁绍后方，甚至攻陷邺城，杀死魏郡太守。于是袁绍出兵还击，先斩杀于毒及部众万余人，又循太行山一路北进，斩杀左髭丈八，击败刘石、青牛角、黄龙、左校、郭大贤、李大目、于氐根等，击杀数万人[2]。随后，袁绍又与张燕及四营屠各、雁门乌桓大战，“燕精兵数万，骑数千匹，连战十余日，燕兵死伤虽多，绍军亦疲，遂各退”[3]。此战袁绍与张燕都调集了精锐主力，可谓是二人之间的决战。当时吕布逃出关中，依附袁绍，也参与了此次大战，并为袁绍冲锋陷阵，立下大功[4]。后来袁绍围公孙瓒于易京，公孙瓒向张燕求援，张燕率军十万来救，最终公

---

1 《三国志》卷一《魏书·武帝纪》，第8—9页。
2 《后汉书》卷七四上《袁绍列传》，第2381—2382页。
3 《后汉书》卷七四上《袁绍列传》，第2382页。
4 《三国志》卷七《魏书·吕布传》，第220页。

孙瓒仍为袁绍所灭[1]。张燕数次战败，“人众稍散”[2]，实力逐渐减弱，官渡之战后，张燕率十余万众投降曹操，黑山自此退出历史舞台。

各地区的中小军阀

除了黄巾余部与黑山，也有许多流民加入了遍布各地的中小军阀。单个中小军阀对于全局自然无足轻重，但是由于数量多，分布地域广，不能不对其有足够重视。

这类势力中比较著名的是臧霸等青徐豪霸，史书中也经常称他们为“泰山诸将”。臧霸为泰山郡人，属兖州。其父本为县狱掾，因抵牾太守而遭收捕。臧霸与客数十人于途中救出其父，随后父子亡命邻近属徐州的东海郡。后陶谦为徐州牧，讨徐州黄巾，臧霸遂跟从陶谦，逐渐发展壮大。当时徐州一带还有孙观、吴敦、尹礼等势力，各拥部众，皆以臧霸为统帅[3]。陶谦死后，刘备领徐州，吕布又袭取下邳，臧霸等盘踞徐、兖交界一带，不从吕布，并袭击已投降吕布的琅邪相萧建。吕布于是率兵进攻臧霸所在的莒县，臧霸据城自守，吕布攻城不克，

---

1 《后汉书》卷七三《公孙瓒列传》，第2364页。
2 《三国志》卷八《魏书·张燕传》，第261页。
3 《三国志》卷一八《魏书·臧霸传》，第537页。

退还下邳[1]。随后臧霸等向吕布屈服，并多次跟随吕布作战。至曹操攻灭吕布后，臧霸等又归曹操。曹操将青、徐一带山海之间的区域委任给臧霸等人，官渡之战前后臧霸在青州与袁谭对战，一定程度上支援了曹操[2]。臧霸等青徐豪霸作为地方势力，曹操委之以青徐之地，终究只是权宜之计，后来曹操父子还是一步步加强了对青徐的控制，臧霸在当地的影响力则大为减弱，乃至最终被拔除[3]。

江淮地区尤其是大别山区也有不少中小规模的军阀。袁术进入淮南后，大量拉拢这些中小军阀。太傅马日磾奉天子命循行关东，至淮南，袁术强夺其节杖，又"备军中千余人，使促辟之"[4]，这千余人中当有不少依附于袁术的中小军阀统帅。这些统帅虽然各占一方，但是缺少官方认可的官爵，袁术对他们的任命，以及马日磾公府掾等身份，对这些人是很有吸引力的。这些地方势力与袁术的关系相对松散，袁术很难有效驾驭他们，这可能也是袁术在汉末混战中表现不佳的重要原因。袁术屡败于曹操、吕布，至建安三年，曹操又攻灭吕布，逼近淮南。袁术实力日渐损耗，不得已在建安四年烧毁宫室往潜山投

1 《三国志》卷七《魏书·吕布传》注引《英雄记》，第226页。

2 《三国志》卷一八《魏书·臧霸传》，第537页。

3 详见田余庆《汉魏之际的青徐豪霸》，田余庆:《秦汉魏晋史探微》，中华书局，2011年，第97—128页。

4 《三国志》卷六《魏书·袁术传》注引《献帝春秋》，第208页。

奔部将雷薄、陈兰等，为薄等所拒，走投无路，忧惧而死[1]。在此前后，袁术的一些部将也投降曹操。《三国志·刘馥传》载："（馥）避乱扬州，建安初，说袁术将戚寄、秦翊，使率众与俱诣太祖……后孙策所置庐江太守李述攻杀扬州刺史严象。"[2]严象被杀于建安五年[3]，在袁术之死次年，不知刘馥说戚寄等投降曹操是否在袁术未死之时。袁术死后，严象受荀彧举荐，被曹操委任安集淮南，收合袁术旧部，这显然严重触犯了刚刚占据江东的孙策的利益。孙策趁严象立足未稳，派兵将其击杀。曹操重建江淮政治秩序的尝试受挫，于是庐江梅乾、雷绪、陈兰等聚众数万于江淮之间，国家郡县系统几乎陷于瘫痪，地方社会秩序也处于失控状态，曹操并未能真正掌控淮南[4]。曹操又以刘馥为扬州刺史，整顿局面。刘馥单马至合肥，首先便招纳安抚雷绪等人，众将纷纷表示臣服，向朝廷贡献不绝[5]，由此局势才稍稍稳定。但刘馥对淮南诸将只能施加较为微弱的影响，直到赤壁之战前，曹操都迟迟未能真正解决江淮地方势力的问题。赤壁之战次年，即建安十四年，曹操令淮南民众北迁，结

1 《三国志》卷六《魏书·袁术传》，第209—210页。
2 《三国志》卷一五《魏书·刘馥传》，第463页。
3 《三国志》卷一〇《魏书·荀彧传》注引《三辅决录注》，第312页。
4 《三国志》卷一五《魏书·刘馥传》，第463页。
5 《三国志》卷一五《魏书·刘馥传》，第463页。

果“江、淮间十余万众，皆惊走吴”[1]。至此，江淮一带人口大减。曹操又命夏侯渊等袭击雷绪等[2]，压迫江淮诸豪的生存空间，雷绪率部众数万人投奔刘备[3]，其余众将也纷纷南迁渡江，此地中小军阀林立的情况遂告终结。

江淮向南，江东群山密布，在汉末发育出了大量占据山险割据一方的地方武装。孙策渡江后，征服这些山间势力便成为他在江东扩张的一部分。《三国志·孙破虏讨逆传》载：“吴人严白虎等众各万余人，处处屯聚。”[4]严白虎等不仅在当地招募徒众，还与外部的反孙策力量相勾联。裴注引《江表传》：

> 是时，陈瑀屯海西……阴图袭策，遣都尉万演等密渡江，使持印传三十余纽与贼丹杨、宣城、泾、陵阳、始安、黟、歙诸险县大帅祖郎、焦已及吴郡乌程严白虎等，使为内应，伺策军发，欲攻取诸郡。[5]

严白虎为乌程人，在今浙江湖州一带，处于浙西山区与太湖相接之处。祖郎等屯据于皖南山区，皆为深险之地。早在陈瑀之

1 《三国志》卷一四《魏书·蒋济传》，第450页。
2 《三国志》卷九《魏书·夏侯渊传》，第270页。
3 《三国志》卷三二《蜀书·先主传》，第879页。
4 《三国志》卷四六《吴书·孙破虏讨逆传》，第1104页。
5 《三国志》卷四六《吴书·孙破虏讨逆传》注引《江表传》，第1107页。

前，袁术也曾试图利用这些山区武装对抗孙策。孙策受袁术派遣渡江，很快壮大起来，便不再臣服袁术，袁术由此怨策，“乃阴遣间使赍印绶与丹杨宗帅陵阳祖郎等，使激动山越，大合众，图共攻策”[1]。可见祖郎有宗帅的身份，又得到山越人的支持，而宗帅与山越也成为江东山险地区军阀的典型要素[2]。孙策讨平严白虎、祖郎等，而江东深山之中仍有许多山民据险抗拒孙氏。孙氏对这些山民武装的不断征服，也成为孙吴南方开发历史进程的重要部分。

江东有割据一方的宗帅，荆州也有被称作“宗贼”的势力。刘表初为荆州牧，就面临着“江南宗贼盛”的状况。刘表单马入宜城，请荆襄大族蒯良、蒯越、蔡瑁等相会问策，商议如何解决“宗贼甚盛，而众不附，袁术因之，祸今至矣”的问题。蒯越一向与宗帅多有交往，便劝刘表诱杀宗帅，收其兵众，以为己用。刘表遂用蒯越策，诱杀宗帅五十余人而夺其众。当时又有张虎、陈生拥兵于襄阳，刘表派蒯越、庞季说降之，由是平定江汉一带[3]。刘表单马至荆州，毫无势力根基，能够在荆州立足，除了依靠蒯越、蔡瑁等荆襄大族的支持，更离

1 《三国志》卷五一《吴书·宗室孙辅传》注引《江表传》，第1212页。

2 可参见唐长孺《孙吴建国及汉末江南的宗部与山越》，唐长孺:《魏晋南北朝史论丛》，中华书局，2011年，第1—26页。

3 《三国志》卷六《魏书·刘表传》注引《战略》，第211—212页。

不开军队作为后盾，而诱杀宗帅并整编他们的部众，便成了刘表军队最初的主要来源。甚至可以这样说，刘表控制荆州的过程，便是他在荆襄大族的支持下兼并当地众多中小军阀的过程。当然，荆襄大族的支持也不是无条件的，刘表虽然拥有了自己的军队，但蒯越、蔡瑁等在荆州始终具有相当大的话语权，刘表并不能完全贯彻自己的意志，很多时候他的军事与政治行动都颇为保守，便是因为他在荆州统治集团中独立拥有的权力相当有限。

关中平原南北两侧的秦岭及黄土高原边缘山区也有不少依险自守的军事团体，吸收了大量流民。当时有蓝田人刘雄鸣，“以识道不迷，而时人因谓之能为云雾。郭、李之乱，人多就之”。至建安年间，刘雄鸣率众归附州郡，州郡上表以之为小将。后来刘雄鸣又附于曹操，曹操加以将军号，并令其返回营地，率部众一并归降。结果部下不愿归降曹操，逼劫雄鸣，继续据险自守，后来又不断吸纳流民，聚数千人，把守武关道口[1]。刘雄鸣因为有较强的山中生存能力，在乱世之中聚集起一支力量，占据秦岭中的险要之处。后来刘雄鸣为夏侯渊所败，再次投降曹操。曹操又以郑浑为左冯翊，浑先后讨平山贼靳富、赵青龙等[2]。曹丕继王位后，又有“冯翊山贼郑甘、王照率

1 《三国志》卷八《魏书·张鲁传》注引《魏略》，第266页。
2 《三国志》卷一六《魏书·郑浑传》，第510—511页。

众降”[1]。郑甘甚至与卢水胡等少数民族深相结交，共同抗拒曹魏[2]，这反映了当时关西胡汉之间的联系颇为紧密。

大量失业民众除了加入黄巾、黑山以及各地的中小军阀外，还有一个归宿便是宗族乡里聚成坞堡，据险自守。最有名的便是田畴的事例。田畴为幽州右北平无终人，事幽州牧刘虞。后刘虞为公孙瓒所杀，田畴遂率宗族隐于山中。《三国志·田畴传》载：

> 畴……率举宗族他附从数百人……入徐无山中，营深险平敞地而居，躬耕以养父母。百姓归之，数年间至五千余家……畴乃为约束相杀伤、犯盗、诤讼之法，法重者至死，其次抵罪，二十余条。又制为婚姻嫁娶之礼，兴举学校讲授之业，班行其众，众皆便之，至道不拾遗。北边翕然服其威信，乌丸、鲜卑并各遣译使致贡遗，畴悉抚纳，令不为寇。[3]

田畴最初所率入山的数百人除了宗族，还有“他附从”，可见人员结构也具有一定复杂性。后来前来投奔的人越来越多，至

1 《三国志》卷二《魏书·文帝纪》，第59页。

2 《三国志》卷二《魏书·文帝纪》注引《魏书》，第59页；卷二六《魏书·郭淮传》，第734页。

3 《三国志》卷一一《魏书·田畴传》，第341页。

数千家，田畴便为众人制定约法、礼仪等，俨然形成了治理有序的山中小社会。又《后汉书·荀彧列传》载："董卓之乱，弃官归乡里。同郡韩融时将宗亲千余家，避乱密西山中。"[1]韩融率宗亲乡里据险自保，但最终未能抵挡兵乱，死者颇众。这种以宗族、乡里关系为基础纽带的躲避战乱的坞堡型团体，也应该只是较少部分流民的归宿，其数目及普遍程度远不及两晋之交时期。

另外，鲜卑、乌桓各部也趁中原战乱略取了不少汉地人口。《三国志·武帝纪》："三郡乌丸承天下乱，破幽州，略有汉民合十余万户。"[2]还有不少民众为躲避战祸，逃出塞外，投奔鲜卑、乌桓诸部，他们中的一部分仍在一定时期内保留了族群身份的认同与区分，如鲜卑轲比能便曾"出诸魏人在鲜卑者五百余家"，又"遣魏人千余家居上谷"[3]，可见轲比能统帅着相当数量的汉人，并明确他们的身份与鲜卑人有别。

流民武装及中小军阀对汉末政治的影响

战乱、饥荒等原因引发的大规模流民问题加剧了汉末社会

1 《后汉书》卷七〇《荀彧列传》，第2281页。
2 《三国志》卷一《魏书·武帝纪》，第28页。
3 《三国志》卷三〇《魏书·鲜卑乌丸东夷传》，第838—839页。

的动荡，而各种流民组成的军阀的存在，又深化了当时的政治分裂。不过，也应当看到，各种流民武装形成的过程，亦是散乱的流民被组织集合起来的过程，其组织形态虽然大多较为初级，但在国家机器崩溃、失去了对民众管理控制的状态之下，流民武装暂时代替国家部分地发挥了整合民众的功能，在有限范围内建立了新的社会秩序，并为日后更为广泛、深刻的秩序重建提供了一定的组织基础。

组织程度最低的流民形态，是民众自发流向相对安定的地区。如汉末混战初期的幽州、徐州都承接了大量的流民人口，当地统治者对之尽力安抚，并试图使之为已所用。刘虞在幽州以宽惠为务，与鲜卑、乌桓停战而开互市，和他州战乱景象形成鲜明对比，于是“青、徐士庶避黄巾之难归虞者百余万口，皆收视温恤，为安立生业，流民皆忘其迁徙”[1]。刘虞在乱世之中，仍然坚持循吏作风，发挥幽州的政权机器应有的功能，这对他招徕流民、扩大实力是有利的。然而，刘虞对这些流民的组织程度十分有限，后来他虽然调集十万大军征讨公孙瓒，但这些乌合之众完全不是公孙瓒所率领的能征惯战的边防军的对手，战争的失利也导致了刘虞被杀。可见，对本来就组织程度很低的流民用温和的方式加以管理，是很难发挥其政治、军事

1 《后汉书》卷七三《刘虞列传》，第2354页。

潜力的。在徐州，陶谦平定当地黄巾后，社会秩序得以恢复，“是时，徐州百姓殷盛，谷米封赡，流民多归之”[1]。然而，与刘虞情况相似，陶谦对外地流民的组织利用程度也是偏低的。后来曹操出兵徐州，大肆屠杀，百姓死亡流离，陶谦先前的积累很快一扫而空。类似的情形在荆州也有出现。刘表统治时，荆州相对安定，流民大量涌入，刘表对他们加以安抚，但仍未能将他们转化为自己强大的武力支撑。赤壁战后，荆州荒残，户口锐减，一片萧条景象。唯一的例外出现在益州。刘焉、刘璋父子时期，三辅、南阳流民大量进入益州避难，刘焉父子收之为东州兵，后来州中大吏赵韪据江州起兵反刘璋，三蜀皆响应，刘璋用东州兵击败赵韪[2]。刘璋利用流民的成功，可能与流民入蜀较久[3]，有较多的时间对其加以组织管理有关。

在各种武装化的流民团体中，黄巾余部的组织程度仅高于那些自发向较安定地区迁徙的流民。黄巾余部仍然坚持张角的部分信条，沿用黄巾初起时的组织方式，能够组成规模庞大的群体，但他们大多没有固定的地盘，又往往扶老携幼，真正具有战斗力的人数相当有限。虽然史书中也提到部分黄巾余部

---

1 《三国志》卷八《魏书·陶谦传》，第248页。

2 《三国志》卷三一《蜀书·刘二牧传》注引《英雄记》，第869页。

3 《华阳国志·刘二牧志》记载刘焉时即用东州兵击败任岐、贾龙，笔者以为此处史料有误，详见拙作《汉末刘焉父子时期巴蜀主要政治关系新探》，《北京社会科学》2021年第11期。

的军队“为贼久，数乘胜，兵皆精悍”[1]，但整体战斗力仍偏弱，遇到公孙瓒、曹操这种部队精锐或善于用兵的，多以战败收场，而大量的人口、物资又成为他人的战利品。黄巾余部与自发流动的流民不同，他们明确以反抗政府为目标，被各地政权视为“贼”，因而更容易成为群雄进攻、宰割的对象。他们用暴力手段强制收编初步组织起来的黄巾余部，对其进行更加严密地管控与利用，从而能更为充分地发挥出他们的战争潜力。如公孙瓒收合黄巾数万之众，这些人口便可为之提供新的兵源与劳动力。曹操在收降青徐黄巾后，更是整编出了一支全新的“青州兵”。建安元年曹操开展屯田，亦因“破黄巾定许，得贼资业”[2]，这支黄巾可能是同年被曹操击败的汝南、颍川黄巾何仪、刘辟等部[3]。

太行山区的黑山等势力对所吸收的人口的组织程度要高于黄巾，他们一般拥有较固定的地盘，人群也较为稳定。黑山等各支势力之间虽未必互相统属，但常常一致行动，联系相当紧密。在这些山贼化武装的统治之下，冀、并一带的山中社会形成了较为独特的秩序。从前引史料可知，张燕还与一些匈奴屠各及雁门乌桓关系颇深，与他们一起对抗袁绍。随着袁曹

---

1 《三国志》卷一《魏书·武帝纪》注引《魏书》，第10页。

2 《三国志》卷一六《魏书·任峻传》注引《魏武故事》，第490页。

3 《三国志》卷一《魏书·武帝纪》，第13页。

大战的落幕，张燕投降曹操，张燕等势力先前的活动为曹操重建冀、并一带的政治、社会秩序提供了一定的基础。黑山也有一部分依附于张杨等中等规模的军阀，官渡之战前，张杨被部将杨丑所杀，后张杨又一部将眭固杀杨丑[1]，此眭固应即初平二年、三年时与于毒、白绕等共同袭击魏郡、东郡而被曹操击败的黑山统帅。

遍布各地的中小军阀同样发挥着维系地方秩序的作用。这些势力往往自身具有一定实力，但又不够强大，有些被实力更强的军阀吞并，有的则臣服于那些更强的军阀，以换取相对独立的地位及对原有地盘的控制。如江东的严白虎、祖郎等，虽然给孙策占据江东造成了阻碍，但正因他们先前已将地方人口和物资聚集起来，反而为孙氏将其击败而扩充兵源及劳动力、攫取物资并实现控制地方提供了便利。同样，刘表至荆州后，也正因整编了宗帅已经组织起来的力量，才建立了对荆州的真正统治。与上述情况形成对比的是，那些主动臣服并保留了一定自主性的中小军阀，往往成为延续地方分裂的力量。如袁术与吕布，无力完全征服江淮一带的地方势力及青徐豪霸，便对其加以拉拢并有限利用。这些中小军阀势力的存在为吕布、袁术建立基本的统治秩序提供了较大便利。他们确实一定

1 《三国志》卷八《魏书·张杨传》，第251页。

程度上对袁、吕的统治起到了支撑作用，但也成为袁、吕深度整合所统治地区政治资源的巨大障碍。尤其是江淮之间众多地方武装的存在，不仅加剧了袁术集团的涣散程度，而且由于他们大多出自非政府系统或只是国家政权的底层边缘人物，使得他们对官爵的需求尤其迫切，而这种需求促使袁术为了拉拢、满足他们而做出一系列荒唐举动，最终加速了袁术集团的覆灭。

汉末群雄中实力最强、影响最大的，多出于国家政权系统，他们往往跨州连郡，拥有较稳定的地盘、整合民众及各种资源的便利途径，但也不能忽视那些出自非国家政权系统、相对弱势的势力。黄巾余部、黑山及大量的中小军阀吸纳了无数生计艰难的流民，虽然他们往往四处劫掠，破坏正常的生产与生活，但也为部分民众提供了一些最为基础的生存条件，对于提高战乱之中流民的存活概率，不能说毫无贡献。有不少占据一方的中小军阀并不全以劫掠为生，他们还在自己控制的地区有限地发展生产，例如被曹操击败的汝南、颍川黄巾仍保持着一定的农业生产，南方的宗帅据险自守的同时，也一定程度上维护了当地的农业生产秩序。此外，汉末政治、社会崩溃之后，秩序重建并非是一蹴而就的，而是需要分阶段进行，黄巾余部、黑山及众多中小军阀虽然最终被更强大的势力所消灭、吞并，但他们对所占领地区的经营、对所统民众的整合，都为后来更深层次的秩序重建提供了必要的基础，而不能简单地视之为加剧分裂的力量。

第一章　北方地区

一、刘虞、公孙瓒的争夺及幽州士人与乌桓的政治抉择

汉末混战之中，最具决定性的当属关东诸将的争斗。关东诸将多出于汉末士人群体，其中不乏当初主张尽杀宦官、澄清天下的士人代表，后来他们又果断抓住董卓掌权的时机打出诛除奸邪、匡扶汉室的旗号，在政治影响力上具有天然优势。这些割据势力又多由地方州郡官府或边防军队转化而来，可以直接借用已有的政权机器，更容易获取各种资源，控制更多人口，因而在扩张势力方面又有其他军阀所不具备的优势。另外，关东诸将之间多为故交旧友，关系盘根错节，这也极大便利了他们采用较灵活的外交策略，互相合纵连横，结成更庞大的政治集团。凭借以上种种优势，袁绍、曹操、袁术、刘表等关东群豪，成为汉末群雄逐鹿最重要的参与者，他们之间的争夺也成了汉末最大规模的资源整合，决定了军阀混战的最终走向。以往多认为东汉分裂起于黄巾之后各地自办团练，从而地

方势力纷起，其实这些团练性质的武装从来没有真正壮大起来，其实力及政治影响力远远不如那些出于国家地方政权系统的势力。

从本节开始，本书将从北向南，依次对汉末主要关东群豪进行探讨。之所以从北向南，主要有三个方面的考虑，一是战争的核心区域整体上有自北向南转移的倾向；二是部分主要军阀有起于北而盛于南的经历，如曹操、孙策分别出自袁绍、袁术集团，向南发展，取得兖州、江东后才成为主要军阀，刘备则更是由北向南转移的典型；三是幽州的刘虞、公孙瓒在灵帝在世时就已在当地任职，至董卓入洛时，他们在当地都已颇具根基，早于其他的讨董诸将，故而对之先作讨论。

刘虞、公孙瓒分别作为幽州最高长官与重要将领，他们的主要利益诉求与政治立场却有很大差异，幽州的局势也因两人的关系变得颇为复杂。在影响两人利益与立场的因素之中，与幽州士人和乌桓等势力的关系是其中的关键，也是研究刘虞集团与公孙瓒集团不能绕开的议题，对此学者们已有较多讨论[1]，

1 关于这一话题，诸多有关魏晋南北朝史的断代史著作都会有所谈及，如吕思勉《秦汉史》、王仲荦《魏晋南北朝史》、何兹全《三国史》等，难以遍举。此外，也有一些著作或其中的部分对这一话题有较为专门的深入讨论，如方诗铭:《曹操·袁绍·黄巾》，上海辞书出版社，2021年；杨东晨、杨建国:《论秦汉时期辽宁地区的民族与文化》，《哈尔滨学院学报》2002年第1期；关健赟:《袁绍、韩馥议立刘虞为帝考论》，《湖北文理学院学报》2018年第4期。

但就其中诸多关键环节，仍须进行更为深入细致的阐发。

刘虞、公孙瓒与乌桓的关系及公孙瓒的崛起

幽州地处东北边陲，各少数民族部落散布长城内外，尤以乌桓、鲜卑居多，他们往往与汉王朝和战无常。为了控制乌桓，两汉均设有护乌桓校尉，“拥节监领之，使不得与匈奴交通”[1]。北匈奴灭亡后，护乌桓校尉继续监视、统领附塞的乌桓、鲜卑各部，以保障东汉对边疆地区的控制。乌桓骑兵战斗力很强，常为汉朝所用，是东北边境上一支重要的武装力量。如和帝永元七年（95），南匈奴逢侯率众叛汉出塞，护乌桓校尉任尚即统率乌桓、鲜卑诸部，大破逢侯[2]。耿晔“顺帝初，为乌桓校尉。时鲜卑寇缘边，杀代郡太守。晔率乌桓及诸郡卒出塞讨击，大破之”[3]。

桓灵时期，东汉与北方少数民族的战争较为频繁。桓帝年间，鲜卑檀石槐崛起，联结南匈奴，招引乌桓，连年侵扰边塞。延熹元年（158），南匈奴多部反汉，与乌桓、鲜卑共同出

1 《后汉书》卷九〇《乌桓鲜卑列传》，第2981页。

2 《后汉书》卷四《孝和帝纪》，第179页。

3 《后汉书》卷一九《耿弇列传附耿晔列传》，第724页。

兵袭扰缘边九郡[1]。这次动乱规模很大。北中郎将张奂率众讨平叛乱后，上书请求废黜南单于，另立新单于。东汉本通过掌控南单于及各部名王以控制南匈奴各部，大规模的反叛说明在鲜卑崛起的冲击之下，东汉南匈奴政策的效果已明显削弱。废黜南单于的提议虽被否决，但可见东汉已不大能控制南匈奴各部了，只有击败鲜卑，才能改变被动局面。灵帝初，夏育等三路出击鲜卑，结果大败而归，损失惨重。光和年间（178—181），檀石槐死，鲜卑逐渐分裂衰弱[2]，不再成为汉朝的大患，而东北的乌桓随之崛起。

东汉后期，乌桓开启了政权组织独立发展的道路，各部首领纷纷称王，并逐步形成父死子继为主的较清晰的首领继承制度，进入了新的历史阶段。政治组织的一系列变化意味着各部的凝聚力有了显著提升，乌桓政治实力的质变阶段也悄然到来。《后汉书·乌桓列传》载：

灵帝初，乌桓大人上谷有难楼者，众九千余落，辽西

1 《后汉书》卷八九《南匈奴列传》，第2963页。

2 《后汉书》卷九〇《乌桓鲜卑列传》："光和中，檀石槐死，时年四十五，子和连代立。和连才力不及父，亦数为寇抄，性贪淫，断法不平，众畔者半。后出攻北地，廉人善弩射者射中和连，即死。其子骞曼年小，兄子魁头立。后骞曼长大，与魁头争国，众遂离散。魁头死，弟步度根立。"（第2994页）《三国志·鲜卑传》："鲜卑步度根既立，众稍衰弱，中兄扶罗韩亦别拥众数万为大人。"（《三国志》卷三〇《魏书·鲜卑传》，第835页）

有丘力居者，众五千余落，皆自称王；又辽东苏仆延，众千余落，自称峭王；右北平乌延，众八百余落，自称汗鲁王：并勇健而多计策。[1]

对于乌桓政治的新情况，东汉政府也有所反应。刘虞在黄巾起义前曾任幽州刺史，《后汉书》称他在刺史任上“民夷感其德化，自鲜卑、乌桓、夫余、秽貊之辈，皆随时朝贡，无敢扰边者，百姓歌悦之”[2]。刘虞刺幽州时，部中乌桓已经相当强大，他们推选首领，建立王号，刘虞并未发兵征讨，而是加以安抚，与之贸易交通，尽量使他们不叛逃出塞、侵犯郡县。

刘虞的做法暂时维持了边境和平，他离任后，乌桓很快就向东汉展示了实力。《后汉书·刘虞列传》：

后车骑将军张温讨贼边章等，发幽州乌桓三千突骑，而牢禀逋悬，皆畔还本国。前中山相张纯私谓前太山太守张举曰：“今乌桓既畔，皆愿为乱，凉州贼起，朝廷不能禁。又洛阳人妻生子两头，此汉祚衰尽，天下有两主之征也。子若与吾共率乌桓之众以起兵，庶几可定大业。”举因然之。四年，纯等遂与乌桓大人共连盟，攻蓟下，燔烧

1 《后汉书》卷九〇《乌桓鲜卑列传》，第2984页。
2 《后汉书》卷七三《刘虞列传》，第2353页。

> 城郭，虏略百姓，杀护乌桓校尉箕稠、右北平太守刘政、辽东太守阳终等，众至十余万，屯肥如。举称“天子”，纯称“弥天将军安定王”，移书州郡，云举当代汉，告天子避位，敕公卿奉迎。纯又使乌桓峭王等步骑五万，入青冀二州，攻破清河、平原，杀害吏民。[1]

张温讨边章，在中平二年（185）；张举、张纯招引乌桓叛汉，在中平四年。张纯得到乌桓响应，被推举为三郡乌桓元帅[2]。至中平五年，朝廷遂派遣中郎将孟益与时任骑都尉的公孙瓒等讨伐张纯、张举及乌桓各部[3]。除了出兵镇压，东汉还同时对乌桓采取怀柔政策。由于刚刚经过黄巾大乱，国力损耗严重，加之各州多有声势浩大的动乱[4]，东汉政府已疲于应付。为平息幽州

1 《后汉书》卷七三《刘虞列传》，第2353—2354页。

2 《三国志》卷三〇《魏书·乌丸传》，第834页。

3 《后汉书》卷八《孝灵帝纪》，第356页。

4 灵帝中平年间，战乱频仍。《后汉书》卷八《孝灵帝纪》载：“中平元年春二月，钜鹿人张角自称‘黄天’，其部帅有三十六方，皆着黄巾，同日反叛。安平、甘陵人各执其王以应之。”“秋七月，巴郡妖巫张脩反，寇郡县。”“十一月……湟中义从胡北宫伯玉与先零羌叛，以金城人边章、韩遂为军帅，攻杀护羌校尉伶征、金城太守陈懿。”二年二月，“黑山贼张牛角等十余辈并起，所在寇钞”。“十一月……鲜卑寇幽、并二州。”“三年春二月，江夏兵赵慈反，杀南阳太守秦颉。”“冬十月，武陵蛮叛，寇郡界……十二月，鲜卑寇幽、并二州。”四年“二月，荥阳贼杀中牟令”。“冬十月，零陵人观鹄自称‘平天将军’，寇桂阳，长沙太守孙坚击斩之。”“十二月，休屠各胡叛。”“五年春正月，休屠各胡寇西河，杀郡守邢纪。”二月，“黄巾余贼郭太等起于西河白波谷，寇太原、河东。三月，休屠各胡（转下页）

乱局，灵帝命时任甘陵相的刘虞为州牧，再临幽州。张举所以能自立，完全依仗乌桓。刘虞凭借在乌桓中的威信，用外交手段离间乌桓与张举、张纯，从而瓦解了张举集团。刘虞到任后，先罢省驻屯各军，向乌桓示以诚信，又致书峭王等首领，劝其归附朝廷，同时重金悬赏张举、张纯等。乌桓人感念刘虞旧恩，纷纷表示愿意归降，张举、张纯被迫逃出塞外，所部分散。随后张纯为其客所杀，张举不知所终，幽州战乱平息[1]。张纯被杀在中平六年三月[2]，任命刘虞为幽州牧的效果可谓立竿见影。

从张举、张纯引乌桓叛汉，到张纯被杀，其间只有两年时间；从孟益督军征讨至张纯死，尚不足一年。似乎幽州乌桓与东汉的战争只持续了一两年，而刘虞到幽州后，乌桓便很快放弃张举。其实可能并非全然如此。《三国志·公孙瓒传》载："瓒将所领，追讨纯等有功，迁骑都尉。属国乌丸贪至王率种人诣瓒降。迁中郎将，封都亭侯，进屯属国，与胡相攻击五六年。"[3]从张纯初引丘力居等攻蓟时，公孙瓒就

（接上页）攻杀并州刺史张懿，遂与南匈奴左部胡合，杀其单于。夏四月，汝南葛陂黄巾攻没郡县"。六月，"益州黄巾马相攻杀刺史郗俭，自称天子，又寇巴郡，杀郡守赵部，益州从事贾龙击相，斩之"。"九月，南单于叛，与白波贼寇河东。""冬十月，青、徐黄巾复起，寇郡县。"十一月，"巴郡板楯蛮叛，遣上军别部司马赵瑾讨平之"。（第348—357页）

1 《后汉书》卷七三《刘虞列传》，第2354页。

2 《后汉书》卷八《孝灵帝纪》，第357页。

3 《三国志》卷八《魏书·公孙瓒传》，第239—240页。

开始与乌桓作战了。从中平四年战乱开始到六年张纯死，不过二三年的时间，这里却说“与胡相攻击五六年”。《三国志·公孙瓒传》又曰：“虞上罢诸屯兵，但留瓒将步骑万人屯右北平。纯乃弃妻子，逃入鲜卑，为其客王政所杀。”[1]刘虞到幽州后，对乌桓力行怀柔，故将与乌桓久相攻战的公孙瓒部调离处在战争前线的辽东属国，移屯更靠近后方的右北平，时在张纯死之前。丘力居和峭王分居辽西、辽东二郡。辽东属国在两郡之间，而右北平在两郡以西，所以刘虞有意使公孙瓒远离丘力居等，以终止他们之间的战争。所谓“与胡相攻击五六年”，说明张纯、张举造乱之前或张纯死后，公孙瓒与乌桓另有交兵。

对于刘虞抚慰乌桓，公孙瓒是反对的，甚至暗中破坏。刘虞既为州牧，“丘力居等闻虞至，喜，各遣译自归。瓒害虞有功，乃阴使人徼杀胡使”[2]。因此才有罢诸屯兵及使公孙瓒移屯右北平之事。《后汉书·公孙瓒列传》载：“诏拜瓒降虏校尉，封都亭侯，复兼领属国长史。职统戎马，连接边寇。每闻有警，瓒辄厉色愤怒，如赴仇敌，望尘奔逐，或继之以夜战。”[3]这段史料记载了公孙瓒对乌桓的仇恨，但我们仔细考察公孙瓒的行

1 《三国志》卷八《魏书·公孙瓒传》，第240页。
2 《三国志》卷八《魏书·公孙瓒传》，第240页。
3 《后汉书》卷七三《公孙瓒列传》，第2358—2359页。

径，仇恨并非他坚持对乌桓作战的全部原因。《后汉书·刘虞列传》载："初，诏令公孙瓒讨乌桓，受虞节度。瓒但务会徒众以自强大，而纵任部曲，颇侵扰百姓，而虞为政仁爱，念利民物，由是与瓒渐不相平。"[1]公孙瓒极力招揽徒众，壮大实力。放任手下侵扰百姓，既是笼络部下的手段，又可借此囤积物资，掳掠人口。战争的延续使公孙瓒能以此为理由向政府索取资源，又可通过征发、掠夺，来补充军用。乌桓人多善弓马，掳掠、招降乌桓人口更是可以显著补充军队的战斗力。因此，公孙瓒不愿刘虞与乌桓恢复和平。为了使战争能够继续下去，公孙瓒甚至不惜杀害乌桓派往刘虞处的使者。对于二人的关系，《后汉书·公孙瓒传》云："瓒志埽灭乌桓，而刘虞欲以恩信招降，由是与虞相忤。"[2]刘、公孙二人在对待乌桓的问题上，因为大相径庭的政治目的与策略选择，产生了巨大的分歧。

刘虞、公孙瓒的争夺与公孙瓒覆亡

刘虞的部署妨碍了公孙瓒继续从征伐乌桓获利，却没能阻止他通过战争扩张势力。

袁绍等人结盟讨伐董卓时，公孙瓒便以讨董名义，向冀

1 《后汉书》卷七三《刘虞列传》，第2355页。
2 《后汉书》卷七三《公孙瓒列传》，第2359页。

州牧韩馥开战，此时讨董诸军尚未罢兵东归。当时韩馥驻军安平，公孙瓒出兵袭击，击败韩馥。于是公孙瓒引兵入冀州，打着讨伐董卓的旗号，实际却谋划着再找机会进攻韩馥[1]。初平二年（191），青、徐黄巾三十万众进入勃海，准备与黑山汇合。勃海本属冀州，而公孙瓒仍旧率步骑二万人，越境攻击这三十万黄巾余众，大破之于东光县南，斩首三万余级，收获生口七万余人，车甲财物更是不可胜数，于是威名大震[2]。这三十万众，不过是青徐一带的流民，打着黄巾的旗号寻求活命。这次邀击流民，收获颇丰。不久公孙瓒进屯磐河，准备与袁绍大战。公孙瓒兵势甚猛，致使“冀州诸城无不望风响应”[3]。公孙瓒入冀追讨黄巾，抢夺地盘、人口、辎重是其主要目的。先前袁绍欲得冀州，派人劝说韩馥让冀州于袁绍，便极力渲染公孙瓒的威胁[4]。韩馥之所以就范，很大程度上是因为公孙瓒南侵已经给他造成了巨大的压力。

公孙瓒从边将起家，无论是坚持与乌桓作战，还是入侵冀州、邀击黄巾流民，都是以战争为手段来扩大地盘、掳掠人口

1 《三国志》卷六《魏书·袁绍传》，第190—191页。
2 《后汉书》卷七三《公孙瓒列传》，第2359页。
3 《后汉书》卷七四上《袁绍列传》，第2380页。
4 《三国志》卷六《魏书·袁绍传》载高幹、荀谌等说韩馥曰：“公孙瓒乘胜来向南，而诸郡应之。”又云：“公孙提燕、代之卒，其锋不可当。”（第191页）

与财富，以壮大实力。刘虞的做法几乎完全相反。在史书记载中，刘虞为政宽仁，恩信流著，民夷附之，俨然一位不可多得的循吏。然而，刘虞在汉末乱局中坚持循吏作风，意义就不止局限于践行“以德化人”[1]了。

刘虞与乌桓和解，为了展示诚意，罢去部分屯兵，又将公孙瓒部调至右北平。刘虞放弃扩充武装力量，却另有收获。第一，他为政宽仁，深得幽州百姓尤其是大族拥戴。第二，幽州社会安定，政治相对清平，吸引了大量流民。史载“虞务存宽政，劝督农植，开上谷胡市之利，通渔阳盐铁之饶，民悦年登，谷石三十。青、徐士庶避黄巾之难归虞者百余万口，皆收视温恤，为安立生业，流民皆忘其迁徙”[2]，幽州的景象与当时大混战的时代背景形成了鲜明对比。第三，刘虞对乌桓诸部的怀柔政策使他们普遍倾向于支持自己。

不过，这些还只是刘虞的政治潜力，尚未转变为实际的战斗力。随着公孙瓒日渐强大，二人矛盾愈加激化，刘虞只得逐渐减少给公孙瓒的补给，结果由此激怒公孙瓒。瓒遂屡次违背刘虞节度，甚至侵犯百姓，抢掠刘虞对乌桓、鲜卑各部的赏赐及贸易物资[3]。公孙瓒通过抄略抢劫，加上获得了一些富商的支

1 《后汉书》卷七六《循吏仇览列传》，第2480页。
2 《后汉书》卷七三《刘虞列传》，第2354页。
3 《后汉书》卷七三《刘虞列传》，第2356页。

持，不依仗刘虞依然可以供养部队，实际上已经脱离了刘虞的控制。

矛盾不断累积，最终诉诸武力。公孙瓒收降黄巾以后，继续向南扩张，占领了青、冀两州的大片地盘，又在蓟筑小城，防备刘虞。刘虞邀请相会，公孙瓒都托病不至。刘虞深感不安，于是谋划偷袭，其属下东曹掾魏攸反对，劝刘虞对公孙瓒暂且忍让，并指出公孙瓒作为幽州之爪牙，亦有其不可或缺之处[1]。刘虞听从魏攸，暂时收敛怒意。刘虞虽然深得众心，但没有强大的武装力量，也缺乏可以和公孙瓒相抗衡的“谋臣爪牙”，这是他不得不暂缓出兵的重要原因。不久，魏攸死，刘虞也已积聚了一定的兵力，于是下定决心发动突袭。初平四年冬，刘虞“自率诸屯兵众合十万人以攻瓒”[2]。这支部队人数虽多，战斗素养却很成问题。公孙瓒提前得到消息，以精锐士卒数百人借风势纵火攻击刘虞，刘虞军乱，公孙瓒乘胜掩杀，刘虞大败，率官属向北逃奔居庸县[3]。战争固然胜败无常，但刘虞大军先败一阵后，丝毫没有整军再战的能力，说明这几乎就是一群乌合之众，没有经历足够的磨砺，甚至训练可能都

1 《后汉书》卷七三《刘虞列传》，第2356页。
2 《后汉书》卷七三《刘虞列传》，第2356页。
3 《后汉书》卷七三《刘虞列传》，第2357页。

不充分[1]。由于提前准备不够，部下残军战斗力又不足，刘虞退守居庸后，在公孙瓒的进攻下，只坚持了三天便被彻底击败。刘虞出兵前，从事程绪曾进言："公孙瓒虽有过恶，而罪名未正。明公不先告晓使得改行，而兵起萧墙，非国之利。加胜败难保，不如驻兵，以武临之，瓒必悔祸谢罪，所谓不战而服人者也。"[2]程绪认为应先正公孙瓒之罪，可能是希望刘虞能充分利用得人心的政治优势，而不是冒险尝试定胜负于一战；又主张驻兵不战，则是在提醒交兵之后军队战斗力弱的缺点会充分暴露，不如利用十万人的浩大声势，阵而不战，迫使公孙瓒让步。刘虞没有采纳程绪的建议，一战而败，最后被公孙瓒所杀。

杀刘虞后，公孙瓒"尽有幽州之地，猛志益盛"[3]。但强盛并未持续很久，反而激起了幽州本地势力的激烈反抗。刘虞既死，幽州士人失去了保护伞。既是为了自保，也是为了给刘虞复仇，他们互相联合，南引袁绍，北结乌桓，纳虞子刘和，多股力量矛头一致对向了公孙瓒。

在幽州之外，公孙瓒与袁绍之间的战争也持续进行。虽

1 《三国志》卷八《魏书・公孙瓒传》注引《魏氏春秋》："虞兵无部伍，不习战。"（第244页）

2 《后汉书》卷七三《刘虞列传》，第2356页。

3 《后汉书》卷七三《公孙瓒列传》，第2362页。

然公孙瓒最后为袁绍所败，但如果只论两者的军事实力，袁绍最初并没有绝对的优势。公孙瓒收编黄巾余众后，乘胜进驻界桥与袁绍大战。此时冀州诸城纷纷望风降附公孙瓒，形势对袁绍颇为不利。袁绍部将麹义久在西北，晓习兵事，一举击败公孙瓒，袁绍对冀州的统治才得以稳定下来。此战公孙瓒虽败，但主力得以保存。其后，双方互有胜互，公孙瓒也一度止住颓势，向南扩张，包抄冀州侧翼。界桥之战后，袁绍乘胜北进，遣崔巨业率兵数万围攻故安，不能攻克，于是退军南还。公孙瓒遂率步骑三万人追击崔巨业于巨马水，大破其众，袁军死者七八千人。公孙瓒又乘胜向南，直至平原，占领了冀州的大片土地，遂以部将田楷为青州刺史，使之南下经营青、冀一带，从东方威胁袁绍[1]。后来田楷在青州又坚持了两年之久，期间还曾派兵支援过徐州的陶谦。由此可见，界桥之战以后，两军基本进入了相持阶段，甚至公孙瓒还一度稍占上风。初平四年初，经历了一年多的激战，双方俱已疲弊，恰好此时天子遣太仆赵岐和解关东诸将，于是公孙瓒致书袁绍讲和，绍退兵南还。不久，黑山攻陷袁绍的后方邺城，袁绍不得不进入太行山中，与黑山等交战，无法全力对付公孙瓒。

幽、冀罢兵后，袁绍重创黑山，稳固了后方，公孙瓒面临

1 《后汉书》卷七三《公孙瓒列传》，第2362页。

的形势却急转直下。在幽州，鲜于辅、阎柔、乌桓、刘虞子刘和等反对公孙瓒的力量，正在逐渐壮大、集结。《三国志·公孙瓒传》载：

> 虞从事渔阳鲜于辅、齐周、骑都尉鲜于银等，率州兵欲报瓒，以燕国阎柔素有恩信，共推柔为乌丸司马。柔招诱乌丸、鲜卑，得胡、汉数万人，与瓒所置渔阳太守邹丹战于潞北，大破之，斩丹。袁绍又遣麴义及虞子和，将兵与辅合击瓒。[1]

《后汉书·公孙瓒列传》：

> 乌桓峭王感虞恩德，率种人及鲜卑七千余骑，共辅南迎虞子和，与袁绍将麴义合兵十万，共攻瓒。[2]

又曰：

> 代郡、广阳、上谷、右北平各杀瓒所置长吏，复与

1 《三国志》卷八《魏书·公孙瓒传》，第243页。
2 《后汉书》卷七三《公孙瓒列传》，第2363页。

辅、和兵合。[1]

如此，渔阳、代郡、广阳、上谷、右北平诸郡，加上东部乌桓聚居的辽东、辽西等，尽皆非公孙瓒所有。瓒政令所达，不过涿郡一地。公孙瓒在易县筑城，“盛修营垒，楼观数十”[2]，不只为抵御袁绍，也是防备幽州的反对势力。

史载公孙瓒“记过忘善，多所贼害”[3]，又曰：“瓒统内外，衣冠子弟有材秀者，必抑使困在穷苦之地。或问其故，答曰：‘今取衣冠家子弟及善士富贵之，皆自以为职当得之，不谢人善也。’所宠遇骄恣者，类多庸儿。”[4]公孙瓒不取“衣冠家子弟及善士”，但何必要“多所贼害”？汉末大族的势力很大，公孙瓒竟完全没有和他们交好抑或仅仅是假意利用的想法，甚至毫不掩饰地压制他们，这在当时军阀中委实不多见。方诗铭认为部分是因为他出身低贱，不被士大夫群体所认可，更重要的原因应在于幽州士大夫多支持刘虞，与公孙瓒在政治上相对立[5]。诚然，出身问题不是关键所在，甚至部分原因都未必说得上，毕竟东汉时出身低贱而终成名士者大

1 《后汉书》卷七三《公孙瓒列传》，第2363页。
2 《后汉书》卷七三《公孙瓒列传》，第2362—2363页。
3 《三国志》卷八《魏书·公孙瓒传》，第243页。
4 《三国志》卷八《魏书·公孙瓒传》注引《英雄记》，第244—245页。
5 方诗铭：《曹操·袁绍·黄巾》，第250—252页。

有人在，况且公孙瓒早年声名尚佳，士大夫并未因为他的出身而有所厌弃[1]。士大夫支持刘虞而反对公孙瓒也只是具体现象，不是问题的根源。笔者以为还应从公孙瓒的发家史去寻找原因。他依靠战争和掠夺壮大，部下战斗力很强，却扰乱了社会秩序，侵犯了大族名士的利益，因而失去了他们的支持，处死刘虞又招致士大夫们的普遍仇恨。参照《后汉书》载刘虞部下劝阻偷袭公孙瓒之语，魏攸言“谋臣爪牙，不可无也”，程绪言“兵起萧墙，非国之利”，他们仍将公孙瓒看作己州可以凭恃的力量，并非全然是敌对的态度。刘虞死后，幽州士大夫的这种幻想也随之破灭。公孙瓒最为仰仗的是他的部下，这支以边防军为主体的军队能征惯战，最初曾对华北各势力形成碾压之势，但随着袁绍实力不断增强，乌桓加入战局，这一军事优势便渐渐不复存在，政治上的劣势反而日益彰显。

1 《三国志》卷八《魏书·公孙瓒传》："公孙瓒……为郡吏。刘太守坐事征诣廷尉，瓒为御车，身执徒养。及刘徙日南，瓒具米肉，于北芒上祭先人，举觞祝曰：'昔为人子，今为人臣，当诣日南。日南瘴气，或恐不还，与先人辞于此。'再拜慷慨而起，时见者莫不歔欷。刘道得赦还。瓒以孝廉为郎，除辽东属国长史。"（第239页）公孙瓒举孝廉，或即因刘太守之事使他获得了较好的声望。

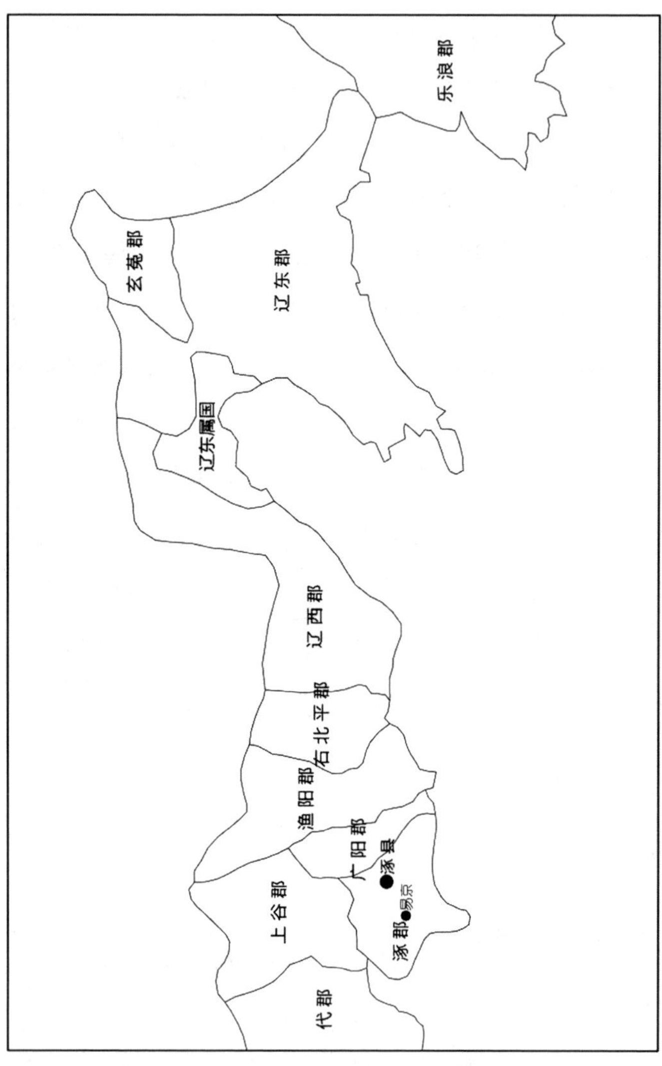

图 2 东汉幽州各郡示意图

幽州士人对袁氏的态度

在讨公孙瓒时，鲜于辅、阎柔等幽州士人与乌桓都联合了袁绍，但他们对袁氏的态度大为不同。袁绍策命乌桓诸部大人为单于，赠赐丰厚，三郡乌桓因此为袁氏所用。鲜于辅、阎柔等一直拒绝袁绍招引，并在官渡之战前投向了曹操。

《三国志》、《后汉书》记载的汉末幽州士人鲜有为袁氏效力者。如右北平田畴，“袁绍数遣使招命，又即授将军印，因安辑所统，畴皆拒不受。绍死，其子尚又辟焉，畴终不行”[1]。渔阳田豫，曾为公孙瓒部将，瓒死后为鲜于辅长史。“时雄杰并起，辅莫知所从。豫谓辅曰：‘终能定天下者，必曹氏也。宜速归命，无后祸期。’辅从其计，用受封宠。”[2]此处言“时雄杰并起，辅莫知所从”，其实鲜于辅的选项颇为有限，或从袁，或从曹，而当时袁绍强大，又相距较近，追随曹操是要背负很大压力的，但他还是在田豫劝说下下了决心。曹操占邺城、杀袁谭后，尚未进兵幽州，当时袁尚、袁熙还在故安，幽州就发生了兵变：

> 熙、尚为其将焦触、张南所攻，奔辽西乌丸。触自号

1 《三国志》卷一一《魏书·田畴传》，第341—342页。

2 《三国志》卷二六《魏书·田豫传》，第726页。

> 幽州刺史，驱率诸郡太守令长，背袁向曹，陈兵数万，杀白马盟，令曰:“违命者斩!”众莫敢语，各以次歃。至别驾韩珩，曰:“吾受袁公父子厚恩，今其破亡，智不能救，勇不能死，于义阙矣；若乃北面于曹氏，所弗能为也。”一坐为珩失色。触曰:“夫兴大事，当立大义，事之济否，不待一人，可卒珩志，以励事君。”[1]

陈寿将此事写入《三国志》，用意显然如焦触所言“以励事君”，不过这里面更多地透露着袁氏在幽州根基不牢[2]。首先，韩珩是幽州代郡人，为袁绍拔擢为幽州别驾，是地位最高的州佐官员。韩珩“受袁公父子厚恩”并非虚言，但他确实也是“智不能救，勇不能死”，只是退而求其次，不事曹操。我们今天固然不能按照传统的道德观，要求臣子对君主一定要或智能救，或勇能死，但放在当时的历史背景下，客观地说，韩珩对袁氏的忠诚度，既不如宁死不降的沮授、审配等，也不如田畴、鲜于辅、阎柔等立誓为刘虞报仇的幽州士人。陈寿将韩珩立为典型，似乎也表明其他幽州士人对袁氏的忠诚

---

1 《三国志》卷六《魏书·袁绍传》，第206页。

2 景凯东认为，冀青幽并四州之中，袁绍只对冀州有较强的控制，幽州地方大族对袁绍没有予以全力支持。见景凯东《袁绍“据四州之地”考辨》，《许昌学院学报》2017年第6期。

度尚不如韩珩。其次，焦触、张南反叛袁尚后，劫持郡县守令，固然有武力威胁的成分，但没有遇到强有力的抵抗，反而袁尚、袁熙毫无办法，只能向辽西逃窜。这表明焦、张的行为很可能是有其社会基础的，符合幽州人的心愿。再次，韩珩发表异论之后，焦触并未愤然执行既定军规，而是成全其志向，似乎说明焦触、张南与被他们劫持的官员关系并没有十分紧张，而且他们对于反袁成功有很大的信心，即便别驾这么重要的人物不配合也没有太大关系，这也说明幽州人普遍不站在袁氏一边。

观冀州士人之于袁绍、幽州士人之于刘虞，便能看出袁氏在幽州影响力之薄弱。不是韩珩等人没有气节，也不是幽州士人不能履行忠义，只是他们对袁氏接纳程度十分有限。

另外，赵云为冀州人，但原本是公孙瓒部将，与幽州势力渊源更深。公孙瓒败灭后，刘备投奔袁绍，与赵云相见于邺城。裴注引《云别传》记载，在这段时间，“先主与云同床眠卧，密遣云合募得数百人，皆称刘左将军部曲，绍不能知”[1]。刘备与赵云于邺城相见，很有可能是因为赵云当时已投奔袁绍。后来他宁愿跟从居无定所的刘备，也不愿跟随袁绍，或许也可以反映幽州人的普遍心态。

---

1 《三国志》卷三六《蜀书·赵云传》注引《云别传》，第949页。

幽州士人对袁氏为何如此冷淡？笔者以为，群雄并起时，各州皆有意自立，相邻的幽、冀二州又形成了天然的竞争关系，因此幽州士人多不愿屈居冀州士人之下。袁绍以冀州为根本，除了来自颍川等地的亲信，亦重用冀州人，幽州作为后来并入者，其士人很难得到冀州士人那样的重视。加上曹操挟天子的因素，使得鲜于辅、田畴等人不愿加入近处强大的袁绍集团，而投靠远方相对弱势的曹操。

综上，对影响幽州政治格局的主要力量略作总结：一是幽州士人，二是乌桓等塞上少数民族，三是长期与乌桓作战的有较强战斗力的边防军队，四是外来流民，五是南方的袁绍集团。刘虞有士人、流民的支持，以及乌桓的信赖，但未能将之转化为强大的武装力量。公孙瓒依靠边防军在战争和掠夺中不断壮大，凭借军事优势击败刘虞，却激发了幽州士人的军事潜力，也引起了乌桓的武装介入。刘虞死后，他的旧部为了报仇，结引袁绍、乌桓，从南、北两面以及幽州内部攻击公孙瓒。公孙瓒内外交迫，疆域、实力日渐萎缩，最后被袁绍消灭。袁绍依靠强大的实力统治幽州，但幽州士人对他是比较排斥的，以致袁氏在那里的根基不甚牢固。当袁曹斗争一步步深入，幽州的各支势力也越来越多地选择了背袁从曹的立场。

具体到刘虞与公孙瓒的政治命运，最直接的影响因素，是随局势演变而消长的军事实力——最初幽州武力较强者为公孙瓒所率边防军与乌桓诸部，而乌桓由于处于幽州外围，对于幽州内部局势影响较弱，公孙瓒则充分利用军事实力的优势，成为一支强大的政治势力。刘虞因为军力孱弱而失败，却因此反而激发了幽州士大夫的军事潜力，即士大夫利用其政治、社会影响力在战争中逐步壮大军事实力，又利用各种外援，终于弥平了与公孙瓒的军事差距，最终由弱变强。武力作为直接决定局势走向的因素，与政治因素互相转化。公孙瓒的武力优势得以较早转化为政治优势，而他在政治上的困境又促使自己在新局面的军事力量对比中渐落下风。

此外，还需注意的是，这一时期乌桓与塞内的关系发生了一些重要变化。此前，乌桓等塞上民族或作为汉朝的敌人，或是汉朝的附属、同盟，自刘虞、公孙瓒相争起，乌桓开始成为直接影响塞内政治走向的重要力量。这一变化不仅意味着边疆局势出现了新的动向，也使得边疆各族越来越直接地影响、干预中原政治变迁，内地与边疆的联系愈加紧密，形式也更为复杂多样。这一时期乌桓的表现，又深深影响了后来曹操的乌桓政策。新的边疆政策之下，乌桓人口被大规模内迁，其政治组织独立演化的道路由此中断，同时这也加速了乌桓与其他民族深度融合的进程。

二、袁绍集团的兴起与衰亡

袁绍其人，可争议处颇多，令人费解之事也不胜枚举。董卓议废立时，袁绍当庭抗言，“横刀长揖”，以示不服。人们多认为这体现了他对汉朝的忠心。然而，在以匡扶汉室为名而起兵之后，他又诋毁献帝非灵帝子，欲以刘虞代之，后来甚至授意部下献上符命，准备代汉自立。袁绍早年曾对曹操言讲有阻山带河以争天下之志，官渡之战前夕却因子疾之故迁延不进，贻误战机。袁绍收罗名士，如沮授、田丰等皆委以重任，范晔称其“以豪侠得众，遂怀雄霸之图，天下胜兵举旗者，莫不假以为名”[1]，然而他又似乎颇记私怨，前后欲指使曹操为其杀名士张邈、孔融、杨彪等。

关于袁绍，后世评价众说纷纭，但围绕他的厚厚谜团始终

---

1 《后汉书》卷七四下《袁绍刘表列传》，第2425页。

未曾真正解开。陈寿有八字概括袁绍："外宽内忌，好谋无决。"[1]清人何焯云："游侠之归必为乱首，诸袁是已"，又曰："绍劝（何）进召董卓……天下之罪魁也。"[2]这些评价固然能部分解释上述疑点，但更多仍只是归结于袁绍本人。如果我们将袁绍的行为置于他的历史处境之中，结合他的政治立场与目标，又该如何理解呢？他的"外宽内忌，好谋无决"反映了当时什么样的政治状况？游侠作风古已有之，为何偏偏袁绍的行为为自己博得了"乱首"、"罪魁"的评价？若要真正解开这些疑点，还应淡化对袁绍个人的评价，从汉末时代背景、袁绍集团政治结构与政治运作等角度展开深入分析。接下来的两节，分别以袁绍、曹操两大集团为中心进行讨论，将二者对照来看，或更能理解袁绍集团及袁曹关系的全貌，并明了对献帝的态度究竟如何成为影响袁绍集团政治命运及袁曹胜败的关键因素。

袁绍集团的形成及其核心人员

袁绍反对董卓废立，从洛阳逃往勃海郡。董卓为了缓和与袁绍的关系，随即任命他为勃海太守。袁绍并未因此满足，而是借着董卓给的官职，招兵买马，并很快联络关东州郡，起

1 《三国志》卷六《魏书·董二袁刘传》，第217页。

2 何焯：《义门读书记》，中华书局，1987年，第434页。

兵讨董，一时群雄响应，声势甚大。然而正如曹操诗中所云："军合力不齐，踌躇而雁行。势利使人争，嗣还自相戕。"关东群雄尚未灭掉董卓，自己内部先开始争权夺利起来。

群雄起兵前夕，袁绍为勃海太守，受冀州牧韩馥节制。韩馥忌惮袁绍的名声[1]，担心他借讨伐董卓的名义起兵而壮大实力，于是派遣州中数部从事监视袁绍，限制其起兵。随即东郡太守桥瑁诈作三公移书，至各州郡，要求兴兵讨伐董卓。韩馥仍犹豫不决，问诸从事："今当助袁氏邪，助董卓邪？"此时治中刘子惠言："今兴兵为国，何谓袁、董！"[2]韩馥才决定起兵。起兵之后，韩馥仍处处提防袁绍，甚至每每有意限制袁绍的军粮补给，想让其内部瓦解离散[3]。不巧的是，还未等到袁绍集团自行离散，韩馥部将麹义却先起兵叛乱。初平二年（191），

1 《后汉书》卷七四上《袁绍列传》先叙袁绍与袁术、刘岱、韩馥、孔伷等起兵，又述董卓怒而杀袁隗等袁氏宗族在京师者，既而云："是时豪杰既多附绍，且感其家祸，人思为报，州郡蜂起，莫不以袁氏为名。韩馥见人情归绍，忌其得众，恐将图己，常遣从事守绍门，不听发兵。桥瑁乃诈作三公移书，传驿州郡，说董卓罪恶，天子危逼，企望义兵，以释国难。馥于是方听绍举兵。乃谋于众曰：'助袁氏乎？助董氏乎？'"（第2376—2377页）《后汉书》这一段记载比较混乱。既然前文已经交待了韩馥与袁绍一起起兵，这里又说韩馥企图阻止袁绍起兵，以及得到桥瑁所作移书后仍迟疑不定。韩馥阻止袁绍起兵时，既然袁绍尚未起兵，就谈不上"州郡蜂起，莫不以袁氏为名"。韩馥猜忌袁绍，未必等到豪杰皆以为袁氏报仇为名起兵。

2 《三国志》卷一《魏书·武帝纪》注引《英雄记》，第6页。

3 《后汉书》卷七四上《袁绍列传》，第2377页。

“馥将麴义反畔，馥与战失利。绍既恨馥，乃与义相结”[1]。《三国志·袁绍传》注引《英雄记》载：“义久在凉州，晓习羌斗，兵皆骁锐。”[2]凉州因为长期与羌人作战，多出精兵猛将。麴氏为西州大姓，麴义亦应是凉州人。在凉州得到的历练，使他在河北的战争中表现颇为悍勇。麴义在战场上的出色发挥离不开麾下的精兵。史书未交待这些兵士是以凉州人为主，还是麴义在河北另行招募并加以训练的。笔者推测凉州人应该占据了多数，至少也应有一批凉州成员构成了骨干部分。山东起兵讨董之初，凉州人对战争的熟悉程度、作战的勇猛程度普遍超过冀州地方军。麴义率领的军队虽未必是韩馥军力的主要成分，但因实力强劲，这支军队在韩、袁之间立场的转变，无疑相当程度上改变了两者的力量对比。

麴义的叛变，公孙瓒的侵逼，加上亲附袁绍的士人造成的舆论压力以及袁绍的军事威胁，韩馥被迫将冀州拱手让出。

袁绍如愿取得了冀州，却远远不能高枕无忧，甚至可以说是腹背受敌，内忧外患。袁绍继承了韩馥的地位，相应也继承了北方公孙瓒的军事压力，西方、南方又有黑山、黄巾等流民武装的威胁，是为腹背受敌。除了外部的敌人，袁绍起初在冀州并未得到足够多的支持，甚至一度和冀州士人关系比较紧

---

1 《后汉书》卷七四上《袁绍列传》，第2377页。

2 《三国志》卷六《魏书·袁绍传》注引《英雄记》，第193页。

张，又有不少冀州人与公孙瓒相联结，是为内忧外患。

面对外部的军事压力，袁绍重用麹义，在界桥之战中取得了对公孙瓒的胜利，在河北站稳了脚跟。此后两军互有胜负，僵持不下，双方因此罢兵。不久，幽州一些刘虞旧部起兵，并联合乌桓力量，向公孙瓒发起反击，使之无暇南顾。此时袁绍的后方魏郡兵反，招引黑山，攻下邺城，袁绍因引兵而南，大破黑山。袁绍得冀州后的最初几年，在南北两边的战争中都未能消灭对手，但也使他们无力再发动太具威胁的进攻。冀州局势趋于平稳，袁绍得以加强对冀州的统治。

对于冀州内部，袁绍的首要任务便是争取当地士人的支持。虽然史书记载往往给我们这样的印象：袁绍在士林中拥有很强的号召力，天下士人多乐附之，韩馥让出冀州即是很大程度上迫于这种舆论氛围的压力。实际上，袁绍接替韩馥职位的过程中仍有不少的小插曲。高幹、荀谌劝说韩馥让冀州，韩馥长史耿武、别驾闵纯、治中李历劝谏馥：

> 冀州虽鄙，带甲百万，谷支十年。袁绍孤客穷军，仰我鼻息，譬如婴儿在股掌之上，绝其哺乳，立可饿杀。奈何乃欲以州与之？[1]

---

1 《三国志》卷六《魏书·袁绍传》，第191页。

《后汉书》叙此事耿武、闵纯之后有“骑都尉沮授”[1]，则可知沮授亦在反对让冀州者之列。汉代州郡属官多用本州郡人，长史耿武应为军府属官，虽非州佐，亦同闵纯、李历称冀州为“鄙州”，是本州人对自己家乡的谦称，称他州则不会用“鄙州”。耿武等人是韩馥手下最重要的属官，他们的态度表明至少有相当多的冀州士人并不支持袁绍。又《三国志·袁绍传》注引《九州春秋》载有韩馥部将请求出击袁绍之事：

> 馥遣都督从事赵浮、程奂将强弩万张屯河阳。浮等闻馥欲以冀州与绍，自孟津驰东下。时绍尚在朝歌清水口，浮等从后来，船数百艘，众万余人，整兵鼓夜过绍营，绍甚恶之。浮等到，谓馥曰："袁本初军无斗粮，各已离散，虽有张杨、於扶罗新附，未肯为用，不足敌也。小从事等请自以见兵拒之，旬日之间，必土崩瓦解；明将军但当开阁高枕，何忧何惧！"馥不从，乃避位，出居赵忠故舍。[2]

都督从事赵浮、程奂听闻韩馥欲让冀州，率兵赴馥，途中特意经过袁绍营地，夜中鸣鼓，向袁绍抗议示威。见过韩馥之后，赵浮又主动请缨，请求出击袁绍，可见冀州当地的军队也并不

---

1 《后汉书》卷七四上《袁绍列传》，第2378页。

2 《三国志》卷六《魏书·袁绍传》注引《九州春秋》，第191—192页。

欢迎袁绍。

耿武、赵浮这些袁绍的反对者，在冀州应当不是少数。之所以这么说，一是因为他们在州中位高权重，具有很大的影响力，能够代表冀州士林的主流态度，二是当公孙瓒提兵南向时，“冀州诸城无不望风响应”[1]，并未为袁绍坚守。另外，数年后因为袁绍在官渡之战中落败，“冀州城邑多叛，绍复击定之”[2]。虽然这两次冀州诸城的态度都没能决定历史走向，却明显反映了袁绍治下的冀州远非众志成城。不过，冀州诸郡反抗袁绍的态度并不坚决，韩馥任州牧时即有郡县响应公孙瓒而背韩馥[3]，官渡之战后叛变诸城又很快被袁绍收复，说明他们更多地只是见风使舵而已，并非特别针对袁绍[4]。

袁绍为了让冀州士人对自己有更多好感，便积极拉拢他们，多使之居于高位。沮授为钜鹿广平人，袁绍任之以别驾从事，又以之为监军、奋武将军，“监护诸将”[5]。除了掌握大权，沮授也是现存史籍所见汉末关东群雄中非独立军阀统帅而获得

1 《后汉书》卷七四上《袁绍列传》，第2380页。

2 《三国志》卷六《魏书·袁绍传》，第201页。

3 《三国志》卷六《魏书·袁绍传》载高幹、荀谌说韩馥语：“公孙瓒乘胜来向南，而诸郡应之。”（第191页）

4 可参考《三国志》卷一四《魏书·董昭传》中记载的事例：“绍逆公孙瓒于界桥，钜鹿太守李邵及郡冠盖，以瓒兵强，皆欲属瓒。”（第436页）钜鹿的地方官和当地大族想要倒向公孙瓒，主要是因为他们认为公孙瓒兵力更强大。

5 《后汉书》卷七四上《袁绍列传》，第2379页。

将军号的第一人。此外，魏郡审配、钜鹿田丰，先前不得志于韩馥，袁绍分别授之以别驾、治中。我们之所以说袁绍重用冀州士人，并非仅仅因为沮授等人担任了冀州高级佐官（按照汉朝惯例，州佐官员原本便应主要由本州人担任），更是因为此三人参与了袁绍集团的许多核心事务。袁绍以冀州为根据地，后据有冀、并、青、幽四州，而从史料记载中我们看不到其余三州的士人有类似于沮授、审配等人的地位与作用，说明冀州对于袁绍的重要性。不过，在袁绍集团的核心成员中，冀州士人之外，还另有一支来自外州的袁绍亲信势力。

这些外来亲信多为颍川人，包括郭图、辛评、荀谌、淳于琼等，此外还应包括南阳许攸，以及现存史料并未给出足够可靠籍属的逢纪。先简单探讨一下逢纪的籍属。逢纪，又多写作"逄纪"，《后汉书·袁绍列传》注曰："逢音庞。"[1]方诗铭根据东汉初有北海逢萌，以及惠栋《后汉书补注》认为逢"姓出北海"，推断逢纪可能是北海人[2]。可是，两汉之际见于史书的姓逢之人并非仅有逢萌。《后汉书·刘盆子列传》记载琅邪樊崇事迹，有"崇同郡人逢安"，注引《东观汉纪》曰："'逢'，音庞。安字少子，东莞人也。"[3]据此可知东汉初姓逢者不仅在北

1 《后汉书》卷七四上《袁绍列传》注引《英雄记》，第2378页。

2 方诗铭:《曹操·袁绍·黄巾》，第220页。

3 《后汉书》卷一一《刘盆子列传》，第478页。

海一郡，且东汉初至汉末，二百年间，人口迁徙不断，根据北海有逄萌就推断逄纪为北海人，不论是否符合史实，这种推测也是没有太多史学意义的。另外，《资治通鉴》载："绍以丰为别驾，配为治中，及南阳许攸、逄纪、颍川荀谌皆为谋主。"[1]按照《资治通鉴》文本，修纂者应认为逄纪为南阳人，这当然可能是司马光、刘攽的发挥，不过也不能排除他们掌握着我们今天所看不到的史料的可能性。可以说，目前《资治通鉴》的说法或许是最为可靠的，尽管我们仍要对之十分审慎。

根据这些人物的籍属，方诗铭将之分为两个集团："袁绍据有冀州后，所信任和倚重的是荀谌、辛评、郭图和审配、田丰、沮授等人，前者属于颍川集团，后者属于河北集团。"[2]南阳的许攸也被他划归于颍川集团："许攸是追随袁绍到河北去的，两人关系很密切。颍川、南阳两郡邻近，同在现在的河南；因此，南阳的许攸和颍川的荀谌、辛评、郭图等人，当然属于同一集团。"[3]地域因素在汉末的政治、社会活动中扮演着重要的角色，同州的乡里关系往往意味着一种身份认同，甚至可能由此形成政治上的同盟。不过，并非所有有这种身份认同的人群都能在政治活动中形成政治集团。这里将袁绍麾下的核

1 《资治通鉴》卷六〇《汉纪》献帝初平二年，中华书局，2011年，第1965页。
2 方诗铭:《曹操·袁绍·黄巾》，第226页。
3 方诗铭:《曹操·袁绍·黄巾》，第227页。

心成员仅仅依据地域划分为两个政治团体，的确可以作为一个观察视角，帮助我们更好地理解袁绍集团的政治结构，并基于这种集团划分方法，寻找不同人群之间的关系与矛盾，甚至进而解开官渡之战的谜团。然而，这种分类方法比较简单粗暴，远远不能涵盖政治进程的全部。相比同乡情谊，政治利益更具决定作用。由此，在探究具体的历史问题时，我们仍然要留心同乡关系所产生的共同利益是否足以使他们结成同盟，以对付外部的威胁，即是，判断是否存在某一政治集团或派系，所使用标准之中，共同利益应优先于地域划分。

具体到此时的袁绍集团，这些分别具有颍川身份和河北身份的士人，是否组成了两个政治派系，还要看他们内部是否形成了足够紧密的联系，以及彼此间的政治利益是否高度一致。颍川群体与袁绍同州，且这些颍川士人在董卓入洛前就有比较紧密的联系，在灵帝末年的政治斗争中已经初步形成了一个政治团体。袁绍逃出洛阳后，他们追随袁绍远离故乡，前往河北，又支持袁绍在冀州建立统治，他们的命运已经同袁绍紧紧捆绑在一起。在袁绍集团的一系列重要事件中，我们也不大能看到颍川士人之间有太大的矛盾，更多的时候他们主张比较一致，因此说袁绍集团中有一支颍川派系（当然也应包括一些非颍川的外来士人），是没有太大问题的。

然而，同样用政治利益与具体政治行为的标准来看，河北士人则难以说形成了一个政治派系。首先，我们不知道袁绍取得冀州之前沮授、审配与田丰等人的关系如何，是否具有比较密切的联系。沮授在韩馥任冀州牧时就担任州中重要职位，而田丰、审配不受重用；沮授、田丰为钜鹿人，审配为魏郡人。我们当然不能仅据此就断定三人本来的关系一定比较疏远，但至少形成紧密关系的条件并不优渥。其次，他们在跟随袁绍时重要政见不尽相同，且出现过明显的相互攻讦的情况。如沮授曾力主立袁谭为继承人，审配则在袁绍死后追随袁尚。又，《三国志·袁绍传》注引《献帝传》记载沮授、田丰谏阻袁绍南伐，审配则与郭图一起辩驳之，认为沮授“非见时知机之变”[1]。这次辩论并非一般的政见不合，它一定程度上导致沮授失去了“监统内外”的权力。最初袁绍只任命了沮授一人为监军，统帅全军，官渡之战前临时改设三都督，使郭图、淳于琼分割沮授的权力。沮授、田丰死后，见于记载的冀州士人中仅有审配仍属于袁氏集团的核心成员。后来袁谭与袁尚破裂，审配追随袁尚，颍川士人则支持袁谭。这时的颍川士人仍选择一致立场，共同进退，审配则与既非颍川又非河北的逢纪结成同盟，仍然不能称其为河北派系。

由是，袁绍集团内并不存在一个利益高度一致、关系较为

1 《三国志》卷六《魏书·袁绍传》注引《献帝传》，第196页。

紧密的河北派系，笔者猜测其原因可能在于袁绍在任用河北士人时，并非是原封接管韩馥的班底，而是明显地有所采择，这样在任官之时就可避免这些河北士人关系过于密切。相应的，跟随袁绍前往冀州的颍川等地的外来士人中有不少已享誉海内，他们的利益和主要的政治行动较为同步，又往往能与袁绍的诉求保持一致，故而较之本地士人更能决定整个政治集团的决策。另外，颍川派士人为了维持自己的地位，也可能会尽量分化河北士人，故而河北士人虽有不少受到重用，但难以形成较为严密的政治派系。

除了为人们所熟知的颍川士人和河北士人，袁绍集团对于其他地区的士人也是比较开放的，形成了一种“好士”的风尚。

袁绍刚取得冀州时，除了自身拥有一定的军事力量，又得到了具有凉州背景的麹义的加入，还一度获得张杨、南单于的支持。但是，袁绍不是以武力征服者的姿态出现的，一方面是因为他的讨董盟主身份以及取得冀州的方式，更重要的还是，与军事力量相比，他周围的大族名士团体所形成的政治力量要更引人注目。袁绍周围能形成这样庞大的士人团体，和他的特殊身份分不开，而这一团体的形成，又增强了他的号召力。这个团体中除了颍川士人和稍后加入的冀州士人，还有南阳许攸、陈留高幹、广陵陈琳，甚至还招徕了大儒郑玄，等等。四世五公的家世，遍及海内的号召力，给了袁绍足够的底气广泛交游，笼络士人。在河北的统治稳固以后，袁绍又把这种行为变为一种政治现象，并在整个政治集团内形成了一种爱士的风气。荀彧在官渡之战时分析："绍，布衣之雄耳，能聚人而不能用"[1]，指的就是袁绍周围聚集了很多士人。另外，袁谭在青州、高幹在并州都有"敬士"、"好士"之名，显然这是袁绍集团内部的普遍状况。裴注中有这样的记载：

> 谭始至青州，为都督，未为刺史，后太祖拜为刺史。其土自河而西，盖不过平原而已。遂北排田楷，东攻孔融，曜兵海隅，是时百姓无主，欣戴之矣。然信用群小，好受近言，肆志奢淫，不知稼穑之艰难。华彦、孔顺皆奸佞小人也，信以为腹心；王脩等备官而已。然能接待宾客，慕名敬士。使妇弟领兵在内，至令草窃，市井而外，虏掠田野；别使两将募兵下县，有赂者见免，无者见取，贫弱者多，乃至于窜伏丘野之中，放兵捕索，如猎鸟兽。邑有万户者，著籍不盈数百，收赋纳税，参分不入一。招命贤士，不就；不趋赴军期，安居族党，亦不能罪也。[2]

1 《三国志》卷一《魏书·武帝纪》，第20页。
2 《三国志》卷六《魏书·袁绍传》注引《九州春秋》，第196页。

> 并州刺史高幹素贵有名，招致四方游士，多归焉。（仲长）统过幹，幹善待遇之，访以世事。统谓幹曰："君有雄志而无雄才，好士而不能择人，所以为君深戒也。"幹雅自多，不纳统言。统去之，无几而幹败。[1]

袁谭虽然重用亲信，但仍能"慕名敬士"。高幹"招致四方游士"，仲长统为山阳人，可能是因为与高幹同州而一度前去投奔。这些不仅仅是袁谭和高幹个人的行为，更是袁绍集团的整体格调所致。

庞大的士人团体使袁绍具有了相当显著的政治优势，这也是官渡战前袁绍被很多人认为能够取胜的原因之一[2]。

袁绍集团的内部矛盾

袁绍将大量士人召入幕府，增强了实力，壮大了声势，但也产生了很严重的负面影响。方诗铭认为袁绍失败的主要原因

---

1 《三国志》卷二一《魏书·刘劭传附仲长统传》注引缪袭撰统《〈昌言〉表》，第620页。

2 《三国志》卷一〇《魏书·荀彧传》载：官渡战前，孔融谓荀彧："绍地广兵强，田丰、许攸，智计之士也，为之谋；审配、逢纪，尽忠之臣也，任其事；颜良、文丑，勇冠三军，统其兵：殆难克乎！"（第314页）孔融说到了袁绍"地广兵强"，而更加侧重的是他部下的文臣武将，表明士人团体也是孔融衡量政治实力的重要标准。

是内部矛盾，具体说来就是颍川集团与河北集团的矛盾。这种思路是正确的，只是内部问题不仅仅是两地士人之间的矛盾这么简单。根据史料，有些问题我们能比较轻易地解读出来，而还有一些问题我们并不能说清楚背后的缘故，不过这些不清晰或许更有利于我们认识到袁绍集团内部问题的复杂性。

颍川士人和河北士人之间存在矛盾，是显而易见的。从前期郭图排挤沮授、田丰，到后来郭图、辛评与审配分别支持袁谭、袁尚而走向敌对，都表现了两个地域士人的不和谐。不过，如前所论，河北士人之间的矛盾也很明显，因此以地域为出发点讨论虽然很有意义，但远远不是全部。官渡之战作为整个北方局势走向的转折点，也是袁绍集团命运的转折点，此战前后，袁绍父子与其属下们所面临的主要问题，以及互相之间的关系，都发生了很大的变化。因此应当以官渡之战为节点，对前后两个时期的情况分别进行讨论。

袁绍取代韩馥后，为了在河北迅速站稳脚跟，便着意笼络河北士人。虽然起初这些人有不少并不欢迎新主，但也有一部分对袁绍的热情给予了积极的回应，包括成为核心成员的沮授、田丰、审配。他们的加入壮大了袁绍的实力，但随着时间的推移，他们与更早跟随袁绍的颍川士人甚至袁绍本人的矛盾也逐渐显现。这种矛盾主要表现在沮授、田丰身上。

沮授曾谏阻韩馥让冀州，但袁绍领州后，他很快放下新主旧牧的恩怨过节，要为袁绍谋之长远，一展抱负。《三国志·袁绍传》载：

> 从事沮授说绍曰："将军弱冠登朝，则播名海内；值废立之际，则忠义奋发；单骑出奔，则董卓怀怖；济河而北，则勃海稽首。振一郡之卒，撮冀州之众，威震河朔，名重天下。虽黄巾猾乱，黑山跋扈，举军东向，则青州可定；还讨黑山，则张燕可灭；回众北首，则公孙必丧；震胁戎狄，则匈奴必从。横大河之北，合四州之地，收英雄之才，拥百万之众，迎大驾于西京，复宗庙于洛邑，号令天下，以讨未复，以此争锋，谁能敌之？比及数年，此功不难。"[1]

沮授初仕袁绍，就提出了"横大河之北，合四州之地"，然后西迎献帝、挟天子以令诸侯的总方略。袁绍对此十分赞赏，委授以监军重任。袁绍经营河北，基本按照沮授的设想，包括进攻张燕，向并州、青州扩张，并联合幽州士人及乌桓消灭公孙瓒，实现了据有四州的战略构想。可是，在沮授要实现其构想的第二步即西迎献帝时，却遇到了相当大的内部阻力。

---

1 《三国志》卷六《魏书·袁绍传》，第192页。

阻力首先来自于袁绍本人。在沮授最初献策的时候，袁绍没有提出异议，而当迎献帝的时机成熟时，袁绍就明显不再热衷起来。《后汉书·袁绍列传》解释为“帝立既非绍意，竟不能从”[1]。献帝之立“非绍意”，并非虚言，而且还不止一次。何兹全在《三国史》中将袁绍的态度主要归结于他自己也想称帝[2]，不过这显然只是个极为简略的解释，史料中还揭示了颇为复杂的历史内容，具体细节将在下一节讨论袁曹关系时展开，这里只简要述及。

首先，袁绍与献帝的政治对立是颇有历史渊源的。灵帝死后，何进欲立皇子辩，蹇硕欲立皇子协，袁绍是何进的支持者，自然是支持立皇子辩的。董卓欲废少帝，袁绍反对最为激烈。他无力阻挡董卓，于是逃往勃海，不久即发动关东州郡讨董。

关东起兵后，袁绍曾联合韩馥等试图拥立刘虞为帝，还致书袁术，称献帝非灵帝之子，不如另立宗室长者，但被袁术拒绝（详见下节）。最终刘虞不敢称帝，袁绍只好作罢。

总之，在不同的环境下，出于不同的考虑，袁绍不止一次站到了献帝的对立面。当献帝东归时，袁绍曾派人探望，但对迎献帝不很热情也是情理中事。不过，与献帝之间的旧日纠葛

1 《后汉书》卷七四上《袁绍列传》，第2383页。
2 何兹全:《三国史》，第24页。

并非阻碍袁绍西迎大驾的唯一原因。袁绍得冀州时，刘虞已经明确表示不愿称帝，此后袁绍似乎也渐渐放下了不承认献帝的态度，但也没有表现出积极拥护。此时的袁绍还有两个可选方案，或是对献帝敬而远之，或是转变态度，积极拥戴。沮授指出了第二种方案的益处，袁绍当时并未反对，或许表明袁绍抛开过节西迎献帝的可能性是存在的。之所以后来的历史没有按照这条路线发展，是因为还有其他的因素掺杂了进来。

《三国志·袁绍传》载："初，天子之立非绍意，及在河东，绍遣颍川郭图使焉。图还说绍迎天子都邺，绍不从。"[1]根据这段记载，郭图是主张迎献帝的，而裴注引《献帝传》的说法则完全不同：

> 沮授说绍云："将军累叶辅弼，世济忠义。今朝廷播越，宗庙毁坏，观诸州郡外托义兵，内图相灭，未有存主恤民者。且今州城粗定，宜迎大驾，安宫邺都，挟天子而令诸侯，畜士马以讨不庭，谁能御之！"绍悦，将从之。郭图、淳于琼曰："汉室陵迟，为日久矣，今欲兴之，不亦难乎！且今英雄据有州郡，众动万计，所谓秦失其鹿，先得者王。若迎天子以自近，动辄表闻，从之则权轻，违

1 《三国志》卷六《魏书·袁绍传》，第194页。

之则拒命，非计之善者也。”授曰：“今迎朝廷，至义也，又于时宜大计也，若不早图，必有先人者也。夫权不失机，功在速捷，将军其图之！”绍弗能用。[1]

《后汉书·袁绍列传》采用了《献帝传》的说法，未提郭图出使并劝袁绍迎献帝之事。袁绍究竟是拒绝了郭图迎献帝的计策，还是在郭图的怂恿下否决了沮授的提议，仅据这两段材料，实难判断。可以肯定的是，沮授一直是有奉迎献帝的想法的，而《献帝传》记载的郭图、淳于琼所言“若迎天子以自近，动辄表闻，从之则权轻，违之则拒命，非计之善者也”，也正契合袁绍的心意。何以言之？一是前文已经论述的袁绍对献帝的态度，此时多少必然还有影响；二是从当时的形势分析，袁绍迎献帝的必要性已不再那么明显，甚至他可能已经开始认真考虑自己称帝了。我们可以将献帝东归之时袁绍与其他主要关东军阀的情况作横向对比。袁绍这时已经对公孙瓒取得了较大优势，而且不久前还重创了张燕主力，黄河以北已无敌手；至于黄河以南，曹操刚经历了张邈、吕布的背叛与袭击，借助袁绍的支援，才得以重夺兖州，还未恢复元气，其余如刘备代陶谦领徐州不久，尚立足未稳，袁术于淮南还正受到

1 《三国志》卷六《魏书·袁绍传》注引《献帝传》，第195页。

刘表、曹操势力的挤压，显然都无法与袁绍的实力及影响力相提并论。那么，在这种自身实力已具有显著优势的情况下，袁绍迎献帝就显得不再那么急迫。另外，笔者猜测，由于缺乏先例，如何在迎献帝后再夺取帝位，仅程序问题可能就是一个大麻烦（王莽代汉作为反面案例，至少在当时直接的参考价值不大，即便是借鉴王莽，也要面对后续十分繁琐的运作），还需要考虑挟天子过程中可能会遇到的各种问题。

最终曹操抢占先机，奉迎天子，便开始借天子名义向袁绍下诏书。据《后汉书》记载，曹操迎献帝都许后，“绍每得诏书，患有不便于己，乃欲移天子自近，使说操以许下埤湿，洛阳残破，宜徙都甄（鄄）城[1]，以就全实。操拒之。田丰说绍曰：‘徙都之计，既不克从，宜早图许，奉迎天子，动托诏令，响号海内，此算之上者。不尔，终为人所禽，虽悔无益也。’绍不从”[2]。鄄城属兖州，临近黄河，在南岸，由曹操控制。袁绍劝曹操徙都鄄城，仍然没有想要将献帝安置于自己的地盘上，不过鄄城对岸的东郡部分已为袁绍所掌控[3]，因此鄄城实际上是时刻受到袁绍威胁的。徙都计划被曹操拒绝以后，田丰

1 此处《后汉书》原文作“甄”，括号为笔者所加。

2 《后汉书》卷七四上《袁绍列传》，第2390页。

3 据《三国志》卷七《魏书·臧洪传》，张邈、陈宫叛曹操迎吕布时，臧洪作为袁绍任命的东郡太守治东武阳，后袁绍围攻东武阳，杀臧洪，则东武阳重新被袁绍控制。东武阳数县在黄河以北，与鄄城隔黄河相对。

又劝袁绍早日进攻曹操，夺得对献帝的控制权。《三国志》与《后汉书》均记载劝曹操徙都鄄城之事在灭公孙瓒以前，说明在袁绍全据河北之前，田丰就有了袭取许都的想法。袁绍不采纳田丰的计策，固然是因为公孙瓒尚未灭亡，不愿两面受敌，不过当时公孙瓒深陷幽州士人与乌桓的缠斗之中，不太有主动进攻冀州的能力，极有可能是袁绍仍不愿接纳献帝，对于田丰所描述的“奉迎天子，动托诏令，响号海内”，他并不热心。

袁绍多次拒绝沮授、田丰奉迎献帝的建议，在消灭公孙瓒后，便显露了要称帝的意图。先是袁术于淮南已是穷途末路，准备去帝号让与袁绍，史书记载曰：“绍阴然之。”[1]不久袁术病死，此事再无下文。更能说明问题的是袁绍部下献符命之事。《三国志·袁绍传》注引《典略》载，既灭公孙瓒，“自此绍贡御希慢，私使主簿耿苞密白曰：‘赤德衰尽，袁为黄胤，宜顺天意。’绍以苞密白事示军府将吏。议者咸以苞为妖妄宜诛，绍乃杀苞以自解”[2]。灭公孙之后，袁绍势力大大增强，因而有代汉之意，但是军府议者多持反对态度，因此不得不暂时作罢。这时围绕要不要尊奉献帝与汉统的问题，袁绍集团内部的分歧已经越来越明显了。

公孙瓒死于建安四年（199）三月，随后不久，袁绍即举

1 《三国志》卷六《魏书·袁术传》注引《魏书》，第210页。
2 《三国志》卷六《魏书·袁绍传》注引《典略》，第195页。

兵南向。据《魏书·武帝纪》，其年八月，曹操“进军黎阳，使臧霸等入青州破齐、北海、东安”[1]，说明袁绍起兵至少在八月以前。《资治通鉴》中亦将袁绍出兵及沮授谏阻系于八月曹操出兵之前[2]。袁绍大军刚结束与公孙瓒的鏖战，数月之间再兴大举，说明袁绍当时遇到了非常急切的问题，需要通过打败曹操来解决。这很可能与耿苞之事有关。袁绍授意耿苞献符命，本为试探部下的态度，以此来消除关于是否应奉迎献帝的分歧，而袁绍通过此事也确认了称帝时机并未成熟，围绕对献帝态度的分歧仍将继续存在。袁绍既不情愿向沮授等人妥协，也不能粗暴压制大量的反对者，那么便只剩下一个解决办法，就是进一步提升自己的威信，以维系整个集团的向心力。由是，他一反之前对田丰袭击许都计策的否定态度，主动出兵南下，便应是希望通过消灭曹操来大幅提升自己的威信，从而压制内部的分歧。不过，还有一点需要注意，袁绍刚出兵时并未寻求迅速击败曹操，而是显得十分拖沓，犹豫不决。袁绍在建安四年八月之前即已起兵，次年二月大军尚未渡河，只是让颜良率军袭扰白马，八月北军方进至官渡，与曹军近距离对峙，此时已整整出兵一年了。其间田丰建议利用刘备重新占领徐州的时

1 《三国志》卷一《魏书·武帝纪》，第17页。

2 《资治通鉴》卷六三《汉纪》献帝建安四年，第2058—2059页。

机迅速出击，又被袁绍否决，理由是“辞以子疾”[1]。这个原因实在令人难以信服，是否其中另有隐情呢？为了解决这些疑问，我们要关注决战前沮授与田丰的命运变化。

沮授在袁绍帐下任监军，监护诸将，还统领三军。据裴注引《献帝传》记载，郭图等向袁绍言沮授“监统内外，威震三军，若其浸盛，何以制之？”于是“绍疑焉，乃分监军为三都督，使授及郭图、淳于琼各典一军，遂合而南”[2]。行至黄河，袁绍又剥夺了沮授的剩余兵权。裴注引《献帝传》曰：

> 绍将济河，沮授谏曰：“胜负变化，不可不详。今宜留屯延津，分兵官渡，若其克获，还迎不晚，设其有难，众弗可还。”绍弗从。授临济叹曰：“上盈其志，下务其功，悠悠黄河，吾其不反乎！”遂以疾辞。绍恨之，乃省其所部兵属郭图。[3]

《献帝传》记载有与《三国志》舛互者，及不合史实者。如本段材料记载沮授建议先分兵渡河被否决，其实袁绍大军屯扎黎阳时确曾派颜良为先锋渡河攻白马。又《献帝传》载沮授、田

---

1 《三国志》卷六《魏书·袁绍传》，第197页。
2 《三国志》卷六《魏书·袁绍传》注引《献帝传》，第197页。
3 《三国志》卷六《魏书·袁绍传》注引《献帝传》，第200页。

丰言“师出历年，百姓疲弊，仓庾无积”[1]，而《三国志》载沮授曰“北兵数众而果劲不及南，南谷虚少而货财不及北；南利在于急战，北利在于缓搏”[2]。这些相互矛盾的记载或许是因为所记之事不同，或许是史料尚不足全信，而对官渡战前袁绍逐步剥夺沮授兵权之事，不同史料的记载却是颇为一致。沮授的兵权最后被郭图、淳于琼完全接管，极有可能是因为郭图等人的主张与袁绍比较接近，沮授的思路则与袁绍有很大分歧，因而在大战前完成权力转移，对袁绍来说是很有必要的。不过，沮授毕竟是袁绍亲自任命的“监统内外，威震三军”的集团二号人物，剥夺其兵权的过程可能不会像史料中显示的那样简单。那么，解除沮授的权力，以及尽量降低这一重大人事变动的负面影响，也许就是除了军队刚击败公孙瓒还需要休整之外，袁绍军在黎阳一带停驻半年的另一重要原因。后来官渡战败，很多人没有能回到黄河北岸，沮授也成了曹操的俘虏，最后宁死不降。不知沮授未能逃走是出于意外，还是袁绍有意遗弃他。如果是后者，那么可以猜测，沮授如果能回到河北，袁绍已不大可能再重用他，疏远或杀掉他都会比较麻烦，不如把他留给曹操处埋。沮授不降而死，或许也是因为自感遭到猜疑排挤，便以死明志，表达自己的不满。

---

1 《三国志》卷六《魏书·袁绍传》注引《献帝传》，第196页。

2 《三国志》卷六《魏书·袁绍传》，第199页。

田丰在出兵前多次在作战方略上提出不同见解，最后袁绍被激怒，“以为沮众，械系之”[1]。田丰虽然官位较高，却不像沮授执掌大权，因而不是袁绍政治斗争的主要对象。他本来应该是很有希望保全自己的，但因为是迎献帝的支持者，这点和袁绍利益相忤。更重要的是，袁绍南征首先要解决的是内部的政治问题，只有政治上统一之后才能开展决战，这其中就包括收夺沮授的权力，故而其做法便不仅包含军事考量。田丰的建议主要着眼于军事方面，因而多与袁绍的意图相悖。袁绍以子疾之故拒绝田丰急袭许都的建议，应当只是借口而已，实则是顾虑当时尚掌握军权的沮授与自己的政见分歧已颇为明显，而袁绍认为这种情况下出兵是十分危险的。因为屡次违背袁绍本意，田丰遭到关押，没有随大军南下。

《三国志·袁绍传》还记载了田丰在官渡之战后预测自己将会被杀的故事：

> 绍军既败，或谓丰曰：“君必见重。”丰曰：“若军有利，吾必全，今军败，吾其死矣。”绍还，谓左右曰：“吾不用田丰言，果为所笑。”遂杀之。[2]

---

1 《三国志》卷六《魏书·袁绍传》，第200页。

2 《三国志》卷六《魏书·袁绍传》，第200—201页。

又，裴注引《先贤行状》：

> 绍军之败也，土崩奔北，师徒略尽，军皆拊膺而泣曰："向令田丰在此，不至于是也。"绍谓逢纪曰："冀州人闻吾军败，皆当念吾，惟田别驾前谏止吾，与众不同，吾亦惭见之。"纪复曰："丰闻将军之退，拊手大笑，喜其言之中也。"绍于是有害丰之意。[1]

这两段材料都显示袁绍羞于见田丰而杀之，田丰死前还言若袁绍取胜则自己可以不死，都说明田丰并非袁绍政治斗争的主要对象。袁绍南征的最终目标在于打败曹操，使部下彻底心服，以此为称帝铺平道路，解除沮授兵权也不过是不得已之举。最终目标没有达成，反而要被田丰等不支持自己称帝的人嘲笑，这应是袁绍所不能容忍的。反过来讲，如果袁绍官渡之战胜利了，舆论风向便会很快转变，田丰支持与否，都对袁绍迈开称帝步伐影响不大，田丰也就不必死了。

袁绍发起南征之后，不急于渡河进军，而是逐步解除了沮授的兵权，这种巨大的人事变动很容易在军中引起混乱。审配严治许攸导致他临阵叛逃，高览、张郃作为重要将领，

---

1 《三国志》卷六《魏书·袁绍传》注引《先贤行状》，第201页。

因与郭图不合便轻易投降，以及乌巢防御出现严重漏洞，可能都体现了那个时期的混乱，而这些也许还只是冰山一角。这些事件未必都与沮授直接相关，但沮授突然被剥夺权力所引发的震动，足以促成一种政治氛围，而这些事件便都是在猜疑、不安的氛围中发生的。我们不能简单地说这些具体的混乱现象导致了官渡之战的结果，但它们至少在相当程度上影响了战局。

袁绍败走以后，河北郡县纷纷改易旗帜，响应曹操，固然官渡之战的结果起了决定作用，还可能和沮授、田丰的遭遇有关。袁绍重用沮授、田丰即是为了笼络冀州人心，扩大统治基础，但当他们成为袁绍实现自己政治目标的障碍时，又不得不把他们清理掉，反而会给政局带来剧烈的震荡。

官渡之战以后，袁绍与称帝的梦想渐行渐远，先前的政治目标变得不合时宜，另外，河北叛变郡县很快被收复，曹操也无力立即渡过黄河发起总攻，袁曹之间暂时进入了对峙状态。很快，袁绍病死，曹操利用袁谭与袁尚兄弟同室操戈的机会，逐步征服了河北四州。

袁氏兄弟相争，背后还牵涉士人团体的分裂。郭图、辛评等颍川士人追随袁谭，审配、逢纪则支持袁尚。两派之间的斗争相当激烈。除了袁氏兄弟数次兵戎相见，分属两边的官员的斗争也很残酷。裴注引《先贤行状》载："初，谭之去，皆呼辛毗、郭图家得出，而辛评家独被收。及（审）配兄子开城门内兵，时配在城东南角楼上，望见太祖兵入，忿辛、郭坏败冀州，乃遣人驰诣邺狱，指杀仲治家。”[1]仲治，辛评之字。按《三国志·袁绍传》，袁绍死后，审配“奉尚代绍位。谭至，不得立，自号车骑将军”[2]。《先贤行状》所云袁谭出邺城，应是指奔丧争位不成，同辛、郭两家离开邺城。这次离开，几乎是逃走的。辛评家未能来得及出城，被审配抓获，遭到关押，后来又全部被杀。这表明袁绍刚刚死去，分别依附于袁氏兄弟的两派之间的矛盾就迅速激化了。

二子分争并不难理解，而让人有些费解的是，袁绍原本比较宠爱袁尚，而他最为信重的颍川士人却支持袁谭，反而是魏郡审配和另一位非颍川出身的逢纪秉承袁绍素意，支持袁尚。根据史料，袁绍宠爱幼子与其妻刘氏有关。裴注引《典论》：“绍妻刘氏爱尚，数称其才，绍亦奇其貌，欲以为后，未显而绍死。”[3]《后汉书》亦载此事，但称刘氏为袁绍后妻[4]。《后汉书》注引《典论》则称刘氏为“绍妻”，亦无后妻说法[5]。有一处史料说刘氏为袁绍后妻，给人无限遐想。或许袁绍前妻已死，后

---

1 《三国志》卷六《魏书·袁绍传》注引《先贤行状》，第205页。

2 《三国志》卷六《魏书·袁绍传》，第201页。

3 《三国志》卷六《魏书·袁绍传》注引《典论》，第203页。

4 《后汉书》卷七四上《袁绍列传》，第2383页。

5 《后汉书》卷七四上《袁绍列传》注引《典论》，第2403页。

娶刘氏，袁谭为前妻所生，袁尚为刘氏所生，袁谭及袁绍前妻与颍川士人关系较近，而袁尚母子则和审配利益相关度更高？这种猜想如果成立，袁氏兄弟之间的矛盾就比较容易解释了，不过《后汉书》中称刘氏为袁绍后妻的说法几乎是不可信的。从文献方面说，《后汉书》所述应完全出于《典论》，显然《典论》记载更可信。另外，我们还可以找到材料证明袁谭与袁尚同母。裴注引《魏氏春秋》载刘表与袁谭书："虽见憎于夫人，未若郑庄之于姜氏。"[1]又，注引《汉晋春秋》载审配与袁谭书，指责他"又乃图获邺城，许赐秦、胡，财物妇女，豫有分界。或闻告令吏士云：'孤虽有老母，辄使身体完具而已。'闻此言者，莫不惊愕失气，悼心挥涕，使太夫人忧哀愦懑于堂室，我州君臣士友假寐悲叹，无所措其手足"[2]。刘表信中的"夫人"与审配信中的"太夫人"，即绍妻刘氏。刘氏是袁尚的生母，从审配的书信引用袁谭之语"孤虽有老母，辄使身体完具而已"，又可以确认她是袁谭的生母。刘氏对谭、尚二人的态度只是父母对子女有所偏爱的表现，当然也就不宜解释过深。

颍川的一些士人与河北审配分道扬镳，似乎矛盾是因地域而起，可是之前袁绍命袁谭出任青州时，沮授是反对的，认为不宜废长立幼。沮授和审配的态度可能只代表他们个人，不代

1 《三国志》卷六《魏书・袁绍传》注引《魏氏春秋》，第203页。
2 《三国志》卷六《魏书・袁绍传》注引《汉晋春秋》，第205页。

表多数河北士人。回到当时的历史背景，袁绍使袁尚领冀州，而审配先后任州治中、别驾，主冀州事务。当时的情形可能是：作为冀州高级佐官，审配自然更倾向于支持自己的直管上司袁尚，所以当袁氏兄弟分争时，审配的立场最易选择，袁尚也更容易信任他。大概因为颍川士人与审配争权夺利，袁尚与颍川士人的关系便随之变得微妙起来，进而促使颍川士人与袁谭不断靠近。因为审配掌控着冀州和邺城，袁绍死后，颍川士人在邺城立即变成失势者，甚至被迫害、杀戮，这在辛、郭等人纷纷随袁谭举家逃离邺城时表现得十分明显。

官渡之战使袁曹之间的强弱对比发生反转，袁氏兄弟分争更是大大削弱了自己的力量。曹操越来越占上风，当时的形势已越发清晰。待曹操大军压境时，甚至很多关键位置上都有人背袁向曹，袁氏兄弟的统治已经各自接近土崩瓦解了。袁谭方面，辛评兄弟多年跟随袁绍，而当辛毗被派向曹操求援时，却趁机转投曹操，后来一路晋升，成为曹魏重臣。至于郭图，则在兵败后与袁谭一起被曹操处决。袁尚方面，先是部将吕旷、吕翔投降曹操，后有部将马延临阵投敌，致使袁尚大败。曹操围攻邺城时，审配守城，“配将冯礼开突门，内太祖兵三百余人”[1]，最后邺城被攻破是因为审配兄子审荣夜开东门，放曹军

1 《三国志》卷六《魏书·袁绍传》，第202页。

入城。这些将官有这样的行为，也是袁氏集团内部矛盾重重的具体表现。

袁绍集团与周边独立武装力量的关系

由于东汉特殊的历史环境，少数民族、边地居民以及山民往往因强悍的战斗力被政府看重并加以利用，如公孙瓒的兴起便是由于拥有一支长期与乌桓作战的精锐部队，而乌桓也在灭亡公孙瓒的战争中出力颇多。袁绍在河北初起兵时，他麾下表现平平的勃海兵相比身边聚集的引人注目的士人团体，显得十分不对称。袁绍能够迫使韩馥就范，其中一个原因就是积极拉拢一些战斗力较强的武装力量，一定程度上弥补了所部军队的缺陷。

这些被袁绍拉拢的军队，包括上文已经提到过的麹义军，还有南单于部与张杨部，还可以算上比较弱小的曹操部。前引裴注引《九州春秋》载赵浮劝阻韩馥让冀州，其中一条原因就是南单于於夫罗和张杨新附袁绍，其心不一。南单于与张杨依附袁绍之事，史料记载比较零碎，其中可能包含了一些重要的历史信息，有必要加以考察。

《三国志·张杨传》载："山东兵起，欲诛卓。袁绍至河内，杨与绍合，复与匈奴单于於夫罗屯漳水。”[1]需要注意的是，南单于与张杨本在并州、河内一带活动，此时则突然“屯漳水”。据《九州春秋》载赵浮事，可知袁绍在取代韩馥前屯朝歌清水口，则南单于与张杨此时皆随袁绍移兵邺城附近。另外，曹操陈留起兵后，本与兖州诸将屯酸枣，后曹操出击董卓而兵败，于是还东募兵，随后转至河内，与袁绍合。初平二年，黑山入魏郡、东郡，曹操遂引兵入东郡，不久袁绍表之为东郡太守。袁绍讨曹操檄文曰：“方收罗英雄，弃瑕录用，故遂与操参咨策略，谓其鹰犬之才，爪牙可任。至乃愚佻短虑，轻进易退，伤夷折衄，数丧师徒。幕府辄复分兵命锐，修完补辑，表行东郡太守、兖州刺史。”[2]可知曹操入东郡，背后有袁绍的大力支持，那么进入东郡以前，曹操的军队应该也是跟随袁绍的。因此可以推测，逼韩馥让冀州时，曹操一部也应在邺城附近。

袁绍及其盟友先前在河内进攻洛阳，突然转移到邺城，除了逼韩馥的因素，还与河内的战事进展有关。袁绍屯河内，本与河内太守王匡合兵。我们知道曹操此后与袁绍形成了结盟关系，而王匡也应是袁绍想要收编的力量。王匡麾下有一支比较精锐的泰山兵，驻屯河阳津，但被董卓绕道渡河，从背后突

---

1 《三国志》卷八《魏书・张杨传》，第251页。

2 《三国志》卷六《魏书・袁绍传》注引《魏氏春秋》，第197页。

袭，泰山兵大败，王匡逃还泰山[1]。王匡兵败以后，袁、曹诸军也相继退散。于是他们决定暂时搁置讨董，先逼迫韩馥交出冀州。

曹操的力量比较弱小，袁绍取得冀州后，袁曹对比之下更显孤弱，袁绍因此对之加以扶植。南单于和张杨确如赵浮所言，他们在帮助袁绍取得冀州后，很快就叛离了。《张杨传》载："单于欲叛，绍、杨不从。单于执杨与俱去，绍使将麴义追击于邺南，破之。单于执杨至黎阳，攻破度辽将军耿祉军，众复振。"[2]关于南单于叛离袁绍的原因，以及之后的动向，可以从《后汉书·南匈奴列传》中找到答案：

> 持至尸逐侯单于於扶罗，中平五年立。国人杀其父者遂畔，共立须卜骨都侯为单于，而於扶罗诣阙自讼。会灵帝崩，天下大乱，单于将数千骑与白波贼合兵寇河内诸郡。时民皆保聚，钞掠无利，而兵遂挫伤。复欲归国，国人不受，乃止河东。[3]

1 《三国志》卷六《魏书·董卓传》载："河内太守王匡，遣泰山兵屯河阳津，将以图卓。卓遣疑兵若将于平阴渡者，潜遣锐众从小平北渡，绕击其后，大破之津北，死者略尽。"（第176页）卷一《魏书·武帝纪》注引谢承《后汉书》：王匡"其年为卓军所败，走还泰山"（第6页）。

2 《三国志》卷八《魏书·张杨传》，第251页。

3 《后汉书》卷八九《南匈奴列传》，第2965页。

因张纯招引幽州乌桓叛汉，东汉发南匈奴兵讨之，南匈奴人多不愿远征，于是杀於夫罗之父羌渠单于，又赶走了於夫罗。於夫罗寇钞河内等郡应在叛离袁绍以后。於夫罗不愿追随袁绍，又挟持张杨，应是为了利用张杨的力量帮助自己回归旧地，但没有成功，不得不游荡于河内、河东一带。他们击败耿祉以后，军势复振，然而，袁绍已得冀州，他们不可能在黎阳过久停留，应是很快拔军西向，转入河内太行山区。后来张杨、於夫罗分别在河内、河东占据了一块地盘。於夫罗死后，率部归国的愿望被他的弟弟呼厨泉所继承。呼厨泉派兵护卫献帝东还，最后终于在曹操的帮助下实现了夙愿[1]。

初平二年黑山入魏郡、东郡，可能也和上述事件有一定关系。《武帝纪》载："黑山贼于毒、白绕、眭固等十余万众略魏郡、东郡。"[2]黑山将领中的眭固，应即后来杀杨丑为张杨报仇者。张杨死时为河内太守，眭固杀杨丑后亦屯射犬，在河内，则眭固很有可能起于河内，后被张杨收编。黑山十余万众，当有不少来自河内的流民。《三国志·司马朗传》载："关东诸州郡起兵，众数十万，皆集荥阳及河内。诸将不能相一，纵兵钞

1 据《后汉书·南匈奴列传》，从於夫罗开始，南单于居河东平阳。呼厨泉命去卑护献帝，至许都后亦还平阳。建安二十一年后呼厨泉至邺，曹操留之，遣去卑还平阳，监南匈奴五部。呼厨泉等虽然在河东另辟新庭，然而还是实现了重领南匈奴的目标。

2 《三国志》卷一《魏书·武帝纪》，第8页。

掠，民人死者且半。”[1]百姓死亡流散，诸将纵兵钞掠固然是重要原因，而王匡兵败东逃，以及诸军东却，致使河内失去能够维持当地秩序的力量，应是出现大量流民的另一关键因素。

继南单于与张杨之后，吕布也曾投奔袁绍，为绍所用。《三国志·吕布传》载：吕布“北诣袁绍，绍与布击张燕于常山。燕精兵万余，骑数千。布有良马曰赤兔。常与其亲近成廉、魏越等陷锋突陈，遂破燕军”[2]。按，吕布初平三年与王允诛董卓，不久董卓旧部兴兵攻破长安，吕布兵败不敌，逃往山东。据《后汉书·袁绍列传》，初平四年黑山攻破邺城，袁绍刚刚与公孙瓒和解，遂引兵而南，破黑山诸将，又与张燕大战于常山[3]。吕布参与此战，并立下大功。不久，袁绍欲杀吕布，布遂往依张杨。大约同时，袁绍杀麴义。至此，麴义、南单于、张杨、吕布这四支曾为袁绍效力过的独立武装力量或被吞并，或与袁绍分道扬镳，然而，他们都在不同时期发挥了相当关键的作用，在袁绍集团的发家史上有着重要的地位。

相比以上四支力量，幽州乌桓与袁绍的关系也不可忽视。在与公孙瓒作战时，袁绍与他们产生了联系，大量封拜其首领，以结好诸部。《三国志·乌丸传》载：

1 《三国志》卷一五《魏书·司马朗传》，第467页。
2 《三国志》卷七《魏书·吕布传》，第220页。
3 《后汉书》卷七四上《袁绍列传》，第2381—2382页。

后丘力居死，子楼班年小，从子蹋顿有武略，代立，总摄三王部，众皆从其教令。袁绍与公孙瓒连战不决，蹋顿遣使诣绍求和亲，助绍击瓒，破之。绍矫制赐蹋顿、峭王、汗鲁王印绶，皆以为单于。[1]

后来，袁尚、袁熙北逃，乌桓收容他们，并出兵与之共抗曹操。袁谭与袁尚争斗时，二人军中都有不少少数民族士兵。裴注引《汉晋春秋》载审配与袁谭书曰："故悉遣强胡，简命名将，料整器械，选择战士，殚府库之财，竭食士之实，其所以供奉将军，何求而不备？"又指责袁谭"乃图获邺城，许赐秦、胡，财物妇女，豫有分界"[2]。关于秦胡，学界近年关注颇多，或认为是胡化的汉人，笔者对此观点持怀疑态度，认为应当就是指汉人与胡人，详见后文对西北军阀的讨论。我们已无从考证袁谭与袁尚军中的胡人都来自何处，而袁氏据有四州，有大量的匈奴、鲜卑、乌桓人，袁绍父子显然没有轻易放弃这些优质兵源。

袁绍得以占据冀州并发展壮大，并非因为他有很强大的武力，而是身边早早就聚集了一大批士人。他们跟随袁绍，成为

1 《三国志》卷三〇《魏书·乌丸传》，第834页。
2 《三国志》卷六《魏书·袁绍传》注引《汉晋春秋》，第204—205页。

一支强大的政治力量。这是袁绍作为外来者能在冀州立足的基础。为了发展壮大，袁绍继续收罗士人，尤其是重用冀州人，又利用了周边的多种独立武装力量，加速了政治目标的实现。袁绍集团衰落的节点是官渡之战，而战前其内部就已经在走向分裂混乱，这很大程度上与袁绍对献帝的态度有关。袁绍亲重郭图等人，而疏远沮授、田丰等不支持他称帝的士人。后来矛盾愈演愈烈，袁绍又试图通过兴兵击败曹操来提升威信，消除分歧，并为称帝扫清障碍。为了加强对部下的掌控，更是为了确保军队高度执行自己的意志，袁绍临阵剥夺了持有不同政见的沮授的兵权，这应是官渡之战期间袁绍集团内部分裂混乱的最大导火索。袁绍为了消除分裂而发动战争，而这些分裂混乱又极大影响了战争的结果。袁绍死后，二子分争，原先追随左右的士人也立刻分化成水火不容的两派，加速了袁氏集团的灭亡。

支撑袁绍集团的力量，可以粗略地归纳为三种：外来势力、本土力量和周边武装。对于袁绍集团来说前两者扮演了更为重要的角色。当两支力量比较协调均衡时，整个政治体也随之壮大，而当两者之间的矛盾深化以后，整个政治体的秩序便走向崩塌，以致分裂、灭亡。另外，这三种势力在后文分析其他军阀集团时也会反复出现，这是汉末的政治环境与汉代制度设计等因素共同导致的，具体将在后文的讨论中逐步揭示。

三、袁曹同盟时期的矛盾与相关史籍的后期构建

曹操的生平事迹，尤其是其早期事迹，存在较多可疑之处。这主要不在于史料缺失，而是曹操作为群雄角逐的胜利者，掌控了书写史书的权力。因此，与研究其他汉末军阀不同，讨论早期的曹操集团，要尤其注意史料后期加工的可能性。所幸的是，在丹青史册的缝隙之中，仍然保留了一些珍贵的线索，能够帮助我们重新思考曹操集团的早期历史，尤其是袁曹关系、袁绍曹操对迎献帝的态度分歧等汉末重大历史问题。

曹操在迎献帝以后，便渐渐不再具备割据势力的典型性，因此，本书只着重探讨兖州时期的曹操集团，迎献帝以后的历史则只择要提及。在这一阶段，袁曹关系对曹操集团尤为重要。本书所要探讨的袁曹同盟，不是指二人都参与了讨伐董卓的联军，而是讨董失败后，关东诸将之间逐渐开始互相混战，此时

曹操选择依附于袁绍，并在袁绍扶植之下才成为割据一方的势力，此后二人又共同对付公孙瓒、袁术等势力[1]。对于这一时期的曹操集团而言，外部袁绍所能发挥的政治影响有时甚至较兖州本地势力及曹操亲信更为关键，可以说，袁绍对曹操的扶植更具决定性，当然袁绍的阴谋算计对曹操也更具致命性。尽管袁曹同盟对于曹操如此重要，但我们也知道，袁绍后来为曹操所灭，故而史料中对袁曹同盟的直接记载也比较稀少。对于袁曹同盟的记载已较为隐晦，而有关同盟破裂的史料更是含糊不清。有关迎献帝之前的袁曹矛盾，目前的研究仅涉及二人对东郡北部数县的争夺[2]，此外还有一些更深层的历史纠葛，是学者

1 如王仲荦《魏晋南北朝史》："曹操进攻徐州，有两个原因。第一个原因，当时曹操是依附袁绍的，可是陶谦却和公孙瓒结成联盟，与袁绍为敌。"（第35页）何兹全《三国史》："袁绍、曹操，青年时期是朋友，合作讨伐过董卓。建安以前，在东方军阀混战中，两人又常是合作的。"（第23页）

2 如，何兹全认为袁曹在建安以前常常合作，"但建安以来，两人的矛盾就多起来。为争天下，争得你死我活"（何兹全：《三国史》，第23页）。似未意识到建安以前二者之间的矛盾就已存在了。方诗铭根据《三国志》等史料记载中袁曹志向有别（袁绍志在先取河北，再争天下，曹操则欲用天下智力，御之以道），指出两人早期的矛盾是由于两人都具有强烈的政治野心（方诗铭：《曹操·袁绍·黄巾》，第94页）。不过这一论述还不足以揭示袁曹矛盾的深刻内涵。也有学者对曹操迎献帝前袁绍侵夺本属兖州的东郡河北部分进行探讨，如王蕊认为此事体现了"各派势力对东郡争夺之激烈"（王蕊：《魏晋十六国青徐兖地域政局研究》，齐鲁书社，2008年，第100页），实际上此时袁曹仍属同盟关系，且二者间合作的成分还要大于竞争。林榕杰猜测袁绍出兵帮助曹操进攻吕布、夺回兖州的过程中，占据了兖州黄河以北的土地，一方面削弱了吕布，另一方面也为日后袁曹离心埋下了伏笔（林榕杰：《袁绍与兖州之战》，《上饶师范学院学报》（转下页）

尚未曾充分注意的。另外，与曹操积极迎献帝不同，袁绍对于献帝则极为冷淡，这些分歧背后究竟有什么样的历史背景，又包含了历史当事人怎样的政治目的，都值得我们进一步思考。

袁曹同盟的形成与维系

袁曹同盟形成过程大概如此：二人在何进掌权时即来往较密，后来一同起兵讨伐董卓，期间曹操投奔袁绍，并在袁绍得冀州后凭借其支持取得兖州，自立门户，同盟就此形成。相关史事已多为史家所详，而一些具体细节尚需钩隐发陈，以求对袁曹同盟有更为清晰的认识。

曹操与山东诸将同时起兵讨董，是联军之中颇为弱小的一支。起初他并未跟随袁绍，而是依附于兖州诸军。联军主要分三路进攻董卓：袁绍、王匡等在河内，威胁洛阳城北的黄河诸津，是为北路；袁术、孙坚自南阳北进，由鲁阳一带大致沿

（接上页）2010年第5期）。张寅潇等认为袁绍占据东郡河北部分则是作为盟友的袁绍趁曹操内乱趁火打劫（张寅潇、黄巧萍:《论袁绍与兖州之战的关系——兼议三国军事的三角斗争特点》，《湖北文理学院学报》2017年第4期），此说有助于我们理解袁曹此时兼具同盟合作与竞争斗争的双重关系，不过笔者更倾向于认为，此时曹操尚有赖于袁绍，绍得东郡北部未必需要动用武力，在外交谈判中以东郡北部作为援助曹操的筹码，似乎可能性更大。

今焦柳铁路一线进逼伊阙，是为南路；曹操与兖州诸将等则自东方进攻荥阳一带，是为中路。当时起兵者多有刺史州牧、郡国守相，曹操没有地盘，只是行奋武将军。诸将皆“众各数万”[1]，曹操只统领数千人[2]。

曹操投奔袁绍，是在他联合兖州诸军的行动受挫以后。曹操与兖州军主动出击，进攻董卓军，在荥阳汴水大败，进攻受阻，兖州诸军遂顿兵酸枣。曹操本就兵少，经此消耗，更加不成规模了。随后他离开酸枣，前往扬州募兵，几经周折终于凑出了一支千余人的队伍。接着曹操径往河内投奔袁绍，未再加入兖州军。

袁绍先前因反对董卓废立，逃出洛阳，至勃海，随即被董卓任命为勃海太守。诸将起兵时，袁绍率军西进，屯驻河内。时王匡任河内太守，为绍东道主。尔后王匡被董卓击败溃逃，袁绍亦退至邺城附近，转而诱逼冀州牧韩馥让出冀州。不久，黑山攻魏郡、东郡一带，东郡太守王肱应对无方，曹操遂进兵东郡助讨黑山，击破之。随后，“袁绍因表太祖为东郡太

1 《三国志》卷一《魏书·武帝纪》，第6页。

2 《三国志》卷一《魏书·武帝纪》注引《世语》："陈留孝廉卫兹以家财资太祖，使起兵，众有五千人。"（第6页）同卷注引《魏武故事》载己亥令："而遭值董卓之难，兴举义兵。是时合兵能多得耳，然常自损，不欲多之；所以然者，多兵意盛，与强敌争，倘更为祸始。故汴水之战数千，后还到扬州更募，亦复不过三千人，此其本志有限也。"（第32—33页）

守，治东武阳”[1]。对于曹操投奔袁绍之后至救援东郡之前的事迹，史书未曾提及，但可以推测，他应一直跟随袁绍，与南单于於夫罗、张杨一道为袁绍助援，参与了逼迫韩馥一事。

出任东郡太守成为曹操自立门户的机会。不久，青州黄巾大入兖州，兖州刺史刘岱与黄巾战，阵亡，鲍信、张邈等乃迎操为刺史。鲍信、张邈是兖州士人，又在本州担任守相，是兖州的本地势力。曹操虽然已有战功，但力量还比较弱小，兖州势力与外部袁绍的支持便尤为重要[2]。后来官渡之战前袁绍发布的讨曹操檄文云：“表（曹操）行东郡太守、兖州刺史”[3]，表明操得刺史之位是因有袁绍的支持。至此，曹操虽仍依附于袁绍，但毕竟成为了一支较独立的政治势力，袁曹同盟由此得以形成。

袁曹同盟能稳固下来，除了二人历史渊源、需要对付共同的敌人之外，还要有一些维系同盟关系的举措。曹操被吕布偷袭兖州之后，袁绍派使者劝其将家人送至邺城[4]。此举虽然可能另有挟制曹操的目的，但同盟关系仍是袁绍有此提议的前提。

---

1 《三国志》卷一《魏书·武帝纪》，第9页。

2 方诗铭认为袁绍的支持对曹操任兖州刺史起的作用较兖州士人的拥戴更为重要：“曹操取得兖州，主要由于地方势力的拥戴，还是由于袁绍的支持？看来，后者是符合实际情况的。”见方诗铭《曹操·袁绍·黄巾》，第87—88页。

3 《三国志》卷六《魏书·袁绍传》注引《魏氏春秋》，第197页。

4 《三国志》卷一四《魏书·程昱传》，第427页。

先前曹操征陶谦，临行对家人说："我若不还，往依孟卓"[1]，也表明了他对张邈的信任，可与袁绍提议保护曹操家人类比。

当时各军阀之间派遣军队加入到盟友的队伍中协同作战，也较为常见。这种派遣有时是权宜之计，但很多时候也是较为长期固定的。袁曹也曾互相派兵帮助作战。方诗铭认为曹操多受益于袁绍的帮助，尤其是他能在与吕布的兖州之战后重新崛起，袁绍起了十分关键的作用[2]。方先生主要依据的材料如下。《三国志·徐晃传》附朱灵事："初，清河朱灵为袁绍将。太祖之征陶谦，绍使灵督三营助太祖，战有功。绍所遣诸将各罢归，灵……遂留不去。"[3]与朱灵同往的还有其他"诸将"，可见袁绍军投入了相当规模的兵力。袁绍讨曹操檄文曰：操"数丧师徒。幕府辄复分兵命锐，修完补辑"，又曰："（操）躬破于徐方，地夺于吕布，彷徨东裔，蹈据无所。幕府唯强干弱枝之义，且不登叛人之党，故复援旌擐甲，席卷赴征，金鼓响震，布众破沮。"[4]张邈、陈宫等招引吕布，率兖州诸城反曹，曹操一度几陷绝境，后来能反败为胜，离不开袁绍的支援。

曹操除了接受袁绍的军事援助，也应在必要时派军队随绍

---

1 《三国志》卷七《魏书·吕布传附张邈传》，第221页。

2 见方诗铭《曹操·袁绍·黄巾》，第110—112页。

3 《三国志》卷一七《魏书·徐晃传》，第530页。

4 《三国志》卷六《魏书·袁绍传》注引《魏氏春秋》，第197—198页。

征伐。《三国志·张邈传》载张邈与吕布结交："吕布之舍袁绍从张杨也，过邈临别，把手共誓。绍闻之，大恨。"[1]吕布投奔张杨是在帮助袁绍于常山击败张燕后不久，当时张杨在河内。吕布投张杨无论是从常山还是邺城，都不应路过兖州，这说明张邈当时也应在冀州。又，袁曹为同盟，张邈是曹操的部下，吕布刚刚得罪袁绍[2]，不大可能明目张胆到兖州会见张邈。若吕布能在兖州安然盘桓，那么袁绍不满的就不仅是张邈了，更应当包括曹操。因为常山之战规模较大，对袁绍也十分重要，曹操派出援军亦属合理。张邈与吕布作别恰巧在常山之战后不久，极有可能张邈正是曹操派往冀州率军支援袁绍的。由此，二人背着袁绍"把手共誓"，才让后者大为震怒，也才有后来张邈因为惧怕袁绍逼迫曹操杀死自己，不惜与曹操为敌。故而，可推测袁绍讨伐张燕时曹操也派了张邈率军前往。可能袁绍在与公孙瓒作战时，兖州也派出了军队，只是史料没有相关记载，便也无从考证。

此外，同盟之间还需要给予必要的非武力或非实物形式的政治援助。张邈等以兖州反曹操后，曹军围困邈弟张超于雍丘。

1 《三国志》卷七《魏书·吕布传附张邈传》，第221页。

2 《三国志》卷七《魏书·吕布传》载击破张燕后，布"求益兵众，将士钞掠，绍患忌之。布觉其意，从绍求去。绍恐还为己害，遣壮士夜掩杀布，不获。事露，布走河内，与张杨合"（第220页）。

袁绍任命的东郡太守臧洪曾为张超故吏，于是向袁绍请求率军支援张超，“而绍终不听许”[1]。袁绍不许臧洪救援张超，向曹操表明了自己的态度，也切实减轻了后者可能会承受的军事压力。

通过以上事例，可知当时袁曹合作层次较深，由此我们可以更为清晰地了解到，袁绍在曹操崛起的过程中起了关键作用，曹操也需要有切实行动给以回报。那么，曾经密切合作的袁、曹二人，为何到了建安年间就势同水火了呢？

袁曹同盟时期的矛盾

袁曹同盟形成后，曹操能够借之壮大，袁绍也可从中获益。袁绍通过政治、外交手段笼络、控制兖州，有其必要性。袁绍当时的主要对手是幽州的公孙瓒、盘踞太行山区的黑山张燕等，南边兖州与之保持同一立场，至少不站到政治对立面，能大大减轻袁绍的压力，并进一步保障邺城的安全。另外，从南阳流入淮南的袁术、徐州的陶谦皆与公孙瓒相联结，也需要曹操在兖州与袁术、陶谦以及公孙瓒派到黄河流域的部众相周旋。刘岱任兖州刺史时，袁绍就曾积极与之保持友好关系[2]，后

1 《三国志》卷七《魏书·臧洪传》，第233页。

2 袁绍曾将家人托付于刘岱。《三国志》卷一四《魏书·程昱传》："是时（刘）岱与袁绍、公孙瓒和亲，绍令妻子居岱所。"（第425页）

来又将曹操派往兖州。曹操进入兖州，既有助于讨平黑山，也符合袁绍的利益，同时又能为鲍信、张邈等兖土大族所接受。曹操充当了维系诸方利益平衡的角色。

尽管同盟关系使双方大大受益，但矛盾还是在很早的时候就已显现了。首先是有关东郡在黄河以北辖区的问题[1]。东郡北部诸县是兖州仅有的分布在黄河以北的辖境。曹操初为东郡太守，治东武阳，在河以北。后来袁绍以臧洪为东郡太守，亦治东武阳，事在张邈迎吕布叛曹操之前。从袁绍以臧洪为东郡太守起，东武阳等河以北的兖州诸城，曹操就不复能制了。张邈起兵反曹操时，夏侯惇为东郡太守而屯驻河南岸的濮阳[2]，原因亦在此。张超破灭后，臧洪亦起兵抗拒袁绍，终为绍所破杀，而东武阳等地更为袁绍牢牢控制。袁绍任命臧洪为东郡太守并能顺利到东武阳就任，并不必然表明袁军曾对这一带曹操的守兵动武。从前后史事来看，东武阳等地的易手应当并未伴随袁曹之间的武装对立。后来曹操攻打陶谦时袁绍派兵支援，吕布与曹操作战时绍亦出兵相助，可见袁曹同盟仍得以维持。东武阳一带控制权的转移，可能是袁曹某次利益交换

1 关于这一问题亦可参见王蕊《魏晋十六国青徐兖地域政局研究》，张寅潇、黄巧萍《论袁绍与兖州之战的关系——兼议三国军事的三角斗争特点》，详见前注。

2 《三国志》卷九《魏书·夏侯惇传》："（惇）领东郡太守。太祖征陶谦，留惇守濮阳。"（第267页）

的筹码。应是曹操为了取得袁绍的帮助或信任，向袁绍献出了这些地方。东武阳在黄河以北，距离邺城较近，对于袁绍来说，这几座城由自己直接控制，比将其交给盟友，更能保证南侧的安全。

即便没有发生武装冲突，东武阳一带的易手毕竟反映了曹操面对袁绍的弱势地位，显示了袁绍在自身利益需要时可能会对盟友予取予夺。不过，两人之间更深层的矛盾表现为袁绍对张邈的态度所造成的严重后果。

张邈为东平寿张人，“少以侠闻”，“士多归之”[1]，名列“八厨”，与袁绍、曹操相交甚厚。众将起兵讨董时，张邈任陈留太守，率陈留兵共击董卓。后来，张邈与袁绍产生了矛盾。《张邈传》载：

> 袁绍既为盟主，有骄矜色，邈正议责绍。绍使太祖杀邈，太祖不听，责绍曰：“孟卓，亲友也，是非当容之。今天下未定，不宜自相危也。”邈知之，益德太祖。[2]

袁绍使曹操杀张邈，应在曹操担任兖州刺史后，他这时有职位上的便利。所谓曹操“责绍”，应系史家曲笔，实际应是曹操

1 《三国志》卷七《魏书·吕布传附张邈传》，第221页。
2 《三国志》卷七《魏书·吕布传附张邈传》，第221页。

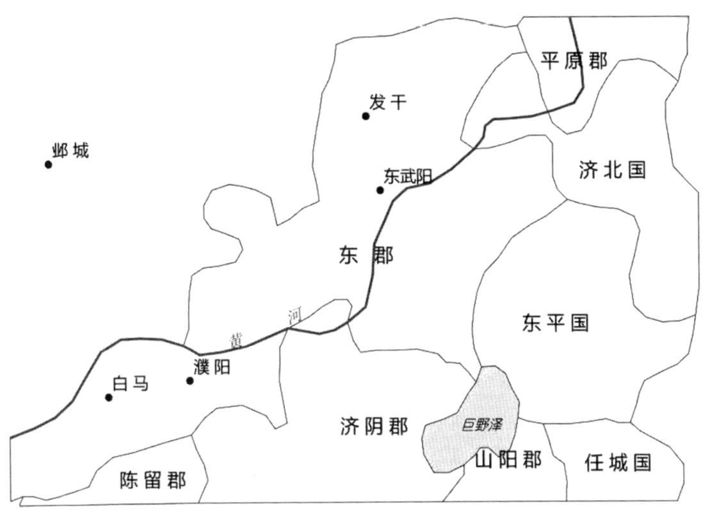

图3 东汉东郡一带示意图

维护张邈，为之求情，还不至于责备袁绍。张邈虽然“益德太祖”，最后还是“畏太祖终为绍击己也”[1]，与陈宫等人一起造反了。

袁绍为何授意曹操杀张邈？又为何张邈不顾曹操为之求情，仍趁曹操征徐州，联合吕布起兵？事因袁绍而起，为何最终酿成了针对曹操的大规模叛乱？田余庆认为兖州反曹，是因曹操为树立威权，杀边让等兖土大族名士，造成当地士大夫不满[2]。然而，且不论曹操在实力较弱时率性屠杀显得政治不够成熟，从已

---

1 《三国志》卷七《魏书·吕布传附张邈传》，第221页。

2 田余庆:《袁曹之争与世家大族》，田余庆:《秦汉魏晋史探微》，中华书局，2011年，第152页。

知的曹操与兖州大族的关系来看亦较为突兀。曹操与兖州大姓的基本关系一直较佳，鲍信、张邈皆与之为好友，曹操出任兖州刺史，他们是支持的，且兖州人陈宫曾在曹操任刺史前广泛劝说其他兖土士大夫接受曹操[1]。由此，可以说曹操在兖州的统治基础是较为稳固的，即便有一些名士不服，只要张邈等人仍支持自己，曹操和兖州大族的基本关系便不会太差，即使发生矛盾，也有较多可回旋的余地，何至于如此屠戮名士而招致众叛呢？

对于以上问题，首先应求诸史料。不难发现，田先生所使用的材料，可能并非现存史料中最可信的。边让以言忤曹操而见杀，见于裴注引《曹瞒传》、袁绍讨曹操时所发布的檄文[2]，以及《后汉书·边让传》。《曹瞒传》为吴人所作，其中对曹操多有诋毁污蔑，而檄文更是敌方之辞。这种材料所讲述的虽然也多有事实基础，但主观引导性往往很强，特别是对一些事件的评议总结，往往不可直接作为治史凭据。《后汉书·边让传》云："建安中，其乡人有构让于操，操告郡就杀之。"[3]田余庆认

1 《三国志》卷一《魏书·武帝纪》注引《世语》，第10页。

2 《三国志》卷一《魏书·武帝纪》注引《曹瞒传》："及在兖州，陈留边让言议颇侵太祖，太祖杀让，族其家。"（第55页）卷六《魏书·袁绍传》注引《魏氏春秋》载绍讨曹操檄文："故九江太守边让，英才俊逸，天下知名，以直言正色，论不阿谄，身首被枭县之戮，妻孥受灰灭之咎。"（第197页）

3 《后汉书》卷八〇下《文苑边让列传》，第2647页。

为“建安中”有误[1]，因袁绍讨曹操的檄文中，在述及边让之事后写道：“自是士林愤痛，民怨弥重，一夫奋臂，举州同声，故躬破于徐方，地夺于吕布”[2]，看来正是边让被杀引起了兖州反叛，而张邈反叛发生在建安以前，故边让之死不应在建安中。然而，还应注意到檄文在边让之事前云：“而操遂乘资跋扈，肆行酷烈，割剥元元，残贤害善”[3]，以杀边让举例只是为了说明曹操“肆行酷烈”、“残贤害善”，正是曹操的“暴政”导致兖州反叛，未必表明杀边让是反叛的具体原因。又《后汉书·边让传》中云“操告郡就杀之”，边让为陈留人，如果杀边让在兖州叛曹操前，那么陈留太守正是张邈，郡中杀边让应当经过了张邈，为何张邈后来又因哀怜边让而起兵呢？故而，笔者更倾向于作这样的理解：在没有更多史料支持下，还不能仅根据一种推理就否定《后汉书·边让传》“建安中”的准确性，很有可能曹操正是在平定兖州叛乱后杀死边让，而因为边让名气太大，檄文数落曹操暴行便单独以之为例。檄文只是为了说明曹操“酷烈”，且其“酷烈”导致了兖州反叛，但未必一定表明杀边让即是导致叛乱的那个具体事件。从现有史料

1 田余庆：《袁曹之争与世家大族》，第152页。
2 《三国志》卷六《魏书·袁绍传》注引《魏氏春秋》载绍讨曹操檄文，第197—198页。
3 《三国志》卷六《魏书·袁绍传》注引《魏氏春秋》载绍讨曹操檄文，第197页。

看，虽然《曹瞒传》及檄文都宣称曹操杀边让导致兖州叛操，但《三国志》与《后汉书》都未予采纳，应当值得我们深思。

其实《三国志·张邈传》对于张邈叛操有很直接的解释，即是前文所引的张邈“畏太祖终为绍击己”，并未提及边让或其他大族名士的问题。从史料来源方面说，这一材料较之《曹瞒传》与檄文，应该受到更多重视，至少不应弃之不顾。如果将之从袁曹关系的角度来分析，则可以发现它契合了当时曹操仰赖于袁绍的基本政治态势。

按照《张邈传》记载，曹操本不愿杀张邈，而张邈仍担心曹操会为袁绍杀死自己。张邈有如此担心，未必因为他不相信曹操的本心，应主要是顾虑曹操能不能扛住袁绍的压力。曹操长期附从于袁绍，虽然已得一州，但仍须其支援襄助，自然在政治上也会受制于人，东郡北部数县的易手就是实例。更兼曹操当时正在进攻徐州，尤其需要袁绍的支持，更不敢触怒袁绍，使自己腹背受敌。因此，如果袁绍决心要指使曹操杀张邈，不管曹操个人意愿如何，他都有可能迫于压力而听从。

曹操不愿杀张邈，除了他与张邈的友谊，也可从政治利害的角度加以分析。曹操若遵绍令而杀邈，那么他在兖州士人心中的形象就会大大受损，从而不利于巩固统治。袁绍如果只是因厌恶张邈而一时起意要除掉他，也许只是说明他的个人好恶，但从张邈的反应来看，袁绍指使曹操杀邈并非只是一时之意，而是经过了一定的考虑。指使他人杀死自己影响力较大的部下，其中的利害关系，作为政治人物的袁绍应当是不难明白的。明知如此仍要授意曹操杀张邈，就只能是故意为之了，其目的也就可以猜想。杀张邈可能造成的严重后果，应当本就是袁绍希望看到的，目的无他，就是要扰乱曹操内部。曹操是袁绍的盟友，但袁曹也是近邻，袁绍如果不能控制曹操，便无法保证他不会成为南方的威胁。从这个角度来说，袁绍为了保证自己南侧的安全，便不仅要防范袁术、陶谦等，还要防止曹操扩张太快，脱离自己的控制，而指使曹操杀张邈，便是给曹操集团制造内部分裂简单廉价而又有效的办法。因为袁曹之间的关系不对等，只要袁绍提出诛杀张邈的意见，不管曹操如何操作，都会对曹操集团内部产生负面影响。

袁绍之所以与曹操结盟，核心目的是通过同盟使自己获利，而非为曹操壮大。如果同盟关系导致曹操过快发展，从而可能脱离自己控制，甚至威胁自身安全，袁绍也会采取一些手段加以遏制。从当时的情况看，曹操在张邈起兵前已经对徐州取得过一次重大胜利，此番再度出兵不无吞并徐州的可能，这对于袁绍控制曹操不利，故而袁绍暗中遏制曹操符合当时的历史背景。从《三国志》的文本看，张邈反叛的直接原因正是袁绍指使曹操杀死自己。综上，本文判断，袁绍指使杀张邈，本意正在于给曹操集团制造内部矛盾，从而限制其过快发展。

袁绍作为同盟中强势的一方，对曹操既扶植又限制，是为使自己的利益最大化。曹操作为弱势的一方，尽管有不满，可能也没有太多回旋的余地。指使杀张邈一事，便可从这个角度理解。

曹操迎献帝后，袁绍又试图指使曹操杀杨彪、孔融等，似是对张邈一事的如法炮制。裴注引《魏书》曰："袁绍宿与故太尉杨彪、大长秋梁绍、少府孔融有隙，欲使公以他过诛之。"[1]《崔琰传》注引《续汉书》载："太尉杨彪与袁术婚姻，术僭号，太祖与彪有隙，因是执彪，将杀焉。"[2]《后汉书·杨彪列传》："时袁术僭乱，操托彪与术婚姻，诬以欲图废置，奏收下狱，劾以大逆。"[3]这里讲曹操借袁术僭号欲杀杨彪，时间与袁绍指使曹操杀杨彪相近，不知是否为同一事件。不论如何，袁绍欲使操杀梁绍、孔融等，曹操皆予以回绝。后来曹操虽然杀了孔融、杨彪之子杨脩，但都是更晚的事情了，袁绍指使他杀彪、融等人时，他并不为所动。彪、融等皆海内名望，亦非绍急切之敌，袁绍如此做无非是要借刀杀人，来给曹操集团内部添乱。

另外，陈宫劝张邈反曹操时，曾言张邈当时"反制于人"，亦值得注意。《张邈传》载：

---

1 《三国志》卷一《魏书·武帝纪》注引《魏书》，第16页。
2 《三国志》卷一二《魏书·崔琰传》注引《续汉书》，第372页。
3 《后汉书》卷五四《杨震列传附杨彪列传》，第1788页。

兴平元年，太祖复征谦，邈弟超，与太祖将陈宫、从事中郎许汜、王楷共谋叛太祖。宫说邈曰："今雄杰并起，天下分崩，君以千里之众，当四战之地，抚剑顾眄，亦足以为人豪，而反制于人，不以鄙乎！今州军东征，其处空虚，吕布壮士，善战无前，若权迎之，共牧兖州，观天下形势，俟时事之变通，此亦纵横之一时也。"邈从之。[1]

陈宫劝张邈据兖州，"为人豪"，而不是再像过去"反制于人"。"反制于人"应是指谁，我们可以对比裴注引《世语》记载陈宫迎曹操为刺史时之语：

（刘）岱既死，陈宫谓太祖曰："州今无主，而王命断绝，宫请说州中，明府寻往牧之，资之以收天下，此霸王之业也。"宫说别驾、治中曰："今天下分裂而州无主；曹东郡，命世之才也，若迎以牧州，必宁生民。"鲍信等亦谓之然。[2]

陈宫劝曹操临兖州时说"此霸王之业"，是希望曹操据兖州以称雄。他对别驾、治中又说曹操任刺史后"必宁生民"，希望

1 《三国志》卷七《魏书·吕布传附张邈传》，第221页。
2 《三国志》卷一《魏书·武帝纪》注引《世语》，第10页。

兖州人可以同曹操一道共建霸业。我们从陈宫的言论中可以看出，凭借一州之力与诸侯争雄，是兖州士人的一种心声，而为何他们还要先后和曹操、吕布联手呢？这里面除了希望借助曹、吕以增强实力之外，还在于东汉地方长官任职必须遵循本籍回避制度，刺史州牧不得由本州人担任。这一原则在汉末军阀混战时也坚持了下来。因此，兖州士人必须选择一位外州人担任刺史。曹操担任刺史很大程度上出于兖州大族自己的选择，他们或多或少已经准备好接受曹操的统领。除了史料中表现得不清不楚的杀边让一事，未见曹操有有意压制兖州人的举措。笔者推测，所谓“反制于人”，很可能与袁绍有莫大的关系。因为曹操对袁绍较为依赖，又袁曹实力对比悬殊，更兼曹操是背靠北方的袁绍，而将兵锋指向东南的陶谦、袁术，使得兖州极易受到袁绍的影响。曹操难以抵挡袁绍的政治压力，也无力保护兖州士民免受袁绍干预，兖州人也就有“反制于人”的感受了。

此外，尽管张邈、陈宫叛曹操在兖州得到了普遍响应，但仍有一部分兖州士人继续支持曹操，且吕布与本地力量的合作似乎也比较有限。裴注引《献帝春秋》：“太祖围濮阳，濮阳大姓田氏为反间，太祖得入城。”[1]《三国志·武帝纪》：兴

1 《三国志》卷一《魏书·武帝纪》注引《献帝春秋》，第12页。

平元年（194）“秋九月，太祖还鄄城。布到乘氏，为其县人李进所破，东屯山阳”[1]。田氏在濮阳城内“为反间”，以呼应曹操，可见之前已投向了吕布，但并不坚定，在曹操围城时又将吕布抛弃。李进不知是先从吕布而后叛之，还是一直支持曹操，总归最后没有跟随吕布。另外，兖州士人如程昱等，自始至尾都是追随曹操的，这类人也应占了相当一部分[2]。还有一部分人，虽然背叛了曹操，但也没有跟定吕布。如魏种弃曹操后奔河内，徐翕、毛晖投臧霸[3]。《三国志·武帝纪》载曹操语："布一旦得一州，不能据东平，断亢父、泰山之道，乘险要我，而乃屯濮阳，吾知其无能为也。"[4]这时曹操尚在徐州攻打陶谦，他得知吕布得濮阳后没有主动到徐、兖交界一带邀击自己，而是坐守濮阳，因有此论。吕布不能挥师东进，恐怕除了战略眼光不足、实力不济之类的原因，也可能因其

1 《三国志》卷一《魏书·武帝纪》，第12页。

2 《三国志》卷一四《魏书·程昱传》："又兖州从事薛悌与昱协谋，卒完三城，以待太祖。"（第427页）当时州从事多为本州人。又《三国志》卷二二《魏书·陈矫传》云"泰山太守东郡薛悌"（第645页），时在曹操破杀吕布前后，可知薛悌为东郡人，应是因守兖州有功，被曹操由州从事拔擢为泰山太守。

3 《三国志》卷一《魏书·武帝纪》："初，公举种孝廉。兖州叛，公曰：'唯魏种且不弃孤也。'及闻种走，公怒曰：'种不南走越、北走胡，不置汝也！'既下射犬，生禽种，公曰：'唯其才也！'释其缚而用之。"（第17页）卷一八《魏书·臧霸传》："太祖之在兖州，以徐翕、毛晖为将。兖州乱，翕、晖皆叛。后兖州定，翕、晖亡命投霸。"（第537页）

4 《三国志》卷一《魏书·武帝纪》，第11页。

对兖州人还不信任，不敢贸然进兵。由此可见兖州大族反曹一事还较为复杂，很可能不仅仅是因边让被杀而产生的兔死狐悲之感所致。

曹操凭借之前几年在兖州的经营，已经拥有了一定的根基，更重要的还是依靠外部袁绍的支持援助，最终化解了这次危机。当曹操从兖州之战中逐渐恢复过来，并重新崛起之后，大概更加深刻地认识到独立自主的重要性。袁绍对曹操以诡诈相待，不顾盟友死活，也应是促使曹操决心脱离袁绍、另起炉灶的重要原因。

魏晋史书对曹操早年事迹及袁曹同盟的隐讳与构建

袁曹同盟关系及上文所述的袁曹早期矛盾，具体事迹虽记载在《三国志》及裴注中，但表现得大多比较隐晦。现存史书中记载着另一种为人们所熟知的袁曹早期矛盾的存在形式，它回避了二人冲突斗争更为复杂深刻的内容，且对袁曹同盟及实际的矛盾多有隐讳。这些记载，很可能是为了实现曹操特定的政治目的，而有意进行的对历史叙述的后期加工处理。

《三国志》等文献中有一些曹操起兵初期鄙夷袁绍的记载，如《三国志·武帝纪》：

> 袁绍与韩馥谋立幽州牧刘虞为帝，太祖拒之。绍又尝得一玉印，于太祖坐中举向其肘，太祖由是笑而恶焉。[1]

又裴注引《魏书》载曹操拒袁绍等立刘虞之言：

> 董卓之罪，暴于四海，吾等合大众、兴义兵而远近莫不响应，此以义动故也。今幼主微弱，制于奸臣，未有昌邑亡国之衅，而一旦改易，天下其孰安之？诸君北面，我自西向。[2]

又载：

> 太祖大笑曰："吾不听汝也。"绍复使人说太祖曰："今袁公势盛兵强，二子已长，天下群英，孰逾于此？"太祖不应。由是益不直绍，图诛灭之。[3]

袁绍欲否认献帝而立刘虞，其事又可参照《三国志·袁术传》注引《吴书》所载袁绍与术书信。其信曰：

1 《三国志》卷一《魏书·武帝纪》，第8页。
2 《三国志》卷一《魏书·武帝纪》注引《魏书》，第8页。
3 《三国志》卷一《魏书·武帝纪》注引《魏书》，第8页。

前与韩文节（韩馥）共建永世之道，欲海内见再兴之主。今西名有幼君，无血脉之属，公卿以下皆媚事卓，安可复信！但当使兵往屯关要，皆自蹙死于西。东立圣君，太平可冀，如何有疑！[1]

裴注引《吴书》中又载有袁术拒绝袁绍的回信，可知确有其事。袁绍欲否认献帝的合法性，说献帝“无血脉之属”[2]，虽言辞激烈，但恐怕不能简单理解为有不臣之心，这里面牵涉到颇为复杂的政治纠葛。虽然袁绍与献帝本谈不上有个人恩怨，但确曾不止一次地处在了政治对立面。先前袁绍等追随何进，何进拥立少帝，而何进的对手董太后及宦官蹇硕则支持献帝，后董卓入洛，废少帝而立献帝，袁绍即是因反对废立而逃出洛阳。如此，袁绍否认献帝，是有其历史渊源的。

不过，毕竟献帝尚且年幼，只是他人政治斗争的工具，先前袁绍与他的对立并非没有化解的可能。即便是董卓行废立以后，袁绍固然可以不承认献帝皇位的合法性，但或许仍不至于大肆污蔑其血统。袁绍对于献帝的极端态度，应当另有原因。

---

1 《三国志》卷六《魏书·袁术传》注引《吴书》，第208页。

2 “无血脉之属”，不应理解为没有亲属扶持辅弼，因袁术回信曰：“乃云今主‘无血脉之属’，岂不诬乎！”（《三国志》卷六《魏书·袁术传》注引《吴书》，第208页）若袁绍本意仅指献帝无亲属辅助，袁术不应有如此激烈回应。

仔细考察史料，可以发现袁绍等人起兵时少帝尚未被杀，这一点以往治史者多未留意，而它很可能是帮助我们重新认识当时局势变化的关键。

关于少帝被杀与关东起兵的时间顺序，《三国志》与《后汉书》中的多条史料反映的情况并不相同，而《三国志》的记述似影响更大。《三国志·武帝纪》：中平六年，“卓遂杀太后及弘农王”[1]。《董卓传》：“遂废帝为弘农王。寻又杀王及何太后。立灵帝少子陈留王，是为献帝。”[2]《臧洪传》：“董卓杀帝，图危社稷，洪说超曰：‘……诛除国贼，为天下倡先，义之大者也。’超然其言，与洪西至陈留，见兄邈计事。邈亦素有心。”[3]《武帝纪》叙述较为宽泛，可不论。《董卓传》的记载更加不严谨，将立献帝置于杀弘农王之后，时间编排上比较随意，也不足为据。据《臧洪传》，董卓杀少帝后，臧洪劝广陵太守张超为天下倡先讨董，然后张超率众至陈留与张邈等共起兵。《臧洪传》云“邈亦素有心”，表明张邈当时尚未举兵，而张邈等兖州诸将是最早一批起兵讨董的，由此可见关东起兵在少帝被害以后。然而，根据前两条材料陈寿对具体时间处理的随意性，我们并不能确定《臧洪传》将一系列事件置于“董卓

---

1 《三国志》卷一《魏书·武帝纪》，第5页。

2 《三国志》卷六《魏书·董卓传》，第174页。

3 《三国志》卷七《魏书·臧洪传》，第231页。

杀帝”之后是否精准。在《三国志》里描述得含糊不清的时间顺序，《后汉书》则有十分明确的记载。

《后汉书·献帝纪》：

> 初平元年春正月，山东州郡起兵以讨董卓。辛亥，大赦天下。癸酉，董卓杀弘农王。
>
> 二月乙亥，太尉黄琬、司徒杨彪免。庚辰，董卓杀城门校尉伍琼、督军校尉周珌……丁亥，迁都长安。董卓驱徙京师百姓悉西入关，自留屯毕圭苑。[1]

这里将州郡起兵置于杀少帝之前，但起兵具体时间比较模糊，只是大概知道在其年正月。又正月辛亥日大赦天下，二十余日后，至正月癸酉日，卓杀少帝，后二日二月乙亥，免黄琬、杨彪，表明少帝被杀在正月的最后两天，而山东诸将起兵在正月，至此已基本可断定山东起兵在少帝被杀之前。再，卓免黄琬等又后五日杀伍琼、周珌，又后七日迁都长安。这几件事的时间紧密相连。《三国志·董卓传》注引华峤《汉书》：“卓欲迁都长安，召公卿以下大议。司徒杨彪曰：‘……无故移都，恐百姓惊动，麋沸蚁聚为乱。’……议罢。卓敕司隶校尉宣播

1 《后汉书》卷九《孝献帝纪》，第369页。

以灾异劾奏，因策免彪。”[1]杨彪因反对迁都被策免，在少帝被杀两日后，则迁都之议与少帝被害几乎同时。杀伍琼、周珌则是因为他们曾向董卓举荐韩馥、刘岱等。《三国志·董卓传》又曰：“初，卓信任尚书周毖、城门校尉伍琼等，用其所举韩馥、刘岱、孔伷、张咨、张邈等出宰州郡。而馥等至官，皆合兵将以讨卓。卓闻之，以为毖、琼等通情卖己，皆斩之。”[2]关东兵起后，董卓遂杀周珌、伍琼以泄愤，事在杀少帝七日后，可见少帝被杀时诸将已然起事。这一系列事件在时间上如此紧凑，免杨彪，杀周珌、伍琼，迁都，三事都与关东起兵有关，显然杀少帝也是董卓应对诸将起兵的一个环节。据《后汉书·献帝纪》及《皇后纪》，董卓于中平六年（189）九月拥立献帝，当月即以迫害董太后致死的罪名鸩杀少帝之母何后[3]，而一直未杀少帝，直到数月之后诸将起兵才将其杀害，这说明董卓最初本无意杀死少帝，而正因关东起兵，才不情愿地背负上弑杀故君的恶名。《后汉书·献帝纪》的记载亦可得到《后汉书》中其他传目的有力支持。《后汉书·皇后纪》：“（董卓废少帝）明年，山东义兵太（大）起，讨董卓之乱。卓乃置弘农

1 《三国志》卷六《魏书·董卓传》注引华峤《汉书》，第177页。

2 《三国志》卷六《魏书·董卓传》，第175页。

3 见《后汉书》卷九《孝献帝纪》，第367页。又卷一〇下《皇后纪》：“董卓又议太后蹙迫永乐宫，至令忧死，逆妇姑之礼，乃迁于永安宫，因进鸩，弑而崩。”（第450页）

王于阁上，使郎中令李儒进鸩……遂饮药而死。”[1]《董卓列传》：“（董卓）及闻东方兵起，惧，乃鸩杀弘农王，欲徙都长安。”[2]

关东起兵以后，董卓便杀少帝，有一种可能是担心洛阳有人趁其不备重新拥立少帝，发动政变。因为关东起兵可能会造成洛阳政局出现一定混乱，致使反对者有机可乘。其实，废帝存在本身就足以对董卓形成巨大威胁。既然诸将起兵时少帝尚在，袁绍等又多为何进旧部，诸军讨伐董卓的名义会是什么呢？无论关东诸将给董卓罗列多少条罪名，少帝无过而被废以及鸩杀何后必在其中，而无故废立尤为罪大恶极。从袁绍后来否认献帝法统以及谋立刘虞来看，连血脉疏远的刘虞都能被他援引称帝，少帝尚未被杀时袁绍更有可能会尊奉少帝而否认献帝了。正因为少帝尚在，袁绍等人可以完全无视献帝，不承认献帝及董卓控制的洛阳政府的合法性，并号召天下人与之对抗。正如袁绍写给袁术的书信中所表现的，不仅是反对董卓，否认献帝合法性，就连后来被胁迫西迁长安的诸大臣也被认为是“皆媚事卓，安可复信”，要让他们与董卓、献帝一道“蹙死于西”。少帝的存在，会极大地增强袁绍等诸军的号召力。董卓杀少帝，便可以断绝东军希冀，使献帝成为灵帝唯一的子嗣，献帝的法统地位便难以被质疑，董卓在政治上的劣势也可

1 《后汉书》卷一〇下《皇后纪》，第450—451页。
2 《后汉书》卷七二《董卓列传》，第2327页。

得以弥补。少帝既死，袁绍便失去了一个消解献帝法统地位、进而使董卓陷于政治劣势的有效办法，由此转而宣扬献帝非灵帝子以否认其法统，甚至是援引刘虞，但效果显然不如少帝尚在时直接拥戴其复辟。当然，董卓杀故君也会被视为大逆，但由此引发的政治劣势又可因献帝法统地位的增强而得到补偿。

由上可知，袁绍欲否认献帝而立刘虞，有着复杂的历史背景与政治考量。在裴注引《魏书》的记载中，曹操仅仅一番豪言壮语就将袁绍彻底否定，这样的叙述掩盖了这段历史的复杂性，其真实性也颇有可疑。首先从个人关系来说，曹操当时实力弱小，仍附从于袁绍，不可能这么明目张胆与之唱反调，后来操宰东郡、临兖州，多依仗袁绍襄助，若曹操当初真有如此言论，袁绍恐怕也不会大力扶植他。至于说曹操当时即有图灭绍之心，则更近乎无稽之谈了。从讨董诸军的整体策略来说，否认献帝合法性是袁绍对付董卓的策略之一，并不是简单的君臣大义的大道理就能解释评断的，与袁绍关系较近的盟友们就算不十分积极支持这一策略，也不会仅仅从大义而非策略的角度加以反对。因此，即便曹操内心并不赞同拥立刘虞，也不大可能当众表露出来，更不可能面折袁绍或“图诛灭之”。前引《三国志·武帝纪》及裴注引《魏书》的记载，很有可能是后来修史时为迎合曹操而形成的。

《三国志·武帝纪》及裴注中曹操鄙夷袁绍的记载，是要掩盖曹操早年仰赖袁绍的经历。不过，最初仰赖袁绍，后来又攻灭之，固然多有不便为世人所悉知之处，但可能还不至于需要如此讳莫如深。上述历史叙述更主要的目的似乎还无关乎袁绍，而是要塑造曹操的政治形象。不仅有关袁曹关系的史料有被有意编造的痕迹，《三国志》等史料对于兖州诸军的评价也可能不尽合乎史事，目的亦是对比突出曹操。

对于起兵之初兖州诸军的表现，史书评价基本是负面的，而唯独对曹操颇有嘉奖。史事大概经过如下：曹操引兵随兖州军自陈留向成皋，至荥阳汴水与卓将徐荣遭遇，曹操不敌败退。《三国志·武帝纪》记载“卓兵强，绍等莫敢先进”[1]。接下来《武帝纪》又描述曹操斥责诸将按兵不动，于是率兵西进，遂有汴水之战。汴水败退后，“太祖到酸枣，诸军兵十余万，日置酒高会，不图进取”[2]。曹操当时与兖州诸将合兵一处，显然《武帝纪》中所说的“莫敢先进”的“绍等”之列中，也包含兖州诸将。不过，根据《三国志》的具体记载，将兖州军简单地视为畏缩不前，或有失公允。《武帝纪》载张邈“遣将卫兹分兵随太祖”[3]，说明汴水之战中张邈派兵与曹操同行。更能说明问题的是鲍信兄弟的事迹。《三国志·鲍勋传》注引《魏书》载鲍信及弟

---

1 《三国志》卷一《魏书·武帝纪》，第7页。
2 《三国志》卷一《魏书·武帝纪》，第7页。
3 《三国志》卷一《魏书·武帝纪》，第7页。

韬事："汴水之败，信被疮，韬在陈战亡。"[1]鲍信时任济北相，在兖州军中，其地位亦仅次于刺史刘岱，与张邈等同列。鲍信兄弟都亲身参与了汴水之战，鲍信受伤，鲍韬在此战中阵亡，加上张邈亦派兵前往，可以充分说明兖州方面对汴水之战是相当重视的，并非只是曹操忿于诸将不思进取，率兵独进。汴水之战应是兖州各郡军队在一定的协调组织下采取的军事行动，曹操军更像是参战的诸多军队中的一支，应该并非主力。

通过分析《三国志》等文献对起兵之初兖州诸将的描述，不难发现，这些记载塑造了曹操虽然实力弱小但为扶汉室奋不顾身的形象，袁绍、兖州诸将等给人的印象则是坐拥强兵，为谋私利，不思进取。同样，史书记载中曹操对袁绍的鄙夷也都能使读者感受到袁绍心存不轨，不忠于献帝，而曹操则是心系汉室，对献帝坚贞无二。曹操对袁绍的鄙视及面折，也撇清了他可能与袁绍集团欲废献帝之图谋的关系。这样的历史叙述对于曹操巩固统治显然是有利的：汉末天下汹汹，群雄并起，然而袁绍和兖州诸将等军阀或是心怀异志，或是先私后公，无一人以王室为念，唯有曹操特为忠良。汉家天下自然应由汉室忠臣来执掌，因而曹操执柄就不仅仅是实力、形势、时运使然，亦是其坚贞所致。更为重要的是，曹操曾长期依附于袁绍，而

1 《三国志》卷一二《魏书·鲍勋传》注引《魏书》，第384页。

袁绍对献帝的态度又颇为激进，因此，曹操若要保证自己权力的合法性不被质疑，首先就要对自己早年事迹尤其是有关对献帝态度者加以重构，并尽量隐去与袁绍结盟甚至是依附于他的过往。正是曾有过袁曹同盟的经历，曹操辅佐献帝的合法性便容易成为其政治短板，因此，对相关史籍加以重构，不仅是为了美化曹操的形象，更是应对现实政治之必需。

当然，曹操之所以能如此构造历史，也因为袁绍议废立之时，曹操的实力还太弱，没有太多发言权，不是人们关注的焦点，后来也更易于调转船头。相应地，袁绍除了主观上缺少与献帝和解的动力，客观上或许也已骑虎难下，不再有太多可转变立场的空间。这也有助于我们理解为何袁绍对于迎献帝一直十分冷淡。由此，对于袁绍得知曹操迎献帝后所表现出的愤怒，可能也可以作如是理解：曹操原本依附于袁绍，而反对献帝是袁绍的一贯政治立场及策略，曹操主动迎驾，用行动表明了对袁绍立场的否定，恐怕袁绍很难不将此视作对自己的背叛。虽然袁绍帮助曹操击败了吕布，夺回了兖州，但至迎献帝时，袁曹同盟的互信基础已基本不复存在了。此后，建安二年（197）到四年，曹操先后两次进攻依附于刘表的张绣，并派曹洪袭取原由张杨盘踞的河内，击败了业已投靠袁绍的张杨余部。这些军事活动首先是向袁绍的盟友刘表挑衅，进而主动向黄河以北毗邻袁绍统治中心邺城的地区进军，攻击已经依附袁绍的中小军阀。曹操这些主动的军事行动，实际上宣告了与袁绍—刘表同盟的决裂，决战自此渐渐提上日程。

建安元年是曹操政治生涯的转折点，这不仅仅在于他通过迎献帝获得了挟天子以令诸侯的地位，更在于他与袁绍的关系进入了一个新的阶段。此前，袁曹虽有矛盾，同盟关系仍居于主要地位。由于袁绍一贯积极反对献帝，曹操迎驾的举动实际上意味着二人的合作走到了尽头。从后来的史事看，袁曹决战固然植根于二者各自势力的扩张，然而，细究起来，曹操向徐州、南阳、淮南、青州甚至是河内的大规模扩张都是在迎献帝以后才实现的。袁曹同盟时期，曹操对袁绍的依赖，间接导致了张邈等人叛迎吕布，几乎陷曹操于绝境。此后，曹操西迎献帝，更加快了扩张的步伐，甚至主动对刘表与袁绍的依附势力用兵，这似乎意味着此前的袁曹矛盾刺激了曹操摆脱袁绍并加速壮大的决心，最终促成了二人决战之局。另外，袁曹之间过往的矛盾也使得两人后续的关系不断恶化，愈发缺乏弹性和外交灵活性，这些也成为官渡之战的催化剂。由此，袁曹早期矛盾虽然隐蔽，但对于后来历史的演变亦有其深远影响。

对袁曹关系的分析，还可以帮助我们理解《三国志》等史料对曹操形象的有意塑造。因为袁曹同盟在曹操政治生涯中占有重要地位，袁绍又极力反对甚至污蔑献帝，曾经唯袁绍马首是瞻的曹操如何能成为辅佐献帝的宰相，便成了曹操必须要解释清楚的问题。由此，曹操对于一些史事重新构建，尽量撇清自己与袁绍的关系，并对政治形象加以美化，从而为巩固政治地位服务。对于曹操重新构建历史叙述的研究，不仅有助于理解汉末的政治局势，也可以帮助我们更深入地了解汉末三国史料形成的过程。

第二章　南方地区

一、徐州军阀陶谦、刘备、吕布

前文讨论袁绍集团，主要着眼于其内部亲信团体与本地势力的关系，外部的周边势力对袁绍集团的影响则是次要的。至于早期的曹操集团，对之最具影响力的并非外来的曹操亲信或张邈等本地大族，而是外部的袁绍集团，张邈等人的反叛更多也是因为受到了袁绍的巨大压力。我们将目光从兖州转向东南方的徐州，继续采用亲信团体、本地势力、周边力量的关系及强弱对比的观察视角，探究献帝初年盘踞此地的陶谦、刘备、吕布三支势力的政治结构与命运。

有关徐州的这三支军阀，方诗铭已经作了颇具代表性的研究，尤其是指出陶谦依靠丹杨兵压制徐州豪族，以及后来丹杨兵在刘备、吕布领州时期都对局势有重要影响[1]。该书还分析了

1　见方诗铭《曹操·袁绍·黄巾》第十四章《刘备“争盟淮隅”》。

诸如刘备在徐州的活动、吕布与徐州大族的矛盾等问题，对后来的学者研究这一话题影响很大[1]。那么，对于这些问题，是否可以运用新的视角，作出更多的发现呢？

陶谦对徐州的统治

陶谦为丹杨人，属扬州。陶谦曾任幽州刺史，边章、韩遂起于西北，朝廷遣车骑将军张温率军征讨，陶谦亦在军中，担任参军，前往凉州参与平叛。后徐州黄巾起，陶谦因熟习边事，被任命为徐州牧，负责镇压当地黄巾。

陶谦在徐州重用扬州人，试图使之成为自己可依赖的力量。陶谦的家乡丹杨在汉魏时多出精兵[2]，他到徐州后，便统帅一支丹杨兵。又，《三国志·陶谦传》注引谢承《后汉书》：

1　王蕊、朱子彦对此亦有较为系统的研究，然论说大体不出方书范畴。参见王蕊《魏晋十六国青徐兖地域政局研究》第二章第二节“曹操等势力在青徐兖地区的权力角逐”，第96—108页；朱子彦《汉魏之际徐州的战略地位与归属》，《史林》2010年第3期。

2　东汉魏晋时有关丹杨兵记载较多，如《华阳国志·巴志》载程包对灵帝曰：“前车骑将军冯绲南征，虽授丹阳精兵，亦倚板楯。”任乃强注曰：“时扬州诸郡，以丹阳兵为最精。”（常璩著，任乃强校注：《华阳国志校补图注》，第24—25页）按冯绲讨武陵蛮在桓帝年间。又《三国志》卷四八《吴书·三嗣主传》注引干宝《晋纪》载吴亡前夕吴丞相张悌率军渡江与晋军战，“沈莹领丹杨锐卒刀楯五千，号曰青巾兵，前后屡陷坚陈，于是以驰淮南军”（第1174页）。

“徐州牧陶谦初辟（赵昱）别驾从事，辞疾逊遁。谦重令扬州从事会稽吴范宣旨，昱守意不移。”[1]会稽吴范为扬州从事，却为谦所用，看来此时已离开扬州，而至徐州投奔陶谦。当时又有丹杨笮融，起初只率领数百人，至徐州归附陶谦。陶谦以融督广陵、彭城等郡漕运，笮融遂坐大徐州南境，擅行杀戮，据三郡税赋为己有，成为当地的祸患[2]。笮融能够发迹，并非因为他实力强大，而是主要得利于陶谦的扶植与纵容。

陶谦还积极吸纳周边各种武装力量。下邳阙宣自称天子，陶谦与之联手寇钞，后来又将阙宣诛杀，吞并其部众[3]。陶谦结交与吞并阙宣，都有扩充武力的目的。后曹操攻徐州，陶谦向公孙瓒部将田楷、刘备求救，事后陶谦请刘备留徐州，刘备遂脱离田楷而屯驻小沛。招徕刘备以及重用笮融，都是陶谦积极吸收周围武装力量以扩充实力的表现。又，臧霸等青徐豪霸初起时，亦与陶谦有关系。《臧霸传》载：“黄巾起，霸从陶谦击破之，拜骑都尉。遂收兵于徐州，与孙观、吴敦、尹礼等并聚众，霸为帅，屯于开阳。”[4]臧霸始从谦讨黄巾，后与诸将屯开阳，应继续受陶谦节制，至少也应保持了较友好的关系。

---

1 《三国志》卷八《魏书·陶谦传》注引谢承《后汉书》，第249页。

2 《三国志》卷四九《吴书·刘繇传》，第1185页。

3 《三国志》卷八《魏书·陶谦传》，第248页。

4 《三国志》卷一八《魏书·臧霸传》，第537页。

综上，陶谦依赖的势力比较混杂，除了丹杨兵、笮融等扬州同乡，还有其他的外来或徐州本地力量，多是活动于徐州一带的中小军阀。陶谦不能有效约束他们，如笮融在广陵“放纵擅杀”。另外，陶谦与一些大族名士关系不佳，不时招致徐州大族不满，与陶谦产生矛盾[1]。《陶谦传》载：“谦背道任情：广陵太守琅邪赵昱，徐方名士也，以忠直见疏；曹宏等，谗慝小人也，谦亲任之。刑政失和，良善多被其害，由是渐乱。”[2]又如彭城张昭，曾因不应陶谦察举而受到拘执[3]。不过，陶谦与徐州士人的整体关系还不算交恶，如糜竺、陈登等人皆任州中显职，并无迹象显示这些士人与陶谦关系很差。

对外的敌友关系方面，陶谦与袁术、公孙瓒为盟友，而同袁绍、曹操、刘表对立[4]。至于曹操父亲曹嵩之死是陶谦指使还是

1 《三国志》卷八《魏书・陶谦传》注引谢承《后汉书》载名士赵昱被陶谦任命为广陵太守，“贼笮融从临淮见讨，迸入郡界，昱将兵拒战，败绩见害”（第249页）。笮融是在陶谦扶植下壮大起来的，他攻杀赵昱虽然未必是出于陶谦的命令，但他在州内横行不法，必然会影响陶谦与徐州大族的关系。

2 《三国志》卷八《魏书・陶谦传》，第248页。

3 《三国志》卷五二《吴书・张昭传》：“刺史陶谦举茂才，不应，谦以为轻己，遂见拘执。”（第1219页）

4 关于汉末关东军阀在讨董卓失败以后的阵营分立，《三国志》卷六《魏书・袁术传》：术“既与绍有隙，又与刘表不平而北连公孙瓒；绍与瓒不和而南连刘表”（第207页）。关于曹操早期依附袁绍，已为学界所共知。如王仲荦《魏晋南北朝史》：“曹操进攻徐州，有两个原因。第一个原因，当时曹操是依附袁绍的，可是陶谦却和公孙瓒结成联盟，与袁绍为敌。当公孙瓒进攻袁绍的时候，陶谦还曾出兵配合公孙瓒进攻袁绍。”（第35页）

部下擅自行事，已无法确知，但此前陶谦就与曹操为敌手。初平三年（192），陶谦曾联合刘备等公孙瓒部将与袁绍对阵，四年又出兵占据属兖州的泰山郡一带，曹操遂率军攻徐州，连下十余城，陶谦大败，死伤甚众，于是惧不敢出。次年，曹操第二次出兵徐州，大行杀戮，以示报复。曹操两攻徐州，陶谦均不是敌手。后因张邈迎吕布入兖州，又有田楷、刘备的支援，陶谦的统治才得以维持。不久，陶谦病死，刘备便取代他统徐州。

整体来说，陶谦与徐州大族的关系并不近密，但还能维持基本的合作。他拥有一定的亲信势力和武装力量，但并不强大。他对各种依附力量也未能实现较强的控制。至于外部的盟友，陶谦虽与公孙瓒、袁术关系较近，但公孙瓒毕竟距离太远，其部下田楷、刘备等对陶谦的支持比较有限。至于袁术，《三国志》载孙坚的副手朱治曾在讨董卓期间“东助徐州牧陶谦讨黄巾”[1]，孙坚当时依附于袁术，因而朱治的行动证实了袁、陶的同盟关系。不过，袁术败弃南阳而东据淮南后，成为近邻的袁、陶双方的矛盾便逐渐显现了。《三国志·吕范传》：“徐州牧陶谦谓范为袁氏觇候，讽县掠考范，范亲客健儿篡取以归。”[2]陶谦怀疑吕范是袁术派遣的间谍，便下狱考掠，可见他对袁术的态度。孙坚死后，孙策移家广陵，史载“徐州牧陶谦

1 《三国志》卷五六《吴书·朱治传》，第1303页。
2 《三国志》卷五六《吴书·吕范传》，第1309页。

深忌策”[1]，或是担心孙策为袁术攻徐州。这些表明陶谦对袁术已多有防备。陶谦受公孙瓒的救援力度有限，与袁术的矛盾又日渐滋生，在有着袁绍支持的曹操进攻徐州时，这些盟友并不能帮助陶谦扭转局势。

依靠上述条件，陶谦在徐州还是具有一定统治力的，但并不足以让他在群雄竞争中处于优势地位。灵帝末年，徐州黄巾大盛，陶谦出任州牧，很快使徐州归于安定，于是四方流民纷至沓来，淮泗之间独为乐土，这表明陶谦还是颇具政治能力的。然而，曹操两攻徐州，军民惨遭屠戮，泗水为之不流，陶谦将近十年的积累几乎一扫而空。经曹操两次进攻之后，陶谦虽然保住了徐州，但其统治已经是摇摇欲坠了。陶谦被曹操击败的直接原因是实力不济，而应当注意的是，其集团内部较为涣散，陶谦对麾下各种力量控制力较弱，使得徐州在对抗曹操时无法发挥出最大能量，加上外援不力，胜利的天平更加向曹操一方倾斜。

刘备统徐州时期内外方略的转变

刘备本是公孙瓒部下，与陶谦是同盟，后转投陶谦麾下。

1 《三国志》卷四六《吴书·孙破虏讨逆传》，第1101页。

方诗铭认为刘备领徐州反映的是麋竺等徐州大族的意志，不是陶谦原意，依据是后来陶谦旧部丹杨兵与刘备对立[1]。先前陶谦曾对刘备多有扶持，如分丹杨兵与之，使其屯小沛，互为掎角，又表备为豫州刺史。从陶、刘过往关系尚佳的角度来看，陶谦同意让刘备代替他，也是说得通的。刘备领州后，顺应徐州大族的意愿，实行了与陶谦很不一样的内外方针，可能因此冷落了丹杨兵，损害了他们的利益，才导致丹杨兵不满。

下面就谈一谈刘备在对内和对外方略上与陶谦的不同。

对内来说，刘备和徐州士人的关系密切。刘备入主徐州得到了别驾麋竺以及陈登等人的支持，后来麋竺又大力资助之。《麋竺传》载：

> 建安元年，吕布乘先主之出拒袁术，袭下邳，虏先主妻子。先主转军广陵海西，竺于是进妹于先主为夫人，奴客二千，金银货币以助军资；于时困匮，赖此复振。[2]

之后刘备数丧土地，麋竺兄弟一直追随辗转周旋。另外，在刘备犹豫是否接受麋竺等人的邀请时，孔融曾劝勉备曰："今

1　方诗铭:《曹操·袁绍·黄巾》，第373—379页。

2　《三国志》卷三八《蜀书·麋竺传》，第969页。

日之事，百姓与能，天与不取，悔不可追。”[1]又北海孙乾，刘备在徐州辟为从事，裴注引《郑玄传》：“玄荐乾于州。乾被辟命，玄所举也。”[2]可见刘备与孔融、郑玄也有往来。备领徐州，二人都是赞许的，这对刘备取得徐州大族的普遍好感与支持，当是颇为有利的。

除了对糜竺、陈登等徐土大族名士，刘备对徐州多种人群都较有号召力。击杀吕布后，曹操携刘备至许，当时袁术穷途末路，准备前往河北投奔袁绍，刘备便请求曹操派自己至徐州邀击袁术，实则以此逃离许都，摆脱曹操控制。曹操派朱灵、路招与刘备同率军至徐。随后朱灵等返回，刘备遂袭杀曹操任命的徐州刺史车胄，公然起兵对抗曹操。《先主传》记载当时徐州普遍响应刘备：“东海昌霸反，郡县多叛曹公为先主，众数万人。”[3]刘备又派孙乾前往冀州联络袁绍。同时，曹操命刘岱、王忠讨伐刘备，二人兵败，被刘备擒获。备谓二人曰：“使汝百人来，其无如我何；曹公自来，未可知耳！”[4]刘备敢有此言，应是由于曹操低估了他在徐州的能量，形势变化之迅速超出了曹操预想，派出的刘、王二人，也根本不是对手。刘备

1 《三国志》卷三二《蜀书·先主传》，第873页。
2 《三国志》卷三八《蜀书·孙乾传》注引《郑玄传》，第970页。
3 《三国志》卷三二《蜀书·先主传》，第875页。
4 《三国志》卷一《魏书·武帝纪》注引《献帝春秋》，第18页。

自许都回徐州后，振臂一呼，很快举州响应，以致“郡县多叛曹公为先主”，甚至出于青徐豪霸的昌霸都参与进来。刘备孤客至徐，即能搅动局势。这里面可能有刘备依靠袁绍而绍强操弱的因素，但刘备除了领徐州之初曾向袁绍示好，以及任豫州时举袁谭为茂才外[1]，很少与袁绍有实际交往。孙乾前往河北，使命往返也需要一定时间。刘备在徐州突然举事，不大可能提前得到了袁绍的有力支持。刘备短时间内便成气候，靠的主要还是他在徐州的影响力。甚至还可以推测，当时曹操因刘备一言而杀吕布，或是考虑了他在徐州的影响力而欲安抚之。

刘备身为外来者，并不具备很强的实力，跟随入徐的亲信团体规模较小，却与多种本地势力迅速打成一片，能如此笼络人心，在汉末军阀中可谓罕见。不过，丹杨兵并未被刘备笼络。刘备与袁术“争盟淮隅”时，留驻下邳的张飞欲杀下邳相曹豹，引发丹杨兵反叛。曹豹是陶谦故将，应是丹杨兵将领，他任下邳相可能是出于陶谦在世时的任命[2]。张飞欲杀曹豹，实

1 《三国志》卷三二《蜀书·先主传》:“青州刺史袁谭，先主故茂才也。”（第876页）刘备先后为豫州刺史及豫州牧，举袁谭为茂才，即在其豫州刺史或州牧任上。

2 方诗铭认为刘备得徐州不是陶谦的原意，但刘备为了安抚丹杨兵又重用曹豹等人，最终为自己埋下祸根（方诗铭:《曹操·袁绍·黄巾》，第225—226页）。笔者认为，曹豹任下邳相是出于陶谦或刘备的任命已不可知，两种推测皆可自圆其说，个人更倾向于认为是出于陶谦生前的任命，刘备初领徐州，还不便对实际上已成为州治的下邳的长官进行人事变动。

际用意更像是压制丹杨兵，是刘备集团的一种政治策略或倾向的体现，并非仅是张飞个人的鲁莽行为。

对外关系方面，刘备一改陶谦的思路，与袁绍、曹操接近，而与袁术相争[1]。关于刘备外交策略转变，曾有学者注意，但仍颇有未尽之处[2]。《三国志·先主传》注引《献帝春秋》记载了刘备初领徐州时陈登与袁绍的一次使命往来：

> 陈登等遣使诣袁绍曰："天降灾沴，祸臻鄙州，州将殂殒，生民无主，恐惧奸雄一旦承隙，以贻盟主日昃之忧，辄共奉故平原相刘备府君以为宗主，永使百姓知有依归。方今寇难纵横，不遑释甲，谨遣下吏奔告于执事。"绍答曰："刘玄德弘雅有信义，今徐州乐戴之，诚副所望也。"[3]

这段史料反映了刘备对外的基本策略。刘备统徐州，先通过陈登等通信袁绍，袁绍给了刘备很高的评价，是因为陈登遣使示好以期结盟。刘备是公孙瓒部下，这时公孙瓒尚与袁绍交兵。刘备继承的又是陶谦的职位，陶谦与袁绍、曹操为敌，曹

---

1 前文已经提到，陶谦尚在时，似乎就与袁术有过嫌隙，但并无材料表明两者有过直接的军事对抗。

2 见林榕杰《乱世"枭雄"——公孙瓒与刘备》，《山西高等学校社会科学学报》，2014年第3期。

3 《三国志》卷三二《蜀书·先主传》注引《献帝春秋》，第874页。

操当时很大程度上还需依靠袁绍。因此，袁绍、刘备本应是相互敌对的。陈登通使，以及袁绍赞扬刘备，表明刘备抛弃了公孙瓒、陶谦的阵营，倒向了袁绍一方，或至少不再遵循公孙瓒、陶谦与袁绍对立的策略。陈登使者所言“天降灾沴，祸臻鄙州”，灾祸包括陶谦病死，更包括曹操两次征徐州带来的创伤。笔者推测，徐州大族在丧乱之后，明知不敌袁、曹，为了自保，不愿再与袁、曹为敌，徐州大族的态度应是刘备改变对外策略的主要原因。袁绍愿意接纳刘备为同盟，可能也有牵制曹操的考虑。先前曹操在袁绍支持下两度进攻徐州，陶谦都一败涂地，几乎被曹操吞并。袁绍与刘备结盟后，曹操再要进攻徐州就不再那么顺理成章了，也不会得到袁绍的支持。如此，曹操不再能够通过进攻徐州而扩张，因而也就难以发展壮大到足以摆脱袁绍的影响、控制。

另外，徐州士人尤其是下邳陈氏与袁术关系不佳，应在很大程度上促使刘备与术为敌，从而与袁绍结盟。裴注引《英雄记》：

> 袁术更用陈瑀为扬州。瑀字公玮，下邳人。瑀既领州，而术败于封丘，南向寿春，瑀拒术不纳。术退保阴陵，更合军攻瑀，瑀惧走归下邳。[1]

---

1 《三国志》卷六《魏书·袁术传》注引《英雄记》，第208页。

袁术本欲使陈瑀为之经营扬州，而瑀终不纳术，二人因之反目。袁术与下邳陈氏的交集还不止于此，《三国志·袁术传》载：

> 沛相下邳陈珪，故太尉球弟子也。术与珪俱公族子孙，少共交游，书与珪曰："……若集大事，子实为吾心膂。"珪中子应时在下邳，术并胁质应，图必致珪。珪答书曰："……欲吾营私阿附，有犯死不能也。"[1]

按，袁术并未占领过下邳，陈应在下邳而为袁术所质，应在吕布偷袭下邳后，布虏备妻子及部曲质任，并质陈应等。当时袁、吕交好，故云术"胁质应"。按《后汉书·陈球列传》[2]，陈瑀为陈球子，陈珪为球弟之子，珪子登。东汉时称曾出三公的家族为公族，如上引《袁术传》云"术与珪俱公族子孙"，这样的家族往往在地方乃至全国都有巨大的影响力。下邳陈氏是徐州的公族，袁术极力想要拉拢这个家族，然而陈瑀与陈珪都不愿与之合作，加上陈登亲作书信向袁绍示好，显然下邳陈氏等徐州大族的意愿影响了刘备的对外策略。

陶谦死后，曹操与袁术继续互相敌对，与吕布时战时和，

1 《三国志》卷六《魏书·袁术传》，第209页。
2 《后汉书》卷五六《陈球列传》，第1835页。

却从未进攻刘备。后来曹、刘能联手对付吕布，以及刘备失徐州后投奔袁绍以至刘表，都是因为有在徐州时转变对外立场的基础。因为起初袁绍与曹操、刘表是盟友，而与公孙瓒、袁术、陶谦为敌，刘备只有脱离了公孙瓒集团，与袁绍和好，后来联合曹操以及投奔刘表才得以比较顺利地实现。

袁术在刘备代陶谦以后，立即兴兵讨伐徐州，根本原因固然是为了扩大地盘，此外，以往学界又多归因于刘备出身低微，袁术对之极为蔑视[1]。根据是裴注引《英雄记》载袁术与吕布书："术生年已来，不闻天下有刘备，备乃举兵与术对战。"[2]东汉人一般重品行名望尤重于门第官宦，其实对比袁绍、袁术对刘备态度的巨大差异，不难发现他们作出评判的根本标准还是是否为己所用、于己有利，可能与刘备出身没有太大关系，似不宜对此作过度解读。

吕布集团的政治结构与内部矛盾

糜竺迎刘备主徐州时，备为豫州刺史，驻小沛。豫州别驾陈群劝阻刘备领徐州，指出如果接管徐州，则须与袁术相争，

1 方诗铭：《曹操·袁绍·黄巾》，第377页。
2 《三国志》卷七《魏书·吕布传附张邈传》注引《英雄记》，第223页。

而当时袁术尚强，且吕布如果从背后偷袭，徐州恐怕难保[1]。吕布在张邈、陈宫等人的支持下偷袭兖州，因而与曹操为敌，同时与袁术结盟，故而陈群担心袁术、吕布合兵图谋徐州。后来吕布兵败兖州，遂东奔刘备，并未直接联合袁术夹击徐州，这是陈群所没有料到的。然而，吕布刚刚被刘备收容不久，便趁刘备与袁术作战而偷袭下邳，陈群当时的预测竟然以这种方式成为了现实。

吕布袭取下邳，刘备失徐州，有内外两方面的因素，以往学者较少留意。吕布的偷袭与得手并非是突发的偶然事件，而是在行动前有较周密的部署安排。从外部来说，吕布事先取得了袁术的支持。《三国志·吕布传》注引《英雄记》：

> 布初入徐州，书与袁术。术报书曰："昔董卓作乱，破坏王室，祸害术门户，术举兵关东，未能屠裂卓。将军诛卓，送其头首，为术扫灭仇耻，使术明目于当世，死生不愧，其功一也。昔将金元休向兖州，甫诣封丘，为曹操逆所拒破，流离迸走，几至灭亡。将军破兖州，术复明目于遐迩，其功二也。术生年已来，不闻天下有刘备，备乃举兵与术对战；术凭将军威灵，得以破备，其功三也。将

1 《三国志》卷二二《魏书·陈群传》，第633页。

军有三大功在术，术虽不敏，奉以生死。将军连年攻战，军粮苦少，今送米二十万斛，迎逢道路，非直此止，当骆驿复致；若兵器战具，它所乏少，大小唯命。”布得书大喜，遂造下邳。[1]

袁术列举吕布有三大功于己，其三言布助之破备，应尚在谋划之中，还未实现。若此书信在偷袭徐州后，则吕布已得下邳，不应再说“布得书大喜，遂造下邳”。另外，袁术许诺大量粮草、军械，更似在鼓励吕布偷袭。此事原委应如此：吕布被曹操击败，窜入徐州，为刘备所接纳。或许因为刘备刚刚与袁绍通好，而吕布正是袁绍、曹操的敌人[2]，此时吕布对刘备仍多有疑虑，加上自己没有地盘，便萌生了袭取徐州的念头。适逢备、术大战，布因“书于袁术”。根据袁术的回信，可推测吕布书信中的内容应是告知袁术将要偷袭下邳，以试探其态度。书信中可能还含有索要军资的内容，作为偷袭的条件。袁术答应了那些条件，并鼓励吕布及早行动。

1 《三国志》卷七《魏书·吕布传》注引《英雄记》，第223页。

2 吕布为曹操之敌，是因他在张邈、陈宫的帮助下偷袭了曹操的兖州。吕布与袁绍为敌，是因先前吕布投靠袁绍，后来为绍所不容，几乎被绍杀死。《三国志》卷七《魏书·吕布传》：吕布“求益兵众，将士钞掠，绍患忌之。布觉其意，从绍求去。绍恐还为己害，遣壮士夜掩杀布，不获。事露，布走河内，与张杨合。绍令众追之，皆畏布，莫敢逼近者”（第220页）。

从内部来说，刘备麾下的丹杨兵倒戈，致使下邳迅速陷落。吕布与丹杨兵合流，也是提前有预谋的。裴注引《英雄记》载：

> 备留张飞守下邳，引兵与袁术战于淮阴石亭，更有胜负。陶谦故将曹豹在下邳，张飞欲杀之。豹众坚营自守，使人招吕布。[1]

又曰：

> 布水陆东下，军到下邳西四十里。备中郎将丹杨许耽夜遣司马章诳来诣布，言“张益德与下邳相曹豹共争，益德杀豹，城中大乱，不相信。丹杨兵有千人屯西白门城内，闻将军来东，大小踊跃，如复更生。将军兵向城西门，丹杨军便开门内将军矣”。布遂夜进，晨到城下。天明，丹杨兵悉开门内布兵。布于门上坐，步骑放火，大破益德兵，获备妻子军资及部曲将吏士家口。[2]

张飞欲杀曹豹，豹因招引吕布，而许耽等亦早与曹豹通谋，遣

1 《三国志》卷三二《蜀书·先主传》注引《英雄记》，第874页。
2 《三国志》卷七《魏书·吕布传》注引《英雄记》，第223—224页。

章诳提前出城接应布军。又章诳言于吕布，丹杨兵“闻将军来东，大小踊跃”，可知曹豹、许耽在吕布发兵前就已作了部署，并非等吕布到下邳附近时才开始与之联络。方诗铭等学者已经注意到吕布袭取下邳是因为得到了丹杨兵的支持，但对于双方取得联络的时间，并未有详细讨论。根据以上史料，可推知吕布与丹杨兵早已通谋。由此，刘备失下邳，并非仅是吕布不顾信义与丹杨兵临阵倒戈打开城门所导致的偶然事件，事前吕布已经与徐州内外的反刘备势力进行了充分的前期谋划、准备。

吕布一路漂泊羁旅，始于并州，入关又出关，历河北而至兖、徐，两度以里应外合的方式偷袭取得一州。因此，他所率领的集团内部构成颇为复杂，其中又分多种势力。他们之间的合作与争斗都很明显，极具张力。这在汉末群雄中也极为独特。

吕布所率的外来势力至少有四种，包括分别来自并州、河内、兖州的追随者以及丹杨兵。他们与吕布的亲疏程度又有区别，但这些人有着比较一致的关乎生死存亡的根本利益，相比徐州本地大族和周边的附从军阀，他们确实共同构成了吕布集团的核心力量。这四者中前三者随吕布进入徐州，丹杨兵虽到徐州较早，但和刘备以及徐州大族关系很差。这四种势力之间本来没有太多联系，多是因为临时的共同利益、为了生存才走到一起。除了兖州势力士人较多，其余多以军人为主。他们彼此之间磨合较差，矛盾时有发生。这一状况很大程度上影响了吕布集团对内和对外的诸多决策。

就在刚刚袭取下邳不久，甚至发生了部下联合袁术欲刺杀吕布的事情。裴注引《英雄记》：

> 建安元年六月夜半时，布将河内郝萌反，将兵入布所治下邳府，诣听事閤外，同声大呼攻閤，閤坚不得入。布不知反者为谁，直牵妇，科头袒衣，相将从溷上排壁出，诣都督高顺营，直排顺门入。顺问："将军有所隐不？"布言"河内儿声"。顺言"此郝萌也"。顺即严兵入府，弓弩并射萌众；萌众乱走，天明还故营。萌将曹性反萌，与对战，萌刺伤性，性斫萌一臂。顺斫萌首，床舆性，送诣布。布问性，言"萌受袁术谋"。"谋者悉谁？"性言"陈宫同谋"。时宫在坐上，面赤，傍人悉觉之。布以宫大将，不问也。[1]

率兵作乱的是河内郝萌，陈宫、袁术亦有参与。袁术欲谋吕布，应与其射戟辕门而收容刘备有关。至于陈宫亦参与其中，就难以理解了。因为没有其他的史料作为参照，还不好轻率地

---

1 《三国志》卷七《魏书·吕布传》注引《英雄记》，第224页。

否定这段记载的可靠性。考察当时吕布集团的处境与主要对外关系，笔者以为，这可能因为陈宫等兖州人本是背叛曹操而投吕布，因而视操为死敌，便希望吕布能与曹操抗争到底，故而比较坚决地主张联合曹操的敌人袁术。因袁术与刘备互相敌对，所以若要与袁术建立稳固的联盟，莫如帮助他消灭刘备。再加上刘备当时已经与袁绍通好，同样出于联合袁术、对抗袁绍曹操的考虑，消灭刘备尤为必要。如此，收容刘备一事，在陈宫看来，便意味着吕布并没有下定决心与袁术联合，甚至可能也不打算和袁绍、曹操对抗到底，这是陈宫等兖州势力难以接受的。这一事件，反映了吕布与部下及盟友的利益关系错综复杂，而对曹操的态度是其中的一大关节。

吕布与袁术时战时和。交战时吕布会向曹操靠拢，而帐下的兖州力量则坚定地反对与曹操和好，却与袁术比较接近。吕布与兖州势力就与曹操关系引发的矛盾十分显著。《三国志·吕布传》载：

> 太祖自征布，至其城下，遗布书，为陈祸福。布欲降，陈宫等自以负罪深，沮其计。[1]

1 《三国志》卷七《魏书·吕布传》，第226页。

吕布被围困急，欲降曹操，陈宫坚决反对，事遂不行。又裴注引《献帝春秋》：

> 太祖军至彭城。陈宫谓布："宜逆击之，以逸击劳，无不克也。"布曰："不如待其来攻，蹙着泗水中。"及太祖军攻之急，布于白门楼上谓军士曰："卿曹无相困，我当自首明公。"陈宫曰："逆贼曹操，何等明公！今日降之，若卵投石，岂可得全也！"[1]

又引《魏氏春秋》：

> 陈宫谓布曰："曹公远来，势不能久。若将军以步骑出屯，为势于外，宫将余众闭守于内，若向将军，宫引兵而攻其背，若来攻城，将军为救于外。不过旬日，军食必尽，击之可破。"[2]

当吕布向曹操寻求缓和时，陈宫的反应就颇为激烈。曹军围城时，陈宫积极寻求破围的办法，丝毫没有投降或和解的念头。吕布与袁术关系反复，吕布甚至将袁术使者交与曹操处斩。等

1 《三国志》卷七《魏书·吕布传》注引《献帝春秋》，第227页。
2 《三国志》卷七《魏书·吕布传》注引《魏氏春秋》，第227—228页。

到曹、刘联兵来攻时，吕布不得不向袁术求援，这时派去的使者是兖州的许汜、王楷[1]。起初吕布与曹操在兖州作战时，张邈欲亲赴淮南请袁术相助，不料中途为叛兵所杀。如果将张邈向袁术求援，陈宫与袁术共使郝萌谋袭吕布，以及许汜、王楷向袁术求援几件事联系起来思考，不难发现吕布集团中的兖州势力与袁术之间有着更为密切的关系。与此相对应，他们对曹操的敌视也最为强烈。兖州势力对曹操、袁术的态度是相互呼应的。

吕布与曹操本无仇怨，虽然曾因董卓成为过对垒双方，而布杀董卓，之前的敌对关系便不复存在。偷袭濮阳，更多是因为曹操的兖州部下张邈等要反曹操，吕布只是被招诱而已。在条件合适时，曹、吕和解甚至合流，也许并非全不可能。事实上，吕布为了生存，也曾努力进行过这种尝试，或许可以说，曹、吕合流从某些角度来说，是具备一定现实基础的。裴注引《英雄记》记载了曹操与吕布关系较为缓和时的一段交往：

初，天子在河东，有手笔版书召布来迎。布军无畜

---

1 《三国志》卷七《魏书·吕布传》注引《英雄记》："布遣许汜、王楷告急于术。"（第227页）又同卷《张邈传》："兴平元年，太祖复征谦，邈弟超，与太祖将陈宫、从事中郎许汜、王楷共谋叛太祖。"（第221页）可知许汜、王楷在张邈叛曹操而迎吕布前为曹操兖州官属。

> 积，不能自致，遣使上书。朝廷以布为平东将军，封平陶侯。使人于山阳界亡失文字，太祖又手书厚加慰劳布，说起迎天子，当平定天下意，并诏书购捕公孙瓒、袁术、韩暹、杨奉等。布大喜，复遣使上书于天子曰："臣本当迎大驾，知曹操忠孝，奉迎都许。臣前与操交兵，今操保傅陛下，臣为外将，欲以兵自随，恐有嫌疑，是以待罪徐州，进退未敢自宁。"答太祖曰："布获罪之人，分为诛首，手命慰劳，厚见褒奖。重见购捕袁术等诏书，布当以命为效。"太祖更遣奉车都尉王则为使者，赍诏书，又封平东将军印绶来拜布。太祖又手书与布曰："山阳屯送将军所失大封，国家无好金，孤自取家好金更相为作印，国家无紫绶，自取所带紫绶以籍心。将军所使不良。袁术称天子，将军止之，而使不通章。朝廷信将军，使复重上，以相明忠诚。"布乃遣（陈）登奉章谢恩，并以一好绶答太祖。[1]

按，献帝于兴平二年（195）七月始自长安东归，行程缓慢。献帝在河东逗留半年，曹操对奉迎銮舆表现积极。于是建安元年（196）六月，车驾至闻喜，七月至洛。八月，天子至许。

1 《三国志》卷七《魏书·吕布传》注引《英雄记》，第225页。

随后，先前侍卫天子东归的杨奉、韩暹为避曹操而南奔袁术。

献帝在河东时向吕布发手诏，时在兴平二年十二月以后。至兴平二年夏，吕布已经离开兖州而奔徐州。可知献帝发手诏时，吕布已在徐州。因郝萌事件时吕布已得下邳，时在建安元年六月，则吕布袭取下邳在此之前。献帝从河东派出的使者至山阳郡，遗失诏书。等曹操迎献帝以后，给吕布写手书时，已经要购捕杨奉、韩暹，说明时在建安元年八月杨、韩南奔袁术以后。接到曹操手书后，吕布即上书献帝，并向曹操写信示好。

大致梳理时间顺序，应排列如下：兴平二年夏，吕布为曹操击败，自兖州逃往徐州，并被刘备收留。七月，献帝离开长安，开始东归。年底，献帝为李傕、郭汜追击，大败于曹阳，于是向北渡河，逃至河东，依附盘踞当地的张杨等军阀。为了摆脱困顿局面，献帝下诏与关东诸将，使其迎驾，吕布亦收到手诏。吕布当时依附于刘备，无力奉迎天子，只是遣使向天子陈明。其后献帝至洛阳，曹操迎献帝，迁都至许。在此期间，吕布袭取下邳，朝廷又为吕布加官爵，但使者行至山阳郡，丢失诏书。随后，曹操又亲自写信慰劳吕布，此时已购捕杨奉、韩暹。

陈登与其父陈珪是极力要促成吕布与曹操接近的。陈珪劝吕布派遣陈登出使许都，吕布不允。前引《英雄记》的记载中曹操也轻微指责吕布“将军所使不良”，“使不通章”。之所以“使不通章”，从吕布对出使归来的陈登颇有戒备来看，吕布应是担心使者与曹操合谋对付自己。事实上陈登到了许都便与曹操谋划除掉吕布。吕布之所以能一度与曹操交好，除了曹操示好、陈珪父子极力促成之外，献帝更充当了纽带作用。当时曹操为了对付袁术，还拉拢刚刚占据江东的孙策背叛袁术，诏书中还提到吕布夸赞孙策，以此拉近与孙策的关系：“布前后上策乃心本朝，欲还讨术，为国效节，乞加显异。”[1]可见曹操对外极力展现与吕布的友好关系。但是，这些是陈宫等兖州人不愿看到的。陈宫死前对曹操痛斥吕布“但坐此人不从宫言，以至于此”[2]，陈宫所指不应只是作战策略，更多应是批评吕布尝试与曹操交好的基本决策。

与吕布同州的并州人，也似乎同吕布一样，不像陈宫那样仇恨曹操。如张辽在吕布败亡后投降曹操。又，绑缚陈宫降于曹操的侯成、宋宪、魏续，为吕布亲信，是并州人的可能性较大，至少应在兖州叛曹操之前就跟随吕布了。他们不如兖州人那般与曹操对立，当是不甚介意降曹的重要前提。

除了以上可以凭借史料进行解读的史事，由于缺少证据，吕布集团内还有不少矛盾是无法太过深究的。但不可否

---

1 《三国志》卷四六《吴书·孙破虏讨逆传》注引《江表传》，第1107页。
2 《三国志》卷七《魏书·吕布传》注引《典略》，第229页。

认的是，这些矛盾与混乱，在不断地消耗着这个集团的生命力。如，高顺数谏吕布，“布知其忠，然不能用。布从郝萌反后，更疏顺。以魏续有外内之亲，悉夺顺所将兵以与续。及当攻战，故令顺将续所领兵，顺亦终无恨意”[1]。又如，陈宫建议吕布带兵出城，自己守城以成掎角之势时，“布妻曰：‘昔曹氏待公台如赤子，犹舍而来。今将军厚公台不过于曹公，而欲委全城，捐妻子，孤军远出，若一旦有变，妾岂得为将军妻哉！’布乃止”[2]。裴注引《英雄记》又载布妻曰：

> 将军自出断曹公粮道是也。宫、顺素不和，将军一出，宫、顺必不同心共城守也，如有蹉跌，将军当于何自立乎？愿将军谛计之，无为宫等所误也。[3]

陈宫、高顺、魏续等诸将与吕布妻之间的矛盾互相交织，吕布深陷其中，举措无地，不知谁从。加上曹操、袁术、刘备在外撕扯拉拽，陈珪父子等徐州大族从旁煽风点火，在这样一个政治体中，互相猜忌甚至是背叛，就比较容易发生了。“布虽骁猛，然无谋而多猜忌，不能制御其党，但信诸将。诸将各异意

1 《三国志》卷七《魏书·吕布传》注引《英雄记》，第228—229页。
2 《三国志》卷七《魏书·吕布传》注引《魏氏春秋》，第228页。
3 《三国志》卷七《魏书·吕布传》注引《英雄记》，第227页。

自疑，故每战多败。”[1]吕布集团因内部互相猜疑比较严重，直接影响了战场上的表现。不过，吕布集团虽然矛盾复杂，但直到陷城前夕内部才崩溃，说明仍有一股强大的力量在支撑这个政治体。这种力量来源于各种外来势力远离故土，一同面对着在徐州的困难与危险，必须保持足够的团结才能生存的现实因素。各自为了生存，既相互提防，又要努力团结，既难以精诚合作，也无法彻底决裂。造成这种状况的主要根源并非吕布个人或其集团中的个别人物，而在于这个集团的政治结构。另外，特殊的外部环境又更丰富了这一政治结构所引发的矛盾，并加剧了矛盾的激烈程度。

吕布集团与徐州周边力量、本土势力的关系

除了麻烦的内部情况，吕布集团还面临着复杂的外部环境。

前文已经提及，臧霸等青徐豪霸的崛起和陶谦镇压黄巾有关。后来这支势力逐渐发展壮大，成为足以响应青徐交界地带形势的一支力量。《三国志·武帝纪》载：“布之破刘备也，霸

---

1 《三国志》卷七《魏书·吕布传》，第226—227页。

等悉从布。”[1]《臧霸传》：“太祖之讨吕布也，霸等将兵助布。”[2]可知曹、刘联手来攻时，臧霸等人是跟从吕布的。不过，吕布与臧霸等泰山诸将之间的结盟关系并非从开始就已形成。《吕布传》注引《英雄记》：

> 时有东海萧建为琅邪相，治莒，保城自守，不与布通。布与建书曰：“……莒与下邳相去不远，宜当共通……”建得书，即遣主簿赍笺上礼，贡良马五匹。建寻为臧霸所袭破，得建资实。布闻之，自将步骑向莒。高顺谏曰：“将军躬杀董卓，威震夷狄，端坐顾盼，远近自然畏服，不宜轻自出军；如或不捷，损名非小。”布不从。霸畏布钞暴，果登城拒守。布不能拔，引还下邳。霸后复与布和。[3]

高顺担心如果不能取胜，将会有损威名。而吕布执意进兵，也应有他的考虑。东海萧氏为徐州著姓，萧建为东海人，任琅邪相，应即出于其门。吕布袭取下邳后，萧建不愿与之合作，这与下邳陈氏对吕布的态度相似。只是刘备已经兵败，迫于形势，萧建只得放下姿态。萧建与吕布通好，臧霸等随即攻破

1 《三国志》卷一《魏书·武帝纪》，第16页。
2 《三国志》卷一八《魏书·臧霸传》，第537页。
3 《三国志》卷七《魏书·吕布传》注引《英雄记》，第226页。

莒，显然霸等之前与吕布并无太多往来。按前引《臧霸传》，霸等屯驻开阳，与莒县同属琅邪国，且开阳距下邳较莒更近，对下邳威胁更大。如此，吕布出兵攻莒，就不应仅是因为臧霸欺凌投靠自己的萧建，更是要借此机会使臧霸屈服，消除北边的威胁。吕布刚得下邳时就对臧霸有所忧虑，视之为潜在威胁。布得下邳，与刘备和好，使居小沛，袁术派兵攻备，吕布救之，其中一个很重要的原因就是担心袁术破备之后与泰山诸将联合。《吕布传》载：

> 术遣将纪灵等步骑三万攻备，备求救于布。布诸将谓布曰："将军常欲杀备，今可假手于术。"布曰："不然。术若破备，则北连太山诸将，吾为在术围中，不得不救也。"[1]

吕布十分担心袁术与臧霸联合，夹击自己。为了保证下邳的安全，就要控制泰山诸将。吕布的努力收到了预想的效果，泰山诸将没有与之为敌，反而屡屡出兵相助。

吕布对泰山诸将策略的成功，虽然缓解了北面的压力，却并不能使他所处的大环境变得友好很多。面对更重要的曹操、

1 《三国志》卷七《魏书·吕布传》，第222页。

袁术、刘备这三支力量，他反复无常，甚至不知所措，最后孤立无援，丢了性命。

刘备接纳吕布，是希望他能帮助对付外敌，但他却与袁术通谋，夺取下邳，因此得罪了刘备。刘备失去后方，又被袁术击败，此时袁术希望吕布继续帮他铲除刘备，但吕布考虑到自己的安全，反而收容刘备。接着，袁术又派纪灵攻备，吕布射戟辕门，强行逼纪灵退兵，维护了刘备。如此一来，吕布与此二者都处于表面还能维持和平、背后则互相猜疑算计的状态。

吕布对刘备的维护并未延续很久，终于忍不住自己动手了。吕布将刘备安置于小沛，刘备在此招合部众，很快聚集起了万余人的军队。吕布认为刘备的再次壮大威胁到了自己，便出兵进攻小沛。刘备兵败，逃奔曹操。从后来的史事看，这一变化实际上加速了吕布的败亡。刘备入主徐州时采取的是联合袁绍、曹操的策略，徐州形势的变化，以及吕布对刘备的驱赶，促使曹、刘之间更为接近，增添了后来曹操击败吕布的筹码。本来曹操与吕布已经形成了准盟友的关系，且吕布又明确尊奉献帝，曹操实不便直接向吕布开战，刘备败归曹操则为后来曹操直接干预徐州事务而进攻吕布打开了方便之门。

相对袁术来说，吕布与刘备互为唇齿，而相对曹操来说，吕布又与袁术互相依靠。曹操的迅速崛起使袁、吕之间的合作更具紧迫性。但吕布没有与曹操为敌的决心，反而在陈珪父子劝诱之下，反复摇摆，甚至不惜与袁术决裂。袁术极力拉拢吕布，欲与之结亲，但吕布在应允后又经陈珪劝说而毁弃婚约，甚至卖其使者于曹操。袁术不堪其怒，发兵攻打徐州。吕布用陈珪谋，策反效力于袁术的杨奉、韩暹，致使袁术将张勋大败。袁、吕相攻之时，曹操扶植先前被吕布击败的刘备，以之为豫州牧，仍屯居沛。刘备果然在沛挑起事端，引吕布来攻。刘备再次战败，又奔曹操，曹操遂顺势联合刘备攻灭吕布。《三国志·先主传》注引《英雄记》：

> 建安三年春，布使人赍金欲诣河内买马，为备兵所钞。布由是遣中郎将高顺、北地太守张辽等攻备。九月，遂破沛城，备单身走，获其妻息。十月，曹公自征布，备于梁国界中与曹公相遇，遂随公俱东征。[1]

吕布在徐州，显然是缺乏当地大族支持的。除了现有材料中看不到徐州大族支持吕布的事例，陈珪父子更是极力破坏袁、吕同盟，又为曹操出谋划策。糜竺等人业已随刘备离开徐州，他们的态度显然与刘备一致。东海萧建迟迟不与吕布相

1 《三国志》卷三二《蜀书·先主传》注引《英雄记》，第874—875页。

通，或许也可以从这个角度来作一些解释。曹操攻下邳时，陈登为广陵太守。登率广陵兵与曹军合，奋勇向前，甚至不顾下邳城中亲属的安危。裴注引《先贤行状》载：

> 登在广陵，明审赏罚，威信宣布……未及期年，功化以就，百姓畏而爱之。登曰："此可用矣。"太祖到下邳，登率郡兵为军先驱。时登诸弟在下邳城中，布乃质执登三弟，欲求和同。登执意不挠，进围日急。[1]

陈登在广陵殷勤政务，迨有所成，乃言"此可用矣"，即引广陵众向下邳。可见他为灭吕布，不辞辛劳。陈登与父亲陈珪多次为吕布谋划，是为了能有朝一日消灭他。吕布败亡，陈珪父子出力颇多。

陶谦在徐州，与当地大族关系一般。为了稳固统治，他一方面重用同乡扬州人，另一方面极力吸纳各种武装力量。陶谦的做法基本上可以使他维持统治，但聚集起来的力量不够强大，对于那些依附的中小军阀也未能实现较强的控制，这使得他在与曹操作战时，劣势便比较明显了。

---

1 《三国志》卷七《魏书·吕布传附陈登传》注引《先贤行状》，第230页。

刘备继承陶谦的事业，但在处理内外关系时做法与陶谦大不一样。他与徐州大族关系密切，又转投袁绍、曹操，对抗袁术，与陶谦旧部丹杨兵关系较差。吕布在袁术、丹杨兵的支持下袭夺下邳，刘备因而失去了发展壮大的机会。吕布死后，刘备又凭借其影响力一度在徐州掀起风云，但当时曹操在青徐以及扬州江淮地区已别无强敌，在曹操的打击下，刘备重夺徐州只是昙花一现。

吕布有“骁猛”之名，所率军队战斗力很强，有过诸如打败黑山张燕的常山之战等事迹。吕布军中尤以高顺所领之“陷阵营”最为精锐，战功卓著。在收编了丹杨兵，并得到臧霸等豪霸的支持之后，吕布的军事实力在强兵鲜出的徐州一带尤为凸显。吕布一路飘荡，收罗了不少地方的力量，扩充了自己的队伍。军事实力成为他能盘踞徐州数年的重要条件。然而，由于内部成分过于庞杂，较其他军阀更易矛盾丛生。加之周边环境动荡险恶，本地大族又对之敌视、捉弄，种种因素互相交织，不停地消磨着吕布集团的生命力。吕布身处转动不息的漩涡之中，无力摆脱，几番挣扎之后，终于沉没。

综上，对亲信团体、本地势力、周边力量三个因素加以综合分析，以明了这三个军阀集团的政治结构及相应的政治演变趋向：陶谦失败的原因在于核心团体不够强有力，与当地大族关系一般，外部敌对势力又远较自己强大。刘备与徐州大族关系处理得比较成功，对外策略也较为明晰，但终究实力太弱，先是不得不冒险收留吕布而被偷袭后方，从许都出逃后，在徐州立足未稳就被曹操过早针对，没有发展壮大的机会。吕布败亡的主要原因在于内部涣散，矛盾重重，很难建立起适合本集团的较为稳定的内外方略，始终处于摇摆、反复之中。在内部力量因矛盾猜疑被不断消耗，外部又几乎孤立无援的情况下，吕布集团在徐州的处境就十分艰难了。

二、“僭号”的袁术与“自守”的刘表

诸雄之间，合纵缔交，朝秦暮楚，往来攻战，是为常态。他们往往根据当时的需要，或进或退，不断自我调整。然而，袁术和刘表在“进”或“退”的选择上，显得有些极端而执着。袁术在还没有对其他军阀形成绝对优势的时候就公然僭号，不给自己留有转圜的余地；刘表据有荆襄，实力不俗，虽然声称与袁绍结盟，实际上却常常按兵不动，自甘蹉跎岁月，不与诸侯争雄。这种奇特现象历来都有不少学人探讨评论，本节我们继续采用前文已经使用过的“外来亲信—本土势力—周边力量”的分析方法，来探究这两个政治体的内部结构，并在此基础上试图对上述疑问作出一些解读。

袁术僭号的背景

关于袁术，学界内外都十分熟悉，但专门的深入研究其实不多。方诗铭《曹操·袁绍·黄巾》一书中对袁术集团专辟章节，尤其对袁术与曹操、袁绍争夺兖州战争的研究颇有阐发，但对于袁术如何统治淮南，以及为何急于僭号，写作篇幅较短，未能展开深入讨论[1]。王越硕士论文《汉末袁术集团研究》是对袁术集团的专门研究成果，较之方诗铭的研究，无疑篇幅更多，很多细节问题也更容易展开，更为重要的是，该文较多尝试从政治结构的角度探讨袁术集团的政治处境与决策，与以往多数学者主要关注袁术本人的品行、能力颇有不同。例如，对于袁术为何会僭号，王越给出了这样的解读：

> 袁术转战徐扬后，逐陈温、驱刘繇、败刘备、联吕布、拢臧霸、掌八郡，跨徐扬豫三州，迎来了全盛时期。实力强大和周边利好的军事形势使得袁术集团具备了僭号的资本。曹操南侵袁术入豫州，迎天子都许给袁术造成了沉重的政治压力，直接引发了僭号之策。仰仗亲信和部分依附势力的支持，袁术集团得以力排名士大族及孙氏的反

1　方诗铭:《曹操·袁绍·黄巾》，第285—306页。

对，通过了僭号之策。[1]

该文以袁术在淮南的一度成功、曹操迎献帝给袁术带来很大压力的角度解释僭号的动机，没有落入对侧重个人品行、志趣等方面进行批评的窠臼，视角较具新意。不过，也应看到，该文对上述两点因素的论证都有较多的主观推理成分，证据尚不够坚实，还应对史料作更为深入地挖掘，分析论证也应更加注重历史逻辑。

就袁术势力扩张这点而言，文章只讨论了对刘备、刘繇的胜利，对吕布、臧霸的拉拢，以及刘表自守不出的态度等，没有讨论已经从兖州之战逐渐恢复过来并积极向南开拓的曹操，和他背后虎视眈眈的袁绍。就在袁术僭号前的建安元年（196）春，曹操刚刚击败吕布，收复兖州，便军临武平，逼降袁术任命的陈相袁嗣。随后，曹操又讨平依附袁术的汝南、颍川黄巾，受袁术控制的豫州部分已大片丢失。另外，刘备战败，对袁术当然有利，但主要得利的是吕布，袁术并未实现向徐州的扩张，而建安元年六月的郝萌事件表明袁、吕之间的盟友关系并不稳定，后来吕布果然对袁术反复摇摆。对刘繇的胜利更是使孙策据有江东，虽然当时孙氏还未明确反对袁术，但袁术此

1　王越：《汉末袁术集团研究》，山东大学硕士学位论文，2017年，第1页。

前多次抑制孙策，对于过江后迅速壮大的孙氏集团，不能不有所警惕。败刘备、刘繇确实给袁术带来了不少好处，然而说袁术因此得到大规模扩张，是远远谈不上的。袁术与臧霸的关系，作者所依据的最坚实的材料是吕布射戟辕门救刘备时所言“术若破备，则北连泰山诸将”，袁术与泰山诸将联合还只是吕布的担心，并未在现实中出现过。实际情况是，臧霸后来屈服于吕布，并随吕布与刘备、曹操作战。总之，袁术新得的利好比较有限，而曹操却不断推锋南向，咄咄逼人。

至于认为曹操迎献帝给袁术带来巨大政治压力这点，笔者认为虽有一定道理，但并未抓住问题的关键，而且仍有一些重要细节需要注意。王越认为曹操掌控汉廷时间在建安元年十一月，而袁术僭号的时间在次年春[1]，其依据应是《后汉书·献帝纪》，其文曰：建安元年“冬十一月丙戌，曹操自为司空，行车骑将军事，百官总己以听。二年春，袁术自称天子”[2]。建安元年十一月与二年春确是曹操任司空与袁术僭号的时间，不过曹操掌控汉廷与袁绍有僭号打算的时间都要更往前，尤其是袁术准备僭号的时间，对于我们认识这两件事之间究竟有无关联、有多大关联，十分重要。

《三国志·武帝纪》：

---

1 王越:《汉末袁术集团研究》，第31页。

2 《后汉书》卷九《孝献帝纪》，第380页。

（建安元年）秋七月，杨奉、韩暹以天子还洛阳，奉别屯梁。太祖遂至洛阳，卫京都，暹遁走。天子假太祖节钺，录尚书事……九月，车驾出轘辕而东，以太祖为大将军，封武平侯。[1]

《后汉书·献帝纪》：

（八月）辛亥，镇东将军曹操自领司隶校尉，录尚书事。曹操杀侍中台崇、尚书冯硕等。封卫将军董承为辅国将军伏完等十三人为列侯，赠沮儁为弘农太守。庚申，迁都许。己巳，幸曹操营。[2]

这两段材料时间记载略有出入，《三国志》述献帝出洛阳时间为九月，《后汉书》则载献帝八月已至许。建安元年六月，天子至洛阳，曹操赴洛奉迎，杨奉、韩暹和张杨以及一干白波帅都有军队随献帝渡河而南，曹操还不能完全控制追随献帝的庞杂团体。到七、八月份，杨、韩率兵外出，张杨等人对洛阳局势的影响也渐渐减弱，曹操取得司隶校尉的官位，又得录尚书事，随后献帝至许。最晚到九月份，献帝已完全落入曹操掌

1 《三国志》卷一《魏书·武帝纪》，第13页。
2 《后汉书》卷九《孝献帝纪》，第379—380页。

控。王越认为曹操十一月掌控汉廷，有失精确，不过对所讨论问题无太大影响，在此仅稍加纠正。

比较关键的是，袁术的僭号准备其实在曹操迎献帝之前就开始了。《三国志·袁术传》：

> 兴平二年冬，天子败于曹阳。术会群下谓曰："今刘氏微弱，海内鼎沸。吾家四世公辅，百姓所归，欲应天顺民，于诸君意如何？"众莫敢对。主簿阎象进曰："昔周自后稷至于文王，积德累功，三分天下有其二，犹服事殷。明公虽奕世克昌，未若有周之盛，汉室虽微，未若殷纣之暴也。"术嘿然不悦。用河内张炯之符命，遂僭号。[1]

袁术正式僭号，事在建安二年春，此处"遂僭号"云云为史终书法。然而，袁术所论与阎象所对，并未提到曹操迎献帝之事，且皆强调汉室微弱，可见这段议论是在献帝刚出关不久，时间应在兴平二年（195）末至建安元年初，联系下文要讨论的孙策被任命为殄寇将军在兴平二年十二月，袁术始有僭号之议的时间更可能在兴平二年末。

1 《三国志》卷六《魏书·袁术传》，第209页。

初平四年（193），孙策渡江攻刘繇[1]。建安元年，已下会稽[2]。二年春，袁术僭号，随后吕布送术使者至许，与之决裂，孙策与袁术决裂亦在此时。曹操为拉拢孙策，派使者到江东拜策会稽太守，又加将军号，封侯。裴注引《江表传》：

> 建安二年夏，汉朝遣议郎王誧奉戊辰诏书曰："董卓逆乱，凶国害民。先将军坚念在平讨，雅意未遂，厥美著闻。策遵善道，求福不回。今以策为骑都尉，袭爵乌程侯，领会稽太守。"[3]

这份诏书以表彰孙坚的名义为孙策加官进爵，并未提到刚发生不久的袁术僭号一事，可能当时孙策还未对之明确表态，曹操初派使者前来笼络，先要试探一番。作为第一份诏书，曹操选择避重就轻，有意强化孙坚过往的功绩，而忽略现实的主要问题，从而徐入正题。随后，又有一份下给孙策的诏书，其中态度就十分鲜明了。诏书严厉批判袁术僭逆，并表彰了吕布送袁术使者至许都的做法，还提到吕布夸赞孙策："布前后上策乃

1 《三国志》卷四六《吴书·孙破虏讨逆传》注引《江表传》："策渡江攻繇牛渚营，尽得邸阁粮谷、战具，是岁兴平二年也。"（第1103页）

2 《三国志》卷六〇《吴书·贺齐传》："贺齐字公苗，会稽山阴人也……建安元年，孙策临郡，察齐孝廉。"（第1377页）

3 《三国志》卷四六《吴书·孙破虏讨逆传》注引《江表传》，第1107页。

心本朝，欲还讨术，为国效节，乞加显异。”[1]何以“显异”呢？“策自以统领兵马，但以骑都尉领郡为轻，欲得将军号，乃使人讽誧，誧便承制假策明汉将军。”[2]虽然骑都尉变成了假明汉将军，孙策还是不甚满意，于是一边请王誧向曹操传达自己的请求，一边在建安三年加倍向朝廷上贡。为了表示对孙策的重视，曹操亲自上表，乌程侯和假明汉将军也就变成了更贵重的吴侯和正式的讨逆将军[3]。

如此一来，曹操和孙策你来我往，各取所需，袁术便被孤立了。有一点需要注意，曹操在给孙策骑都尉的职位前，孙策已经是袁术任命的殄寇将军了。孙策曾上过一道表，其文曰：“兴平二年十二月二十日，于吴郡曲阿得袁术所呈表，以臣行殄寇将军；至被诏书，乃知诈擅。虽辄捐废，犹用悚悸。”[4]可见直到王誧所奉诏书到达孙策手中之前，孙策一直对外打着殄寇将军的旗号。孙策声称初不知袁术之任命为“诈擅”，十分可疑。兴平二年十二月，正是天子最为困顿的时候，自然无暇顾及远方的各路军阀，更谈不上给孙策授予将军号。同时，这也差不多是袁术将僭号正式提上日程的时候。作为部下，孙

---

1 《三国志》卷四六《吴书·孙破虏讨逆传》注引《江表传》，第1107页。

2 《三国志》卷四六《吴书·孙破虏讨逆传》注引《江表传》，第1107页。

3 《三国志》卷四六《吴书·孙破虏讨逆传》：“曹公表策为讨逆将军，封为吴侯。”（第1104页）

4 《三国志》卷四六《吴书·孙破虏讨逆传》注引《吴录》，第1107页。

策及其身旁一帮谋臣武将不会察觉不到袁术的用意。孙策所谓“袁术所呈表”，可能都是子虚乌有，只是孙策在江东不断推进，袁术自行封赏以作抚慰，实是僭越皇帝的权力。不管袁术封赏孙策时是否挑明，孙策接受任命都是在对袁术的僭号表示默许。成为殄寇将军后，孙策统兵略地，就显得名正言顺一些了。尤其是在得不到献帝任命的时候，袁术送来的官职就格外可贵。兴平二年年底的情况，极可能是孙策为了统领江东，并不反对袁术僭号。不过孙策既得江东，就不愿再屈居袁术之下。恰好曹操奉迎献帝，又派使者到江东拉拢自己，孙策便果断抓住时机，与袁术翻脸，并由曹操把持的汉廷直接授予官爵，以作为回报，这也是对主动放弃袁术任命的补偿。至于孙策所言“虽辄捐废，犹用悚悸”，不过是给自己找了一个台阶而已。孙策曾接受袁术任命，并借之达到了自己的目的。等到袁术公然僭号、曹操又向江东示好的时候，“悚悸”的时机自然就到了，袁术给的官位也随之“捐废”。

上述一系列事件，都揭示着僭号主要不是因为受到曹操迎献帝的刺激，反而袁术提出僭号是在献帝最凄惶无助的时候，正如前引《三国志·袁术传》中袁术分析的“刘氏微弱”，“欲顺天应民”。

袁术集团的政治结构以及笼络部下的特别手段

从孙策的事例中，我们还可以观察到袁术僭号的积极作用，即为部下加官进爵，以笼络人心。孙策接受了袁术的任命，以及后来又向曹操索要官爵，说明这些是他切实需要的。当袁术能暂时满足孙策、且孙策缺少更好的获取途径时，他还要在表面上顺从袁术。当时人多认为孙策为袁术攻打江东，可能不仅因为他出于袁术集团，还因为他起初统领江东时用的是袁术给的官位，自然易于为江东士人所排斥。

接着孙策官爵事件的启发，回到袁术僭号的实际意义上。这里还要讨论一下马日磾的事例。史言太傅马日磾奉献帝之命杖节东行，至于淮南。然而，袁术为了羞辱他，竟强夺其节，更为荒唐的是，袁术还劫持马日磾，逼迫他辟群下为公府掾属，而且提供了一个十分冗长猥滥的名单。《袁术传》注引《献帝春秋》：

> 术从日磾借节观之，因夺不还，备军中千余人，使促辟之。日磾谓术曰："卿家先世诸公，辟士云何，而言促之，谓公府掾可劫得乎！"[1]

1 《三国志》卷六《魏书·袁术传》注引《献帝春秋》，第208—209页。

袁术在历史上风评极差，目光短浅，又作风卑劣，毫无风格，处事极为荒唐，从这段记载便可见一斑。仅根据这段引文，似乎袁术逼马日磾辟公府掾属未能得逞，其实不然。《三国志·华歆传》：

> 时袁术在穰，留歆。歆说术使进军讨卓，术不能用。歆欲弃去，会天子使太傅马日磾安集关东，日磾辟歆为掾。[1]

《孙策传》：

> 太傅马日磾杖节安集关东，在寿春以礼辟策，表拜怀义校尉。[2]

《朱治传》：

> 时太傅马日磾在寿春，辟治为掾。[3]

只从《献帝春秋》的记载，似乎更多看到的是袁术的傲慢与荒

1 《三国志》卷一三《魏书·华歆传》，第401页。
2 《三国志》卷四六《吴书·孙破虏讨逆传》，第1101页。
3 《三国志》卷五六《吴书·朱治传》，第1303页。

诞，但结合《三国志》中的相关材料，可知马日磾最终没能顶住压力，征辟了不少袁术的属下。后来马日磾死于淮南，丧还许都，朝议准备为其加礼，便引来孔融的驳斥："日磾以上公之尊……而曲媚奸臣，为所牵率，章表署用，辄使首名，附下罔上，奸以事君……不宜加礼。"[1]从孔融的描述看，马日磾不仅辟署了不少袁术部下，还在袁术的章表上多次参与联名，且名列榜首。由此，袁术劫持马日磾使行辟除，便不仅仅是一场闹剧，而有着实际的政治意义。

可以想见，袁术部下一众孙策、朱治之辈，多是没有机会为公府所辟的。一旦而为上公府吏，不仅相当荣耀，更直接关乎未来的仕途。《续汉书·百官志》："故曰公府掾，比古元士三命者也"[2]，裴注引孙盛语："公府掾属，古之造士也，必擢时隽，搜扬英逸，得其人则论道之任隆，非其才则覆餗之患至。"[3]可见公府掾颇为世人所重。孙策、朱治等人之所以能得到征辟，全是袁术的缘故，也就被袁术笼络了。这便是颇为实际的政治作用。

在上述逻辑基础上更进一步，称帝建国，给属下升迁，可以在一定程度上起到拉拢人心之效。当然，这虽然不失为一种

1 《后汉书》卷七〇《孔融列传》，第2265页。

2 《续汉书》志二四《百官一》，《后汉书》，第3558页。

3 《三国志》卷一二《魏书·何夔传》注引孙盛语，第380页。

可行的办法，但此种思路明显是不理智、甚至可称得上是疯狂的，其代价极高。汉末群雄人人都打着行五霸之事的旗号，实际上都努力经营自己的势力。很多人动过称王称帝的念头，而只有袁术僭号显得高调又不合时宜，原因何在呢？这便是我们上面的讨论所不能解决的。袁术之所以如此超前，在于他给部下晋升的需求格外强烈，他对借助这种手段扩大势力的需要也远较其他割据势力更为迫切。要说明这一点，我们就要凭借极有限的史料，对较为深入地了解袁术集团的内部结构作一点尝试。

袁术初至南阳时，他的部下是从哪来的？史料记载很少。王越认为虎贲旧部占了很重要的一部分，其实从史料的角度已无从考证了。需要补充的是，王越认为“郡望在汝南的袁术在南阳无亲属可凭，又无任职南阳的经历，因此这支军队不可能是从毫无根基的南阳招募的，其来源必然是在外地”[1]，这一说法有些欠妥。汉末汝、颍、南阳士人相互交往活动频繁，袁氏门生故吏遍天下，袁术到了南阳找到一些支持者，还是很有可能的。参考曹操身无官职，仍能在丹杨募兵，只要有足够的钱粮，袁术在南阳招募一些兵士大概不是难事。不过，至于政治集团中的中高层人物，其来源就更为复杂了。

---

1 王越：《汉末袁术集团研究》，第18页。

袁术之所以能据有南阳，是因孙坚杀太守张咨。《三国志·袁术传》："会长沙太守孙坚杀南阳太守张咨，术得据其郡。"[1]此事或另有蹊跷。王越指出"孙坚归附袁术并在其授意下斩杀了南阳太守张咨"[2]，是比较合理可信的。《三国志·孙坚传》：孙坚既杀张咨，"前到鲁阳，与袁术相见。术表坚行破虏将军，领豫州刺史"[3]。孙坚得到了将军号与袁术本州刺史的职位。裴注引《献帝春秋》："袁术表坚假中郎将。坚到南阳，移檄太守请军粮。"[4]从注引《献帝春秋》的叙事顺序看，孙坚未至南阳杀张咨时，已为袁术表为假中郎将，结合杀张咨后又为术表为将军、刺史，职位随时间而上升，可以说张咨事件与袁、孙合流，很可能是早有谋划的。

袁术占据南阳以后，力图进一步向荆州扩张。当时刘表初到襄阳，荆州宗帅遍地，处处屯结。《三国志·刘表传》注引司马彪《战略》记载刘表之言："宗贼甚盛，而众不附，袁术因之，祸今至矣！"[5]刘表这里表达的更多是一种担忧，还不能据此断定这些宗帅已经和袁术联合。刘表在蒯良、蒯越、蔡瑁等支持下，迅速平定、收编了这些宗帅。初平三年，袁术使孙

1 《三国志》卷六《魏书·袁术传》，第207页。

2 王越：《汉末袁术集团研究》，第21页。

3 《三国志》卷四六《吴书·孙破虏讨逆传》，第1096页。

4 《三国志》卷四六《吴书·孙破虏讨逆传》注引《献帝春秋》，第1097页。

5 《三国志》卷六《魏书·刘表传》注引《战略》，第211页。

坚进攻襄阳，孙坚阵亡。四年，刘表向南阳反攻，袁术粮道被抄，被迫放弃南阳，转入兖、豫。之后一再被曹操击败，退至淮南。

袁术据有淮南，一说系杀扬州刺史陈温而代之，一说陈温自病死，袁术逐陈瑀而得其地[1]。有关袁术此后活动的史料非常零碎，这里我们辑合微细，加以梳理。

前文已经提到，袁术逼辱马日磾，又曾欲以之为军师。此外，袁术还逼诱下邳陈珪，前面讨论吕布与袁术的关系时已有谈及。值得注意的是，袁术非常重视与徐州的关系。下邳陈氏作为徐州的公族，是袁术极力想要招致的对象，是其一例。袁术还曾派孙坚部下朱治与陶谦协同作战，亦是一例，此事大概在孙坚攻打襄阳的时候。朱治与陶谦同为丹杨人，此次出兵可能有同乡情谊的因素，而考虑当时孙坚集团为袁术所用，朱治率兵东行更主要的还是显示袁术对陶谦的支援。刘备入主徐州后，向袁绍示好，术因此大怒，起兵攻之，又联合吕布，使覆下邳。吕布收容刘备，袁术又参与郝萌之乱。僭号之时，袁术

1 《三国志》卷六《魏书・袁术传》："术以余众奔九江，杀扬州刺史陈温，领其州。"（第207—208页）此处裴注引《英雄记》："陈温字元悌，汝南人。先为扬州刺史，自病死。袁绍遣袁遗领州，败散，奔沛国，为兵所杀。袁术更用陈瑀为扬州。瑀字公玮，下邳人。瑀既领州，而术败于封丘，南向寿春，瑀拒术不纳。术退保阴陵，更合军攻瑀，瑀惧走归下邳。"（第208页）

第一时间告知吕布，并计划与之联姻。这些都表现了袁术对徐州的关切。

袁术对其他地区的名士大族，也多有拉拢。包括前文提到的华歆，是平原人。陈郡袁涣，“避地江、淮间，为袁术所命。术每有所咨访，涣常正议，术不能抗，然敬之不敢不礼也”[1]。河内张范、张承兄弟避乱至扬州，“袁术备礼招请，范称疾不往，术不强屈也”[2]。河南郑泰，在长安谋刺董卓，事泄，东逃出关奔袁术，“术上以为杨州刺史”[3]。未至，道卒。郑泰弟浑与泰子袤至淮南，“袁术宾礼甚厚。浑知术必败。时华歆为豫章太守，素与泰善，浑乃渡江投歆”[4]。袁术所重用者，除大将桥蕤、张勋等，又有丹杨陈纪，术以之为九江太守，琅邪刘勋，为庐江太守[5]。

综观以上，袁术作为淮南的外来势力，正如王越文中所指出的，“作为集团核心的亲信部属优势地位并不突出”[6]，支撑他的统治的多是一些他并不十分信任的力量，孙策即是其中之一。

1 《三国志》卷一一《魏书·袁涣传》，第333页。

2 《三国志》卷一一《魏书·张范传》，第337页。

3 《后汉书》卷七〇《郑太列传》，第2260页。

4 《三国志》卷一六《魏书·郑浑传》，第509页。

5 《三国志》卷四六《吴书·孙破虏讨逆传》：“术初许策为九江太守，已而更用丹杨陈纪。”又，袁术使孙策攻庐江太守陆康，“策攻康，拔之，术复用其故吏刘勋为太守”（第1102页）。

6 王越：《汉末袁术集团研究》，第35页。

袁术在徐、扬是想要拉拢当地势力的，包括大族名士与当地武装，但是效果并不太好。其中下邳陈氏与袁术基本是敌对态度。庐江周氏，为扬州公族，袁术任用周尚为丹杨太守，而尚从子周瑜追随孙策。临淮鲁肃，亦曾被袁术任用为东城长。另外，彭城张昭得罪陶谦，广陵张纮不愿随吕布，都投奔了孙策。其余，蒋钦、周泰为九江人，陈武为庐江人，皆不附袁术而跟随孙策。还有汝南吕范，避乱寿春，亦与孙策交好。也有不从孙策者，如沛国刘馥，“避乱扬州，建安初，说袁术将戚寄、秦翊，使率众与俱诣太祖”[1]。袁术临死时欲投奔其部将雷薄、陈兰于潜山，而《刘馥传》载：“庐江梅乾、雷绪、陈兰等聚众数万在江、淮间”[2]，很可能包括戚寄、秦翊，这些袁术部将多是淮南人，是当地的中小军阀，暂时被袁术吸纳。这些人对袁术的忠诚度当然不会很高，袁术穷途末路前往投奔时便被拒而不受。

亲信力量不够强大，与本土势力融合又严重不足，袁术集团显得涣散、杂乱。在恩威都不足以使淮南服从、名士又多不与同心的情况下，袁术能够给予部下的最有价值的便是官职了。需要说明，孙策等中小军阀之所以迫切需要更高的官爵，是为了便于统摄部下与扩充势力。只有统帅的官职级别够高，

---

1 《三国志》卷一五《魏书·刘馥传》，第463页。
2 《三国志》卷一五《魏书·刘馥传》，第463页。

其属下的官职分层才可能更为丰富，从而容纳更多的人员。反之，若统帅级别太低，其部下职位便难以安排，笼络人心与扩张势力便会有所受限。因此，虽然处于乱世之中，官职爵位对于割据军阀也并非空名，而是与其政治统治密切相关的。从前面的分析可知，袁术相比其他军阀，更常以官职笼络人心，甚至逼马日磾滥辟公府掾属，两度许诺孙策为太守又两度反悔。在献帝危厄、汉家看不到任何希望的时候，袁术所给的官职对部下就更具有吸引力，这时提出僭号，不仅仅是为了满足自己的皇帝梦，更是加强统治的手段。不料不久以后曹操奉迎天子，朝廷微而复振，使得原本就比较涣散的袁术集团分化愈加明显。袁术于建安二年春正式僭号，一方面是因为之前方案已经提出，覆水难收，另外也可能是为了防止或制止内部分化的一种手段——僭号之后，部下就不得再认同汉朝天子，否则便视为叛逆，可以加以征伐，以高压手段迫使属下服从。袁术骑虎难下，终究因实力不济，很快诸部离心。吕布败亡后，他的末日也渐渐近了。

亲信团体缺失之下刘表和荆州内外士人的关系

对于刘表集团进行政治史方面的讨论，大概是汉末诸雄中较难有深度的，目前的研究情况正说明了这一点。方诗铭

《曹操·袁绍·黄巾》一书对董卓、二袁、公孙瓒、曹操、吕布、刘备，甚至张角、张鲁、张燕都专辟章节进行讨论，唯有刘表不在其列，可见对刘表集团的政治史研究推进之难。造成这一局面的主要限制因素，大概还不是材料太少，而是在于史料比较单调，很难从中发现较为隐秘的细节，而且刘表的事迹也确实“简单直白”了一些，深挖的空间着实不大。本书行文到此，已不得不处理这个问题，因此不揣愚陋，希望能有所推进。不足之处，乞请方家批评指点。

如果说袁术的亲信集团比较弱势，而刘表仅凭一纸任命，单马赴任，甚至看不到作为外来势力的亲信团体力量，这是我们观察刘表集团的一个基点。

刘表初到荆州，面临两大威胁，一是北面占据南阳的袁术，一是荆州遍布的宗帅，而宗帅问题更是迫切需要解决的，因为只有解决这一问题，才能保证州内安定，也才有足够的兵源对抗外部的敌人。刘表用蒯越之策，使之解决宗帅问题：

> 遂使越遣人诱宗贼，至者五十五人，皆斩之。袭取其众，或即授部曲。唯江夏贼张虎、陈生拥众据襄阳，表乃使越与庞季单骑往说降之，江南遂悉平。[1]

---

1 《三国志》卷六《魏书·刘表传》注引《战略》，第212页。

蒯越一朝请诸宗帅，至者就有五十五人之多。有未至者，后又被蒯越说服。蒯越能有如此大的本领，不知是他本人和这些宗帅都比较熟悉，还是他又动用了庞大的关系网，然后才将宗帅们罗致而来，一网打尽。不管怎样，这都是一件非常不容易的事情。刘表得到了荆州本地这种人物的支持，很快便打开局面。孙坚为袁术攻襄阳，战死襄阳城外，使袁术锐气大挫。在袁绍、曹操的协助下，刘表终将袁术赶出了南阳，时在初平四年。

我们评论刘表时，往往会用不图进取、坐观成败这样的词汇，这大概是符合史实的，可是准确来说也不是完全如此。首先，对下游的扬州，刘表确实以守为主，但并非完全没有开疆拓土的尝试。《三国志·诸葛亮传》言诸葛玄为袁术署为豫章太守，后因朝廷派朱皓代玄，遂归刘表，而裴注引《献帝春秋》则称玄为刘表出任豫章，为朱皓所攻击战败，退往西城，又被西城民杀死[1]。不知孰是。若《献帝春秋》属实，对诸葛玄的任命显示了刘表向下游扬州扩张、渗透的尝试。除此之外，刘表对扬州确曾有实际的军事行动。《太史慈传》载："刘表从子磐，骁勇，数为寇于艾、西安诸县。"[2]按，《续汉书·郡国

1 《三国志》卷三五《蜀书·诸葛亮传》及裴注引《献帝春秋》，第911页。
2 《三国志》卷四九《吴书·太史慈传》，第1190页。

志》豫章郡有艾县[1]。

刘表亦曾试图插手交州事务。《三国志·士燮传》：交州刺史朱浮死后，“汉遣张津为交州刺史，津后又为其将区景所杀，而荆州牧刘表遣零陵赖恭代津。是时苍梧太守史璜死，表又遣吴巨代之，与恭俱至”[2]。刘表积极向交州安排官员，显然是要向南扩展其影响力。后来刘备败于当阳，曾向鲁肃云准备前往苍梧投奔吴巨[3]，可见刘表向交州扩张确有成效。

至于北方，刘表就保守得多。《刘表传》载：“太祖与袁绍方相持于官渡，绍遣人求助，表许之而不至，亦不佐太祖，欲保江汉间，观天下变。”[4]这是后人以“自守”评价刘表的最为主要的依据。不过，官渡之战以后，刘表还是有所行动的。《三国志·杜袭传》注引《九州春秋》：“建安六年，刘表攻西鄂”[5]，按西鄂属南阳郡，张绣投降后便为曹操所据，此事表明刘表试图向北有所推进。《李典传》：“刘表使刘备北侵，至叶”[6]，亦是刘表向北用兵的例证。

通过以上所列举的事例，我们确实可以看出刘表未曾大举

---

1 《续汉书》志二二《郡国四》，《后汉书》，第3491页。
2 《三国志》卷四九《吴书·士燮传》，第1192页。
3 《三国志》卷三二《蜀书·先主传》注引《江表传》，第878页。
4 《三国志》卷六《魏书·刘表传》，第212页。
5 《三国志》卷二三《魏书·杜袭传》注引《九州春秋》，第666页。
6 《三国志》卷一八《魏书·李典传》，第534页。

对外用兵，但又似乎不甘一味坐守。这种矛盾的情形，在他对待士人方面也有体现。

刘表单马入宜城，即援引蒯良、蒯越、蔡瑁，又与蔡瑁结姻。士人避乱至荆州，刘表多以礼相待，甚至为了他们“开立学官，博求儒士”[1]。荆州学派在乱世之中繁荣起来，离不开刘表的推动。这些表明了刘表无论是在政治统治上，还是在学术文化上，都较为重视这些当地和外来的士人。然而，刘表有时也会对他们挥舞屠刀。《三国志·刘廙传》:“廙兄望之，有名于世，荆州牧刘表辟为从事。而其友二人，皆以谗毁，为表所诛。望之又以正谏不合，投传告归……寻复见害。”[2]刘廙为南阳安众人，其兄弟皆有名当时。裴注引《傅子》:“表既杀望之，荆州士人皆自危也。”[3]望之被杀，刘廙即逃往扬州。按裴注引《廙别传》载刘廙逃亡途中与刘表的书信[4]，刘表与廙父匊为故交，而终杀望之，这说明了刘表对士大夫也会有残酷的一面。

刘表后来又差点将韩嵩送上断头台。对于这次事件的原委，史书交待比较清楚。官渡之战时，从事中郎韩嵩劝刘表投

---

1 《三国志》卷六《魏书·刘表传》注引《英雄记》，第212页。

2 《三国志》卷二一《魏书·刘廙传》，第613—614页。

3 《三国志》卷二一《魏书·刘廙传》注引《傅子》，第615页。

4 《三国志》卷二一《魏书·刘廙传》注引《廙别传》，第614—615页。

曹操，刘表不从。蒯越再劝，刘表狐疑，便派韩嵩前往许都出使。曹操假天子名义授韩嵩以侍中、零陵太守，嵩回荆州，乃称颂朝廷、曹操。刘表怀疑韩嵩背叛自己，将斩之。表后妻蔡氏救嵩，嵩方得不死，但还是被刘表监押起来。韩嵩、刘先与蔡瑁、蒯越的态度是一致的，都主张投降曹操。刘表并不情愿降曹，但当蒯越出面表态的时候，他不得不作出让步，派韩嵩前往许都。等韩嵩返回复命时，已经完全以汉臣自居，刘表忿而欲杀之，不仅仅是表达对韩嵩的不满，可能还是向蒯越、蔡瑁示威。但是大概刘表并非真心要杀韩嵩，蔡氏又从旁营护，这次与蒯越、蔡瑁的交锋，刘表虽然暂时压制了降曹的主张，但也算是败了一阵。

刘表对待荆州士人的心态，从他处理长沙太守张羡举兵一事，也能有所发现。《三国志·刘表传》注引《英雄记》："张羡，南阳人。先作零陵、桂阳长，甚得江、湘间心，然性屈强不顺。表薄其为人，不甚礼也。羡由是怀恨，遂叛表焉。"[1]而《三国志·桓阶传》载："后太祖与袁绍相拒于官渡，表举州以应绍。阶说其太守张羡曰：'……今袁氏反此，而刘牧应之，取祸之道也。明府必欲立功明义，全福远祸，不宜与之同也。'……乃举长沙及旁三郡以拒表，遣使诣太祖。"[2]桓

1 《三国志》卷六《魏书·刘表传》注引《英雄记》，第212页。

2 《三国志》卷二二《魏书·桓阶传》，第631页。

阶劝张羡反刘表，于是荆州江南四郡皆弃刘表而从曹操。刘表发兵攻破四郡，桓阶躲藏隐居起来。后来刘表又征辟桓阶入仕，并准备将其妻蔡氏之妹嫁与桓阶，桓阶以已经结婚为由拒而不受，遂称病告免。由此可见，一方面，刘表对于四郡反叛坚决镇压，毫不含糊，而对于唱其谋议的桓阶，非但没有穷追不舍，反而极力拉拢。这表明，刘表将荆州视为己有，不允许部下挑战自己的权威，但他自身的力量又不够强大，还要依靠荆州士人才能维持统治，因而又尽力维持与他们的和平关系。

把以上事例结合起来，或许我们可以这样总结：刘表没有自己的亲信团体，几乎完全仰仗荆州大族的支持，因而对他们一般比较容忍，而容忍的另一面又是猜疑，对于试图挑战自己权威者有着深切的痛恨。刘望之之死、张羡之不见容，很可能都有这个方面的原因。刘表对荆州的掌控程度是很有限的，人心不齐，自然就难以据之以图进取。外州士人到荆避难，纵然主人倾心相待，但因为刘表集团没有坚实的核心团体作为支撑，许多政治主张根本难以落实，对于有政治抱负的外来者，这个集团显然是没有太大吸引力的。这些避难的士人们，最后或是投奔曹操，或是追随刘备。

关于刘表，还有一件疑案，就是刘表托孤一事。《先主传》注引《魏书》载：“表病笃，托国于备，顾谓曰：‘我儿不才，而诸将并零落，我死之后，卿便摄荆州。'”裴松之论曰：“臣松之以为表夫妻素爱琮，舍适立庶，情计久定，无缘临终举荆州以授备，此亦不然之言。”[1]又注引孔衍《汉魏春秋》载刘备语：“刘荆州临亡托我以孤遗。”[2]王沈《魏书》是出自曹魏一方的史籍，一般不会偏袒刘备，而此事出自《魏书》记载，或许是较为可信的。对于刘表是否曾托付幼子及荆州于刘备，历来众说纷纭，难有定论，笔者亦无法作出判断。不过，我们不妨暂且抛开已经发生的历史事实的唯一性，即便这件事从未发生过，我们根据当时的形势，仍然可以假想这种可能是否存在，至少促成此事的一些因素是否能够找到。考虑刘表对降曹十分反感，对蒯越、蔡瑁不满而又无能为力，是否他表现出来的对刘琮的偏爱也是受迫于蔡氏的不得已之举呢？刘表一生未能完成的抗曹事业，以及对保全荆州和自己的政治集团不为宿敌曹操所吞并的愿望，或许此时也只能托付给同样与曹操为敌的刘备了，只是刘表留下的政治环境太差，刘备还要做更多的工作、等待更好的时机来完成这一愿望。这便是刘表托孤的合理之处。具体的史事无法确定，但我们也可以借分析此事进一步认识刘表集团的政治结构。正如七十二疑冢的说法固然是谣传，但它所反映的曹操的多疑奸诈，一定程度上是符合人物的

1 《三国志》卷三二《蜀书・先主传》注引《魏书》及裴松之评，第877页。
2 《三国志》卷三二《蜀书・先主传》注引《汉魏春秋》，第878页。

历史形象的，这便是错误或不确定信息中所包含的历史真实与确定性。

千百年来，刘表与袁术都是汉末群雄中被人们评价较低的两个。刘表坐拥荆州，却只求自守，坐观成败，袁术则更是沦为被后人嘲笑、轻蔑的“丑角”，他不仅在实力未能超越群雄的时候公然僭号，还有许多荒唐无礼的举动。如果我们只是将刘表、袁术视为一个政治人物，在此基础上评判他们的品性、能力、志趣等方面，传统的认识当然是没有太大问题的，然而，对他们政治抉择的认识还应该有另一面，即是每个汉末群雄并非仅仅是一个个体，同时还代表着一个政治集团，那么从研究政治集团的角度来讲，仅关注个人的问题就远远不够了。对袁术集团与刘表集团来说，我们从其政治结构分析，便可得到与以往不太一样的理解。

袁术缺乏强大、紧密的亲信团体，和统治地区及周边的士大夫关系也并不融洽，因而聚拢各种中小军阀势力便成了一种保持自身实力的办法。如何笼络、控制那些独立性较强的中小军阀呢？从政治管理的角度来说，领导者的级别越高，可以容纳的下属分层也就越多，也就能招揽更多的人口，拥有更强的实力，因而，被认可的官爵便是地方上主要由流民组成的中小军阀们所迫切需要的。袁术正是抓住了这一点，作出了包括逼迫马日磾广辟属官、给下属私授官爵等举动，至于最终僭号，除了迫于外部的强大压力，很大程度上也是为了满足那些中小军阀对官爵的渴求，从而与其他主要军阀（尤其是掌控献帝的曹操集团）展开竞争。当然这种办法不能解决袁术集团的核心问题，即缺乏强大的内部凝聚力，短期来看尚能解燃眉之急，长期则无异于饮鸩止渴。那些原本的依附势力如孙策等，在得到更好的官爵获取途径后，便毫不犹豫地与袁术决裂了。

刘表单马赴任，可以说根本就没有自己的亲信团体，他的统治高度依赖于荆襄大族。刘表也曾经尝试过加强自己的统治，以及对外扩张，但受限于与荆襄大族的微妙关系，这些行为的影响都十分有限，远远不足以打破荆州原有的政治格局。刘表的统治就像是寄生在荆襄大族大树上的藤蔓，藤蔓不甘受限于大树的躯干，但又无法脱离或消灭大树，否则它的繁茂也终将轰然倒塌。最终，刘表既无法越过荆襄大族直接控制、整合荆州的人口与资源，也不能绕过他们与庞大的外来群体结成紧密的联盟，这使得刘表集团只具备一定的自守能力，如果是大规模的向外扩张，则不是其内在政治结构所能支撑的。

三、奉邑制与孙吴的地方分权治理体系

南朝文学家庾信在其名作《哀江南赋》的序言中写道："孙策以天下为三分，众才一旅；项籍用江东之子弟，人惟八千"，以此对比哀叹萧梁坐拥百万之众，却不免被"芟夷斩伐，如草木焉"。庾信之所以作如此对比，是因项羽、孙策与萧梁政权都和江东有关。不过，项羽虽然起自江东，建立霸业的基础却在江北。中国历史上以江东为基业而实现长期南北对峙的，孙氏集团实为首创。

两汉以来南方开发逐渐深入，南方人口增长迅速，经济、文化等方面均有长足发展，这些是孙氏能够割据东南与其他汉末军阀乃至曹魏争雄的重要基础。不过，也应该注意到，怎样稳定地治理这片区域，孙氏集团是少有先例可循的。孙氏治理国家的摸索之中，有不少独创的政治、军事制度，相当程度上即是为了适应江东的特殊情况，同时实际上也充当了为六朝开

辟道路的角色。在这一问题意识的基础上，本书探讨孙氏集团，将着重孙氏对江东治理的思路探索与制度建设，至于孙氏据有江东的过程，前文已有述及，“江东化”等问题，田余庆等学者论之已详，本书不再赘述。

孙氏集团所面临的诸多统治难题之中，如何守卫漫长的长江沿线是其中非常突出的一个，它关乎孙吴的生死存亡。然而，长江防御系统如何构筑，历史上是没有先例的。曹丕问孙权使者唐咨是否惧怕魏国，唐咨答道：“带甲百万，江、汉为池，何难之有?”[1]几十年后，司马昭又问孙皓使者纪陟，长江防线数千里，如何才能做到防御坚固，纪陟对曰：“疆界虽远，而其险要必争之地，不过数四。”[2]“江、汉为池”，择其“险要必争之地”，沿江布防，即是孙吴防御的基本策略。然而，这一防御体系真正稳固下来，也经历了较长时间的探索，与之相对应的治理思路和制度设计也经历了较为长期的演变才稳定下来。本书即主要从孙吴实行过的一种特殊制度——奉邑制入手，探讨该政权江东治理体系的演变与沿江防务系统逐渐形成、稳固的过程。

---

1 《三国志》卷四七《吴书·吴主传》注引《吴书》，第1124页。

2 《三国志》卷四八《吴书·三嗣主传》注引《晋纪》，第1165页。

学界对奉邑制的认识

学界对奉邑制已有颇多研究，在此做简要介绍。这些研究主要有两个思路。第一，从孙吴政治、军事制度演变的角度进行讨论，如考察奉邑制与封爵制的关系；第二，借助对奉邑制的研究考察孙吴与诸大臣武将及大族的关系，侧重于孙吴政权内部基本政治关系的观察视角，在这类研究中，学者们还提出孙吴实行过“将领养兵制”，故而诸将、大族拥有较高的政治地位。不同的研究者在具体研究中对这两种思路会有所侧重，不过二者并非完全分离。

奉邑制度为孙吴所特有，清代学者已有留意。钱仪吉《三国会要》中有“奉邑”一节，列举了《三国志·吴书》中的有关记载[1]。杨晨《三国会要》卷一〇《职官下》“郡国官附杂录”一节注：“将军、中郎将、校尉、太守等每有奉邑，而周泰补春谷长、宜春长，所在皆食其征赋，似异数也。”[2]钱氏《会要》将奉邑与封爵分开，认为两者不同。杨晨认为有奉邑者为武将及太守，且这些人“每有奉邑”，实际上史料中显示的拥有奉邑的将领远没有这么普遍。

唐长孺论文中曾提到孙吴领兵的宗室领有奉邑，有置吏

---

1 钱仪吉:《三国会要》，上海古籍出版社，2006年，第489页。

2 杨晨:《三国会要》，中华书局，1956年，第185页。

权，又指出奉邑和封爵地点不符，而是和驻地有关[1]，虽然文中并未进行全面、系统地论述，但指出奉邑和驻地有关，实为切中要害。上世纪八十年代以后，学者们对于奉邑制开始进行专门的深入研究，比较有代表性的是严耀中的《东吴兵制补论》[2]和高敏的《孙吴奉邑制考略》[3]，尤其后者对奉邑制作了细致、全面的专门考察。严耀中认为孙吴军队由主将赡养，奉邑和封爵无关，奉邑制是为将领供养部队设置的。高敏认为奉邑制是“孙吴建国前实行的变相的封爵食邑制与官吏俸禄制度的结合体”[4]，推行这一制度是孙氏在没有资格给部下将领封爵的情况下，让将领享受封爵食邑之实的特别处理办法。

然而，细读《三国志》中的相关史料，无论是将奉邑制视为特殊的俸禄制，还是变相的封爵食邑，都不得不面对一个问题：史籍所记载的案例中，奉邑多则三四县，少则一二县，考虑到受到这种待遇的将领人数较多，较之东汉的俸禄或者是封

1 唐长孺先生在《孙吴建国及汉末江南的宗部与山越》一文中罗列了《三国志·吴书·宗室传》有关宗室领兵的记载后说：“以上都是宗室，他们所领的兵可以世袭，又有奉邑，奉邑的长官由封君自行署置，有时连太守之职也可世袭。封爵之制虽仍存在，但和封邑没有关系，即不封侯也有食邑。封爵地点和奉邑并不符合，但奉邑和领兵屯驻地常常是有关的。”（收入论文集《魏晋南北朝史论丛》，第18页）

2 严耀中：《东吴兵制补论》，《上海师院学报》1981年第4期。

3 高敏：《孙吴奉邑制考略》，《中国史研究》1985年第1期，后收入论文集《魏晋南北朝史发微》，中华书局，2005年。本文参考的是收入论文集中的版本。

4 高敏：《孙吴奉邑制考略》，第26页。

爵食邑，显然是太过优厚[1]。后来高敏对自己的观点进行了更详细的解释及部分修正，在其著作《魏晋南北朝兵制研究》一书中，他认为奉邑的收入包括军费，因为东吴有将领负责养兵的制度[2]，实际上是融合了严耀中的观点。

严、高两位学者提出孙吴实行将领养兵制的说法后，学界有人赞成，也有反对。如陈金凤在《孙吴养兵制度略论》一文中认为将领享有领兵、复客、食奉邑等权利，也要履行带兵作战和养兵的义务。他又将严、高的观点向前推进了一步，指出国家也参与养兵，“认为将领承担全部养兵之责的看法也是不符合历史实际的”[3]。与之相反，针对严耀中和高敏将朱桓“爱

1 东汉亦有列侯食邑达数县者，但多集中于东汉初。光武帝建武二年春正月庚辰，“封功臣皆为列侯，大国四县，余各有差”（《后汉书》卷一上《光武纪》，第26页）。按《后汉书》各传，邓禹建武二年封梁侯，食四县，至十三年徙高密侯，食高密、昌安、夷安、淳于四县。吴汉建武二年封广平侯，食广平、斥漳、曲周、广年四县。窦融封安丰、阳泉、蓼、安风四县。贾复初封冠军侯，至建武二年又增穰、朝阳，凡三县。耿弇封好畤、美阳二县。（《后汉书》卷一六《邓禹传》，第604—605页；卷一八《吴汉传》，第678页；卷二三《窦融传》，第806页；卷一七《贾复传》，第666页；卷一九《耿弇传》，第707页）其余功臣如寇恂、冯异等，皆封一县。后梁冀辅政，亦“增封为四县，比邓禹”（《后汉书》卷三四《梁统传附梁冀传》，第1183页）。东汉食二县及以上者，皆称某县侯，东吴食奉邑者，未见有类似这种称谓的记载。东汉中后期，除了梁冀这样的外戚权臣，未见有封一县以上者，且列侯中除了县侯，又出现了很多乡、亭侯，相比孙吴初期奉邑所食县，明显不如奉邑优厚。

2 高敏：《魏晋南北朝兵制研究》，大象出版社，1998年，第84—87页。

3 陈金凤：《孙吴养兵制度略论》，《鄂州大学学报》1998年第3期，第34—35页。

养吏士，赡护六亲，俸禄产业，皆与共分”[1]视为将领养兵制度的证据，何德章认为朱桓的例子只是个人行为，不能支持将领养兵制的假说。

也有学者明确反对“奉邑制”这种说法，如陈明光指出，见于记载的奉邑的例子不过寥寥数人，更多和能够食奉邑者地位相当的将领没有获得奉邑，所以不能说这是一项制度。他还认为奉邑和复客应用范围都很有限，“对江南大地主经济的发展影响甚小”[2]。

奉邑制施行的一些基本状况

要重新讨论奉邑制的问题，须先对基本史料加以整理。现将《吴志》中关于奉邑的记载[3]列之于下：

---

1 《三国志》卷五六《吴书・朱桓传》，第1315页。

2 陈明光:《孙吴三项财经措施作用析疑》，《历史研究》1995年第5期，第175页。

3 关于奉邑的给予方式，高敏有过论述:“孙吴政权给将领兼地方官者以奉邑的方式，或曰‘食’，或曰‘赐’，或曰‘以为奉邑’，或曰‘割为奉邑’。”（高敏:《孙吴奉邑制考略》，第6页）本文以下所列关于奉邑制的材料中，无论史书中用的是“食”、“赐”，或“以为”，或“割为”，所叙述的事件显然是同类的，从高敏之说。从钱仪吉、杨晨开始，讨论奉邑者除了对周泰一例有争议外，对本文所举其他事例无有反对者，故材料中有未直言其为“奉邑”者，本文仍视之为奉邑的范畴。

孙皎　迁都护征虏将军，代程普督夏口。黄盖及兄瑜卒，又并其军。赐沙羡、云杜、南新市、竟陵为奉邑，自置长吏。（《孙皎传》，第1206—1207页）

孙韶　拜承烈校尉，统（孙）河部曲，食曲阿、丹徒二县，自置长吏，一如河旧。（《孙韶传》，第1216页）

周瑜　权拜瑜偏将军，领南郡太守。以下隽、汉昌、刘阳、州陵为奉邑，屯据江陵。（《周瑜传》，第1264页）

鲁肃　（周瑜死）即拜肃奋武校尉，代瑜领兵。瑜士众四千余人，奉邑四县，皆属焉。（《鲁肃传》，第1271页）

吕蒙　以寻阳、阳新为蒙奉邑。（按：此时吕蒙为庐江太守）

鲁肃卒，蒙西屯陆口，肃军人马万余尽以属蒙。又拜汉昌太守，食下隽、刘阳、汉昌、州陵。（《吕蒙传》，第1277页）

程普　拜裨将军，领江夏太守，治沙羡，食四县。（《程普传》，第1283—1284页）

蒋钦　会稽……五县平定，徙讨越中郎将，以经拘、昭阳为奉邑。（《蒋钦传》，第1286页）

徐盛　后迁建武将军，封都亭侯，领庐江太守，赐临城县为奉邑。（《徐盛传》，第1298页）

朱治　建安七年，权表治为吴郡太守，行扶义将军，

割娄、由拳、无锡、毗陵为奉邑，置长吏。（《朱治传》，第1303页）

吕范　曹公至赤壁，与周瑜等俱拒破之，拜裨将军，领彭泽太守，以彭泽、柴桑、历阳为奉邑。

权破（关）羽还，都武昌，拜范建威将军，封宛陵侯，领丹杨太守，治建业，督扶州以下至海，转以溧阳、怀安、宁国为奉邑。（《吕范传》，第1310页）

除了这些，还有被杨晨认为“似异数”的周泰：

周泰　补春谷长。后从攻皖，及讨江夏，还过豫章，复补宜春长，所在皆食其征赋。（《周泰传》，第1288页）

高敏在《孙吴奉邑制考略》一文中已经从多方面对这些材料作过详细考述，但仍有一些细节须进一步讨论，本文择要列之于下。

第一，奉邑制存在的时间。

高敏认为奉邑制始于建安五年（200）之前，根据是周泰“所在皆食其征赋”在孙策统治时。然而，“食其征赋”未必就是食奉邑。杨晨认为周泰的例子“似异数”，不确定可否归于奉邑制的范畴。《吴志》里明确说是“奉邑”的例子中，没有一例将领受奉邑时担任县级官吏，而周泰当时只是县长。另外，明确记载最早得奉邑的是朱治。此人是孙氏集团的元老，孙策时期已被任命为吴郡太守[1]。建安七年孙权上表，朱治的太守职务得到东汉朝廷承认，他获得奉邑也在此时。如果奉邑制在孙策时期已经形成，朱治获得奉邑的时间不应晚于当时还只是年轻将领的周泰。史籍可考较早获得奉邑的还有孙河。《孙韶传》载孙韶"统河部曲，食曲阿、丹徒二县，自置长吏，一如河旧"，是指孙韶继承了孙河的部曲、奉邑以及奉邑内自置长吏的权力。《吾粲传》："孙河为县长，粲为小吏，河深奇之。河后为将军，得自选长吏，表粲为曲阿丞。"[2]孙河任将军后，得领有奉邑。我们知道孙河的继任者孙韶的奉邑是曲阿、丹徒，史言"一如河旧"，又，孙河任命吾粲为曲阿丞，即是在奉邑内行使"自选长吏"的权力，这可以和《朱治传》所言"置长吏"相印证。孙河死于建安九年，那么他获得奉邑在建安九年之前，和朱治相隔不久。

总之，没有证据证明周泰的例子可以算作食奉邑，而且食奉邑的时间周泰在前，朱治（可能也有孙河）在后，不太能说得通。奉邑制是孙吴的独创，从政治实践的角度来说，它的形

---

1 《三国志》卷四六《吴书·孙破虏讨逆传》："丹杨朱治为吴郡太守。"（第1104页）

2 《三国志》卷五七《吴书·吾粲传》，第1339页。

成要经历一段时间，周泰的例子可以说具备了奉邑制的一些特征，但不属于奉邑制的范畴。奉邑制起始的时间应在建安七年左右。

关于奉邑制终止的年代，高敏认为“黄武元年以后，奉邑制已经不存在了”[1]，他又推测徐盛获得奉邑的时间可能在黄武初年。除了徐盛一例，黄武元年以后只见封爵，不见奉邑。从史料来看，认为奉邑制消失在黄武元年后不久，没有问题，然而仅从封爵取代奉邑制的角度来解释恐怕是不够的。建安二十四年开始，吕蒙等将领既被封侯，又领有奉邑。如果将一段时期内奉邑和封爵并存理解为两者交替的过渡期，仍无法解释在此期间为何有人既领有奉邑，又被封侯。如吕蒙在袭杀关羽后即被封为孱陵侯，而此前尚领有四县奉邑。孙吴将领封侯食邑最多不过一县，奉邑动辄数县，如果两者有承袭替代的关系，从奉邑到封侯的制度变化实际上是大大压缩了对将领的优待。孙权称王、称帝之前，尚需稳定人心，不大可能作出这样的政治安排。因此，笔者认为奉邑和封爵应当没有直接关系，不属于同一制度系统。

第二，曾获奉邑的将领人数。

杨晨在《三国会要》中说“将军、中郎将、校尉、太守

1　高敏:《孙吴奉邑制考略》，第25页。

等每有奉邑”，但见于记载的却远没有这么宽泛，且都是郡级长官[1]。如前所论，周泰一例暂不宜包含在内。更能和周泰的例子相类比的是孙权曾任命一批重要将领担任地方长官。《吴主传》载：

> （建安）八年，权西伐黄祖，破其舟军，惟城未克，而山寇复动。还过豫章，使吕范平鄱阳，程普讨乐安，太史慈领海昏，韩当、周泰、吕蒙等为剧县令长。[2]

孙策死于建安五年，孙权在建安八年出征黄祖。出兵之后，背后的山越人发难，孙权回师镇压，又先后派遣大批重要将领担任叛乱比较严重的诸县的长官。查《吴主传》等文献，此次出征后直到建安十二年再度西征黄祖，其间只有贺齐讨伐山越的记载，再无较大的军事活动。这很可能是因为，经历了山越人的叛乱后，孙权的主要精力集中于巩固统治，包括派贺齐等诸将征讨山越，而非向外扩张地盘。孙权将重要将领派到各地担任长官，可能除了要对参与反叛的力量予以镇压，还要最大限

1 《吴志》中明确记载获得奉邑的将领当时大都领有太守职务，只有蒋钦是讨越中郎将，之前是会稽西部都尉，孙皎和孙韶只记载了将军号，而他们接替的程普和孙河分别为江夏太守和庐江太守，他们的职位应该也是郡级的。

2 《三国志》卷四七《吴书·吴主传》，第1116页。

度地消除和消化统治区域内的抵抗、疏离的地方势力。当然，这些活动给当地人民带来了痛苦，却也促进了江南山区的开发进程，并在无意中也为几年以后取得赤壁之战的胜利打下了基础。重要将领任县令长，可以更有效地帮助孙权控制地方。他们应该也像周泰那样，享有食所在地征赋的权力，但还不是领有奉邑。

第三，奉邑与驻屯区的关系及制度施行地域。

奉邑地点和屯区相近，唐长孺已经提到过。实际上，在具体案例中，太守领有的奉邑多在其郡境之内。周瑜为南郡太守，所领奉邑四县为下隽、汉昌、刘阳、州陵，其中汉昌、刘阳属长沙郡，这可能是因为南郡当时大部为刘备所据，而江北部分地区仍由曹操控制，故分长沙属县以为补充。需要考证的是，吕范为彭泽太守[1]时，以彭泽、柴桑、历阳为奉邑，而彭泽郡不见于之前和之后的记载，可能存在时间不长，应该领县不多，面积不太大。问题是，彭泽、柴桑距离较近，历阳却远在建业周围，似不应将之作为吕范的奉邑。彭泽附近另有一历

1 按："彭泽太守"在《吴志》中仅出现一次，《吕范传》云："曹公至赤壁，与周瑜等俱拒破之，拜裨将军，领彭泽太守，以彭泽、柴桑、历阳为奉邑。刘备诣京见权，范密请留备。"（第1310页）赤壁之战在建安十三年年底，刘备至京在建安十六年之前，《资治通鉴》列于十四年（《资治通鉴》卷六六《汉纪》献帝建安十四年，第2142页），则吕范任彭泽太守当在建安十四年、十五年之时。又《吴主传》：建安"十五年，分豫章为鄱阳郡；分长沙为汉昌郡"（第1118页），或彭泽郡亦为此时所置。

阳也不太可能。还有一种可能是吕范任彭泽太守时只领有彭泽、柴桑两县奉邑，历阳是后来任丹杨太守时所领。历阳在东汉时属九江郡，与丹杨郡仅有一江之隔，扼守长江之上的重要渡口。孙权时期实际控制着一些原属九江、广陵二郡的江北土地，但长期不设九江、广陵二郡，那么历阳等原二郡属县此时可能归丹杨郡或吴郡统一管辖。丹杨是大郡，朱治在吴郡、周瑜在南郡、程普在江夏、鲁肃吕蒙在汉昌，所领都是四县，似乎吕范在丹杨也应领四县。孙河、吕蒙为庐江太守时，奉邑都只是两县，徐盛领庐江太守时只有一县。孙吴所统庐江郡没有太多实土，可能和彭泽一样视为比较小的郡。历阳和彭泽、柴桑列在一起或是史书记载有误或传抄过程中出错所致。

奉邑多在长江沿线，南岸偏多，北岸偏少。蒋钦的奉邑经拘、昭阳地望不确定。钱大昕《廿二史考异》云："经拘、昭阳，汉时无此县名。《宋志》邵陵郡有邵阳县，吴立曰昭阳，即钦所食邑矣。经拘未详。"[1]《太平寰宇记》"江南西道·邵州·邵阳县"条："本汉昭陵县，属长沙国。今县东一百一十里邵阳故城是旧理。后汉改曰昭阳，属零陵郡。吴立邵陵郡。晋武帝改为邵阳，居邵水之北。"[2]《读史方舆纪要》"湖广·宝庆府·邵阳县"条有昭阳城，曰："后汉析昭陵县置昭阳县，

1 钱大昕：《廿二史考异》，上海古籍出版社，2014年，第307页。
2 乐史：《太平寰宇记》，中华书局，2007年，第2334页。

属零陵郡。晋武改曰邵阳县，属邵陵郡，刘宋以后因之。”[1]按《汉书·地理志》长沙郡有召陵县[2]，《续汉书·郡国志》长沙郡有昭陵县，零陵郡有昭阳侯国[3]。钱氏言“汉时无此县名”，与《续汉书·郡国志》不合。按《宋书·州郡志》，邵陵郡属湘州[4]，若依照钱氏考证，则蒋钦领奉邑时此地尚不在孙氏统治区域内。赵一清《三国志注补》引用了《读史方舆纪要》“昭阳”一条，并曰：“经拘，《晋》、《宋》志皆不载，疑此文有误。盖钦屯宣城，故其子壹封宣城侯，其食邑当在丹阳（即丹杨），不得远届相（湘）郢也。汉丹阳郡有泾县，有句容。泾、句、昭阳或是县亭之名，下云以芜湖田给钦妻子是也。又，凡封侯乃有奉邑，蒋钦不侯，或史失之。”[5]赵说可能参考了《读史方舆纪要》，钱说除了采《宋书·州郡志》，也应当受到《太平寰宇记》或《读史方舆纪要》的影响，而《太平寰宇记》言后汉改邵陵为昭阳，《续汉书·郡国志》邵陵、昭阳两存，故而顾祖禹综合两说，称后汉从邵陵县析出昭阳，其实也不足据。赵说多无凭，蒋壹封宣城侯是后来的事情，不能据之认为蒋钦

---

1 顾祖禹：《读史方舆纪要》，中华书局，2005年，第3809页。
2 《汉书》卷二八上《地理志》，中华书局，1962年，第1562页。
3 《续汉书》志二二《郡国四》，《后汉书》，第3485、3483页。
4 《宋书》卷三六《州郡二》，中华书局，1974年，第1133页。
5 赵一清：《三国志注补》，赵一清等《三国志注补（外四种）》，上海古籍出版社，2008年，第351页。

奉邑在丹杨郡。另外，赵一清云“凡封侯乃有奉邑”显然不符合东吴的情况。而赵指出两县“不得远届相（湘）鄄”，与钱大昕判断不同，此处赵是钱误。据《蒋钦传》：“会稽冶贼吕合、秦狼等为乱，钦将兵讨击，遂禽合、狼，五县平定，徙讨越中郎将，以经拘、昭阳为奉邑。贺齐讨黟贼，钦督万兵，与齐并力，黟贼平定。”[1]冶在今福州。获得奉邑时蒋钦的活动区域在今福建境内，获得奉邑后转到皖南之丹杨郡黟县一带，经拘、昭阳可能亦在丹杨一带，仍属长江南岸地区。

第四，奉邑的继承、转移和取消。

奉邑不能世袭，但可继承。周瑜、鲁肃、吕蒙先后领有同样的奉邑，孙韶领有孙河的奉邑，都有继承关系。程普的四县奉邑史书没有交代，应和孙皎所领相同。孙皎同时继领孙瑜和黄盖的部曲，职务上却继承程普。《吴志》没有记载孙瑜和黄盖是否有奉邑，即便有也不应被孙皎继承，因为孙、黄分别为丹杨、武陵太守，活动区域与孙皎相隔太远。

奉邑转移的例子有吕蒙和吕范，都是随着屯驻区的变动而转移。

奉邑制终止之前，领有奉邑的将领在未犯过错的情况下，得到的奉邑是否可以取消呢？《吴志》中没有明确交待，但似

1 《三国志》卷五五《吴书·蒋钦传》，第1286页。

乎是可以的。蒋钦在会稽、丹杨等地征讨山越时领有二县，后来“还都，拜右护军”[1]，此时二县的奉邑应该是取消了。之后蒋钦在中军任职，很可能没有再授予奉邑。

综上，奉邑继承的依据不是领有的军队，而是屯区，取消奉邑可能也并不意味着对将领的贬黜。可以说，奉邑的授予对象不是将领个人，也不是固定的某支部队，而是固定的屯区，将领只是代表屯区领有奉邑。当然，可以想见将领们会凭借自己的职权之便获取私利，但毕竟不是制度设计的主要目的。另外，奉邑不能世袭，也表明奉邑制度主要不是为优待立功将领本人而设立的，这是奉邑与封爵制度的显著不同。

“将领养兵制”辨析

从奉邑的授县数量、与驻屯区的联系以及继承关系等因素看，这一制度很重要的一项目标便是解决军需，而非给予将领的俸禄或变相的封爵食邑。奉邑的收入既然不是将领的私产，用之养兵自然不能视为将领在履行所谓的养兵的义务。只能说，养兵由国家（“国家”一词并不准确，奉邑制存在的大部分时间孙权并未称王建国，但这里为了便于表述，暂用“国

1 《三国志》卷五五《吴书·蒋钦传》，第1287页。

家”这一说法）负责，国家给将领一些资源，让他们进行分配安排。

严耀中和高敏两位学者认为孙吴有将领养兵的制度，这一观点和他们对奉邑制的解释有很大关系。于此列举他们所依据的三条材料：

> 权统事，料诸小将兵少而用薄者，欲并合之。蒙阴赊贳，为兵作绛衣行縢，及简日，陈列赫然，兵人练习，权见之大悦，增其兵。（《吕蒙传》，第1273页）
>
> （陈表）家财尽于养士，死之日，妻子露立，太子登为起屋宅。（《陈表传》，第1290页）
>
> （朱桓）轻财贵义，兼以强识，与人一面，数十年不忘，部曲万口，妻子尽识之。爱养吏士，赡护六亲，俸禄产业，皆与共分。（《朱桓传》，第1315页）

高敏对这三条材料有如下解读：

> ［吕蒙］（中括号内名字为笔者所加，下同）孙权之所以要对“诸小将兵少而用薄者”进行合并，就是因为他们负担不起养兵的费用；吕蒙之所以要“阴赊贷”以改善军队装备，就是为了保住其领兵权。如果不是由将领自己

> 解决其所领兵士的供养费用，而是由国家统一供给的话，何有什么“用薄”之兵，又何用吕蒙自己去“赊贷”财物！……［朱桓］这是赤乌元年（公元238年）之前的事，他之所以连其部曲的妻子儿女都认识，而且要供给他们的衣食，并非单纯由于他轻财贵义，而是与将领自筹养兵之费有关。……所有这些情况，都说明孙吴的领兵将领，需要自己解决军粮、军费问题，特别是在其起兵的初期是如此，因而始行于孙策末年和止于孙权称帝时的奉邑制，除了解决以将领兼领地方官者之俸禄问题之外，也应与这种将领自负军粮、军费开支的状况有密切关系。[1]

何德章在《三国孙吴兵制二题》中已经论述过陈表和朱桓的例子，认为这种爱养士卒、共分财产的做法历代皆有，不能偏偏将此二人的行为理解为在履行赡养士卒的义务。接下来我们仍需对吕蒙的案例加以分析。从材料可知，吕蒙“阴赊贳”给部队更新军装，并非常规行为，只是为了应对检查，也就不能据此认为所有军需都要吕蒙自费。高敏将“用薄”的“用”理解为资用、财产，这种理解可能不太准确，解释为“用度”更为合理。“料”字意为根据资料、数据核查，“料”过之后，吕蒙

1　高敏：《魏晋南北朝兵制研究》，第87页。

一军的“用”自然在孙权掌握之中。如果“用”指的是吕蒙或吕蒙率领的军队的资产，仅仅靠给战士们换了一身军装也无法让孙权相信吕蒙有养兵的经济实力。孙权对吕蒙很满意，并给吕蒙增兵，丝毫不是因为认为吕蒙有供养这些部队的资产，而是吕蒙的军队军容严整，士气高昂，使孙权认为他们是有较强战斗力的，不必与其他小将率领的军队合并。从军事实践的角度来说，如果将领负责养兵是长期的、制度化的，军队就会有非常浓厚的私兵色彩，他们很容易只服从将军，不受君主制约。像吕蒙带领的小规模部队还比较好控制，如果是一支大部队就很麻烦了。另外，如果说将领养兵，一支部队只要稍具规模就不可能只有一层管理者，更不可能只有一个将领，那么养兵的任务该落到哪一级别的将领身上呢？这种设置如果不是迫于无奈，发展队伍效率极低不说，对一个政权也是很危险的行为。有时一个政权可能让部队自筹一部分军需，但是要说养兵的任务由将领负责，并将之作为一种制度广泛推广，必然会给军队带来极大的混乱，在具体操作上也不具备可行性。

孙吴对地方的分权治理

从封爵食邑的前身或将领养兵制的角度来探讨奉邑制，都会有诸多不合史实或历史逻辑之处，如果进一步细究史料，可以发现有关奉邑制施行的材料体现了孙吴对地方治理与控制的摸索。常规的郡县制度无法有效同时肩负起治理地方与组织防务的双重任务，还需要在郡县系统之外安排大量的军队布防各地，而奉邑制就是适应这一历史状况而产生的。

如前所论，周泰食所在地征赋不属于奉邑制范畴，但具备了它的一些特征。追溯孙吴早期历史，不难发现不仅有周泰和建安八年派出的一批重要将领担任县令长，更早还有几个地位特别的太守。孙策攻下东冶以后，“自领会稽太守，复以吴景为丹杨太守，以孙贲为豫章太守；分豫章为庐陵郡，以贲弟辅为庐陵太守，丹杨朱治为吴郡太守”[1]。孙策本人之外，其他四人都是孙氏集团早期最为核心、最具有威望的人物。吴景为孙策母舅，“常随（孙）坚征伐有功，拜骑都尉。袁术上景领丹杨太守，讨故太守周昕，遂据其郡。孙策与孙河、吕范依景”[2]。吴景早在孙策渡江前就被袁术任命为丹杨太守。孙贲为孙坚兄子，“为郡督邮守长。（孙）坚于长沙举义兵，贲去吏从征伐。坚薨，贲摄帅余众，扶送灵柩。后袁术徙寿春，贲又依之……术表贲领豫州刺史，转丹杨都尉”[3]。孙贲在孙坚死后的一段时间内实际上成为了孙氏集团余众的统帅。孙辅是孙贲的

1 《三国志》卷四六《吴书·孙破虏讨逆传》，第1104页。
2 《三国志》卷五〇《吴书·孙坚吴夫人传附吴景传》，第1195页。
3 《三国志》卷五一《吴书·孙贲传》，第1209页。

胞弟，他担任庐陵太守很可能是由于孙贲的作用。朱治和孙氏没有血缘和姻亲关系，但是他很早跟随孙坚，是孙坚的副手，《朱治传》载：

> 初为县吏，后察孝廉，州辟从事，随孙坚征伐。中平五年，拜司马，从讨长沙、零、桂等三郡贼周朝、苏马等，有功，坚表治行都尉。从破董卓于阳人，入洛阳。表治行督军校尉，特将步骑，东助徐州牧陶谦讨黄巾。
>
> 会坚薨，治扶翼策，依就袁术。后知术政德不立，乃劝策还平江东。[1]

在孙策渡江前，朱治对于孙氏集团一直发挥着十分重要的作用[2]。

这几位太守都是孙氏集团的元老，他们担任郡守能最大限度调度资源治理一方，但也意味着权力较大，加上各位郡守都

---

1 《三国志》卷五六《吴书·朱治传》，第1303页。

2 孙氏集团从讨伐董卓时起就和袁术靠近。孙坚为袁术征讨荆州而死，其后孙氏余众更是依附袁术，为其所用。《三国志》卷四六《吴书·孙破虏讨逆传》载："兴平元年，从袁术。术甚奇之，以坚部曲还策。"（第1101页）注引《江表传》："（孙策）复往见术，术以坚余兵千余人还策。"（第1103页）可知孙坚死后孙贲、朱治等人领坚余众奔袁术，术任命孙贲、朱治、吴景等为刺史、郡守、都尉等职，其实只是让他们为自己奔走，不使他们拥有独立的军事力量，这种局面当然是在孙策渡江以后才得以改变。我们从中也可以看到，孙策崛起之前袁术所用为刺史、太守、都尉诸人，其实是当时孙氏集团地位最高的几人。他们被袁术所用实际上也起到了维系已经隐而不显的孙氏集团的作用，他们的活动一定程度上成为孙策后来崛起的基础。

拥有特别的威望，更使得孙策对各郡的直接控制相对较弱。史载孙辅为庐陵太守时“抚定属城，分置长吏”，权力很大。一旦各郡局面稳定以后，这种状况就必然会发生改变。上述四位太守，除吴景死于建安八年，去世较早，其余三人后来都渐渐从权力核心疏离出去。孙贲于赤壁战前曾欲通好曹操，后被朱治劝阻。孙贲之所以要通好曹操，除了和曹操有姻亲关系[1]以及为自己预留退路的打算，可能也是因为他在江东不再拥有之前的地位，而只有朱治出面才能说动孙贲，似乎孙贲与孙权之间已有了一定的裂痕。之后孙贲一直担任豫章太守，但是没有记载显示他又参与重大政治事件，大概渐渐从权力核心淡出了。据前引《吕范传》的材料可知，吕范在赤壁之战后被任命为彭泽太守，该郡显然是从豫章郡分出的。《孙贲传》载：“建安十三年，使者刘隐奉诏拜贲为征虏将军，领郡如故。在官十一年卒。”[2]这里的“在官十一年”不知应以建安十三年始，或是从建安五年孙策略定豫章始[3]，而无论如何，设置彭泽郡时

---

1 《三国志》卷五六《吴书·朱治传》:“权从兄豫章太守贲，女为曹公子妇，及曹公破荆州，威震南土，贲畏惧，欲遣子入质。治闻之，求往见贲，为陈安危，贲由此遂止。”（第1304页）

2 《三国志》卷五一《吴书·孙贲传》，第1210页。

3 据裴注引《江表传》及《吴录》载孙策上表，孙策于袁术死后击败庐江太守刘勋，当时刘勋与豫章太守华歆多有往来。袁术死于建安四年初，可知孙策击败刘勋亦在是年。是年十二月孙策进攻江夏黄祖。（《三国志》卷四六《吴书·孙破虏讨逆传》注引《江表传》及《吴录》，第1108页）据《孙贲传》，孙策攻黄祖后，回兵略定豫章，遂以贲为太守，其时应在建安五年。

孙贲仍任豫章太守，此举实是将豫章北部沿江部分分割出来，不复归孙贲统辖。孙贲弟孙辅在赤壁战前与曹操交通，被孙权监禁，杀其亲信，分其部曲[1]，不久黯然辞世。朱治一直担任吴郡太守，后封侯，领有部曲，似乎曾受到过猜忌，但没有造成严重的政治后果[2]。史书中朱治给人的印象比较低调谦退，最终得以优游晚年，实际上也是和权力核心若即若离。

朱治、孙贲等早期的郡守固然为孙氏在江东站稳脚跟发挥了很大的作用，但也可能造成地方重将权大难制的倾向。孙氏既要给地方足够的权力来巩固统治，同时又要杜绝分裂的可能。正是在这种背景下，奉邑制产生了。

奉邑制很大程度上和军事需求相关，至于它实施的普遍程度、对整个政权的作用，不宜夸大，不能认为它是建安时期孙吴保障军需的基本制度。史料中记载取得奉邑的将领都是郡级的长官，在战争年代他们掌管地方的军政大权。另外，因为

---

1 《三国志》卷五一《吴书·孙辅传》注引《典略》："辅恐权不能保守江东，因权出行东冶，乃遣人赍书呼曹公。行人以告，权乃还，伪若不知，与张昭共见辅，权谓辅曰：'兄厌乐邪，何为呼他人？'辅云无是。权因投书与昭，昭示辅，辅惭无辞。乃悉斩辅亲近，分其部曲，徙辅置东。"（第1212页）

2 《三国志》卷五二《吴书·诸葛瑾传》："吴郡太守朱治，权举将也，权曾有以望之，而素加敬，难自诘让，忿忿不解。瑾揣知其故，而不敢显陈，乃乞以意私自问，遂于权前为书，泛论物理，因以己心遥往忖度之。毕，以呈权，权喜，笑曰：'孤意解矣。颜氏之德，使人加亲，岂谓此邪？'"（第1232页）

将领可以在奉邑任命长吏，所以我们在考察将领在奉邑的权力时，不仅要关注奉邑保障军需的这一方面，也要看到将领在奉邑内有专制的权力。他们的权力虽然很大，但比先前朱治、吴景等人，已经有所缩小了。奉邑制形成之前，给地方分权的思路已经运用到政治实践中，郡守、县令长自主性很强。江东局势稳定以后，尤其是赤壁战后，很少看到史书中记载重要将领担任县令长。随着地盘扩大，各郡普遍被分割，沿江诸郡守将多分有奉邑。至此，太守、县令长的权重分别较创业早期明显减轻。

奉邑制的施行和推广是地方分权思路的继续，是对领有奉邑的将领较大权力的正式承认和制度保障，同时分权的程度较先前降低。它把将领的特权从整个辖区限制在有限的几个县之内，也是对之前相对不够规整的状态加以规范。吕蒙袭杀关羽、陆逊重创刘备之后，天下三分的局面稳定下来，东吴的扩张也基本达到极限。经过长期经营，地方秩序逐渐安定下来，孙氏的统治愈加稳固，因此便需要进一步减弱分权的程度[1]，由是孙权称王以后奉邑制就很快消失了。

由于三足鼎立的形势仍在延续，守边尤其是守卫漫长的

1 参见柿沼阳平《从走马楼吴简看孙吴的中央集权化和军制》，《中国魏晋南北朝史学会第十届年会暨国际学术研讨会论文集》，北岳文艺出版社，2012年。

长江沿线一直关乎孙吴的存亡，为此，孙吴在延绵如带的长江沿线设置了大量的军镇都督。据张鹤泉考证，建安二十年之后设置的濡须督，是军镇都督制的开始。孙权称王以后，这一制度不断推广，扩展到整个长江防线[1]。我们在《吴志》中找不到都督同时担任地方官的例子，两种职务不能一人兼任，这和创业早期太守“抚定属城，分置长吏”的情形大为不同，也不同于赤壁之战前后周瑜、吕蒙等重要将领既领郡职又领有奉邑的局面。

军镇的都督在《吴志》中多被称为“某督”，某为军镇名称，有时也称“督军”。需要注意的是，《吴志》中出现的“督军”未必都指军镇都督。《吴主传》载赤乌三年（240）诏：“自今以来，督军郡守，其谨察非法，当农桑时，以役事扰民者，举正以闻。”[2]《孙皓传》：“遣监军虞汜、威南将军薛珝、苍梧太守陶璜由荆州，监军李勖、督军徐存从建安海道，皆就合浦击交阯。”[3]《朱治传》：“权常叹治忧勤王事。性俭约，虽在富贵，车服惟供事。权优异之，自令督军御史典属城文书，治领四县租税而已。”[4]《孙皓传》中的“督军”和《朱治传》的“督

1 张鹤泉:《孙吴军镇都督论略》,《史学集刊》1996年第2期，第20—21页。
2 《三国志》卷四七《吴书·吴主传》，第1144页。
3 《三国志》卷四八《吴书·三嗣主传》，第1167页。
4 《三国志》卷五六《吴书·朱治传》，第1304—1305页。

军御史”不同。《孙皓传》里的督军或与监军类似，或即是都督，而“督军御史”则更是一种御史，是孙权派出的负责监察的人员，同时协助朱治处理文书，不是统领方镇的将军。《吴主传》中郡守与督军并列，显然督军和太守不属于同一系统。这里的“督军”是指各镇都督。沿江诸军镇是孙吴军事重心所在，各镇任命都督，直接向中央负责，和郡县系统没有统属关系。郡县也领有军队。史料中也能看到太守带兵征讨[1]，这些军队和军镇的部队也不属于同一系统，应更多是沿袭两汉的郡国兵制度。

通过军镇都督制，长江沿线各地的军政系统从制度上被分开。由于军镇众多，这种设置既保持了军队一定的自主性，又避免出现尾大不掉的现象。之前学者论说这一制度时多以邓艾所言“孙权已没，大臣未附，吴名宗大族，皆有部曲，阻兵仗势，足以建命”[2]为证，认为各军镇拥有非常强的独立性，足以抗衡中央。事实上地方上的军镇自始至终都没有对孙吴构成真

1 如《三国志》卷六〇《吴书·钟离牧传》记载：“永安六年，蜀并于魏，武陵五豀夷与蜀接界，时论惧其叛乱，乃以牧为平魏将军，领武陵太守，往之郡。魏遣汉葭县长郭纯试守武陵太守，率涪陵民入蜀迁陵界，屯于赤沙，诱致诸夷邑君，或起应纯，又进攻酉阳县，郡中震惧。”钟离牧欲与魏军战，“抚夷将军高尚说牧曰：‘……郭纯已据迁陵，而明府以三千兵深入，尚未见其利也’”（第1394页）。钟离牧以武陵太守身份率兵与魏军作战，所领三千人即是郡兵。

2 《三国志》卷二八《魏书·邓艾传》，第777页。

正的威胁，后来孙吴的权臣当政依靠的都不是军镇的力量，而是对中央的控制。可以说，军镇都督制是对地方分权的政治思路的延续，但是较奉邑制更为保守。这是孙氏的统治更为稳定的局面以及中央集权强化的趋势所要求的。

孙氏江东创业，既没有显贵的出身，也没有立即得到当地强宗大族的普遍支持，更是受到了盘踞地方的武装势力的抵抗。他们能够在江东立足，主要依靠的是军事征服。种种不利因素之下，孙氏集团很长一段时间面临的形势都是相当严峻的。军事上的势如破竹，使得统治地域迅速扩大。为了稳固地统治这些地方，孙氏集团将各重要将领派作地方官，凭他们的能力、威信治理一方，争取迅速在新征服的地区扎下根基，所以有孙策时期几位太守“抚定属城，分置长吏”的局面和赤壁战前大量重要将领担任县令长的情形。形势稍稍稳定之后，越来越没有必要让地方官拥有那样大的权力，因而分裂诸郡，推广奉邑制，使地方官既能掌握足够的资源，又不至于像早期的太守那样拥有过大权力。三分鼎立的局势稳定下来以后，沿江防线普遍设置了都督，它是与郡县不同的一套系统，不互相统属，既便于管理地方，又能够防御边境，还能避免地方势力过大。总而言之，奉邑制本身是暂时的，它的影响比较有限，而它的设置则是孙吴一贯的地方分权思路在特定时期的体现。通过对奉邑制等问题的探讨，我们可以看到孙氏治理地方以及构建长江防线不断摸索、改变的过程。对地方的分权治理契合了长江沿岸各核心区域（包括三吴地区、鄱阳湖平原、江汉平原、洞庭湖平原及湘江沿岸）较为分散的特点，军镇都督制的推广也使得中国历史上长江沿线的防务部署首次实现体系化，这些摸索为日后东晋南朝治理江南及构筑防线等积累了经验。

第三章　西部地区

一、西北的战乱、民族融合与军阀割据

关东群雄的混战对于汉魏之际的历史走向更具决定性，而西北各支割据势力的争夺则更为迁延日久，且对西北政治、社会变迁产生了十分深远的影响。

西北是汉末军阀最早出现的地区。在黄巾起义还未被镇压的时候，凉州便发生了新一轮的大规模“羌乱”，西北军阀即是在这次“羌乱”中产生的。西北军阀主要包括两类，一类由东汉的边防军演化而来，以董卓为代表，他们在与反政府力量作战的过程中不断壮大，并随着中央政府控制力的下降，实现了军阀化的进程；另一类出自“羌乱”中的反政府武装，以马腾、韩遂为代表。两类割据势力的统帅中有不少并非是西北氐羌。那么，汉末的“羌乱”为何没有像先前一样朝着大规模羌汉战争的方向演变，而是很快形成了军阀割据的状况？细究当时西北地区的政治变迁，我们可以发现，西北分裂割据局面的

出现，既是东汉中后期以来当地频繁战乱的结果，又是长期的羌汉融合的产物[1]。战乱为各种军事力量发展壮大以及逐步实现军阀化提供了条件，而民族融合则为混战的各方提供了武装力量的政治、社会基础，同时后者也是群豪林立状况长期延续的重要原因。

西北军阀割据局面的形成

中平元年（184）十一月，在黄巾起义已接近尾声之时，西北地区爆发了新一轮的羌汉战争。《后汉书·灵帝纪》载：

> 湟中义从胡北宫伯玉与先零羌叛，以金城人边章、韩遂为军帅，攻杀护羌校尉伶征、金城太守陈懿。[2]

这次变乱规模很大，反汉诸军很快就击杀护羌校尉与金城太守，极大地破坏了东汉在西北的政权系统。然而，边章、韩遂都不是变乱的发起者，而是被逼劫才参加到反抗政府的行列之

1 可参见蒋福亚《魏晋南北朝时期的民族融合》，收入氏著《管豹集——魏晋南北朝史散论》，国家图书馆出版社，2014年；朱子彦《汉魏禅代与三国政治》第二章第二节“羌胡化的凉州军事集团”，中国出版集团东方出版中心，2013年。

2 《后汉书》卷八《孝灵帝纪》，第350页。

中，甚至连北宫伯玉可能也不属于最早的一批参与者。据《后汉书·董卓传》：

> 其冬，北地先零羌及枹罕河关群盗反叛，遂共立湟中义从胡北宫伯玉、李文侯为将军，杀护羌校尉泠征。伯玉等乃劫致金城人边章、韩遂，使专任军政，共杀金城太守陈懿，攻烧州郡。[1]

东汉中期以来，先零羌多次起兵反抗政府，此次战乱中居于北地的先零羌与远在凉州西南部的“河关群盗”联合，然而统帅并非出自先零羌或“河关群盗”，而是由他们推举的湟中义从北宫伯玉等人。据《后汉书·西羌传》，湟中义从被认为是大月氏的后裔，长期与羌人杂居通婚，习俗相近，后归附汉朝，时常协助汉军作战，有时也反叛政府[2]。东汉一朝，多有湟中义从帮助政府镇压叛乱的事例。整体来说，较之先零羌与“河关群盗”，湟中义从与汉朝的联系要更紧密一些。北宫伯玉成为统帅后，又逼劫凉州汉姓大族边章、韩遂为军帅，自此，东汉最后一次“羌乱”并未像先前数次一样，只是单纯的西北少数民族与政府军队的对抗，而是开始向羌汉结合的军阀割据方向演变。

1 《后汉书》卷七二《董卓列传》，第2320页。
2 《后汉书》卷八七《西羌传》，第2899页。

随后，边章、韩遂等攻天水等陇右诸郡，又向东进攻三辅。朝廷出兵征讨，其中董卓作为领兵将领之一长期在西北作战，而在此过程中，他的官位也不断升迁，实力不断壮大，在灵帝还在位时就开启了军阀化的进程。中平元年时，董卓以东中郎将讨黄巾，战败抵罪。次年他又被任命为中郎将，佐左车骑将军皇甫嵩讨边章等。随后皇甫嵩被免，以车骑将军张温代之，董卓拜为破虏将军，屡立战功，封侯，屯驻扶风。中平三年，韩遂等推王国为统帅，又攻陇右、三辅，至五年进围陈仓。朝廷任命皇甫嵩为左将军，董卓为前将军，进军征讨。皇甫嵩为西北各军统帅，董卓亦受其统领，但从将军号来看，二人级别相当，董卓班位尤在皇甫嵩之前。另外，虽然皇甫嵩有督帅董卓的权力，但二人各领兵二万，所统兵力相当。相较几年前官位的变化，两人的关系也产生了微妙的差异。出征之时，两人屡次有意见分歧。董卓主张立即进兵救援陈仓，皇甫嵩则认为陈仓城池坚固，王国难以久攻，于是并不急于进军。后王国果然自行解围退去，皇甫嵩下令追击，董卓则认为穷寇勿迫，皇甫嵩不听，终大破敌军。由此，两人关系更为紧张。

随着董卓官位越来越高，实力愈加雄厚，朝廷开始担忧他拥兵自重，于是征之入朝担任少府。董卓上疏以部下羌胡兵不愿其离任为由，声称自己无法入朝做官。随后灵帝病重，又拜董卓为并州牧，由皇甫嵩代领其兵。董卓却拒不交出兵权，率军进驻河东。不久何进令董卓带兵进驻洛阳周边，随即何进被宦官所杀，董卓趁机把持朝政。可以看到，董卓军阀化的进程在西北时已基本完成。当时西北军中还另有几位汉末的重要将领，除了皇甫嵩与张温，陶谦、孙坚也在其中。不过，皇甫嵩与张温作为高级统帅，后来都回朝做官，并没有走上军阀化的道路。此前皇甫嵩讨黄巾时，天水阎忠曾劝其拥兵自重，被他拒绝。至董卓抗拒朝命，皇甫嵩从子劝其诛杀董卓，孙坚也曾劝张温杀卓，二人皆不听，这很大程度上是因董卓级别较高，皇甫嵩、张温虽为统帅，但并不愿擅杀大将，承受朝廷的猜疑。显然二人并无太强的意愿成为军阀，与朝廷分庭抗礼。至于陶谦与孙坚，他们虽然屡立战功，但在西北根基较浅，随即调至关东任职，最终在别处发展壮大，而没有成为西北军阀。董卓为陇西临洮人，与当地氐羌交往甚密，出任边将后，部下也有很多羌胡兵。张温督帅诸军之时，以诏书召董卓，董卓态度十分轻慢，所依仗的便是自己在西北的影响力。可见，即便是领兵的边将，想要成为西北军阀，也需要深度融入当地社会。董卓凭借作为边将掌握的强大军事力量以及在西北地区的长期经营，较早完成了军阀化的进程，并以此为资，趁朝中大乱由地方军阀转变为把控朝政的权臣。

初平三年（192），董卓被杀，其部下李傕、郭汜等攻入长安，混战数年，直至建安二年（197）、三年时曹操联合一些西北地方势力击杀李傕，郭汜亦为部将所杀，曹操初步控制关中，但西北群豪林立的状况依然存在。

相比董卓及其部将，那些由反抗政府而产生的割据力量与西北社会的结合程度更高，虽然这些势力在汉末混战整体局势变迁中发挥的作用不如董卓、李傕等，但他们在地方具有更强的生命力，对西北政治版图的影响也更为深远。

反政府武装军阀化的进程较为曲折。北宫伯玉逼边章、韩遂为军帅后，他们内部还未产生明显的分裂，还不是真正意义上的割据军阀。皇甫嵩第一次征讨叛军失败后，边章、韩遂等势力更加壮大起来。随后张温挂帅，章、遂败走榆中，退回金城，随后双方互有胜负。张温回朝后，韩遂杀边章及北宫伯玉、李文侯等，围攻陇西。陇西太守李相如反，与韩遂合杀凉州刺史耿鄙。耿鄙帐下司马马腾及汉阳王国亦举兵反，与韩遂合兵。韩遂等推王国为主帅，进兵三辅，围攻陈仓。叛军被皇甫嵩击败后，韩遂等废王国，又劫持汉阳名士阎忠，使之统众三十六部，号“车骑将军”[1]，阎忠感愧而死。于是“遂等稍争权利，更相杀害，其诸部曲并各分乖”[2]。至此，在“羌乱”中产生的反政府力量才实现军阀化，诸将各占地盘，各拥部众，真正成为了西北的割据势力。

---

1 《后汉书》卷七二《董卓列传》注引《英雄记》，第2322页。
2 《后汉书》卷七二《董卓列传》，第2322页。

董卓迁都长安后，西北诸将之间和战无常，其中有关马腾、韩遂的史料较多，这里简单整理一下当时西北的情形。马腾原本“常屯汧、陇之间”，后因军粮不足请求“就谷于池阳，遂移屯长平岸头”[1]。马腾移屯关中腹地，是因董卓为集中力量对付关东诸将，对关西群豪采取怀柔政策，“要韩遂、马腾共谋山东”[2]。于是，至初平三年，韩遂、马腾便率众至长安，朝廷任命韩遂为镇西将军，马腾为征西将军，韩遂退回金城，马腾则留屯长安附近的郿县。在长安朝廷的协调下，马腾、韩遂各自划定了自己的势力范围，确定了西北军阀共存的一些基本秩序。是年董卓被杀，李傕、郭汜等占据长安，于是侍中马宇等大臣便谋划联合马腾及当时身在长安的刘焉之子刘范偷袭李傕。结果马宇谋泄，刘范被杀，马腾战败，退回凉州[3]。马腾西走后，与韩遂地盘邻近，于是两人结为异姓兄弟，起初相处还颇为融洽，后来矛盾渐渐滋蔓，“转以部曲相侵入，更为仇敌。腾攻遂，遂走，合众还攻腾，杀腾妻子，连兵不解”[4]。建安二年、三年，曹操派部下联合关西诸将击杀李傕，以钟繇为司隶校尉，韦康为凉州刺史，调解关西各部的关系，马腾、韩遂等

1 《三国志》卷三六《蜀书·马超传》注引《典略》，第945页。

2 《后汉书》卷七二《董卓列传》，第2335页。

3 《三国志》卷六《魏书·董卓传》，第182页；卷三一《蜀书·刘二牧传》，第867页。

4 《三国志》卷三六《蜀书·马超传》注引《典略》，第945页。

才罢兵讲和。马腾移屯长安附近之槐里，再次明确了与韩遂等诸将的地盘划分[1]。马腾、韩遂各遣质子入许都，又出兵助曹操击败郭援在河东的叛乱。这时西北地区虽仍是军阀林立，但已初步有了较安定的政治秩序，先前自关中到各地逃难的民众陆续返回，当地生产也开始逐步恢复。据《卫觊传》，官渡之战前，曹操遣觊出使益州，至长安道路不通，遂留关中。当时“四方大有还民，关中诸将多引为部曲”，回归故乡的百姓被西北诸将大量占有，严重影响了国家对关中的掌控。于是卫觊致书荀彧，请求将关中盐的售卖改由国家控制，利用其中的收益购置牛、犁等生产工具，供给还乡的流民，从而招徕民众，恢复农耕。曹操采纳了卫觊的建议，以此与关西诸将争夺人口[2]。

自李傕、郭汜等董卓余部被消灭后，曹操的势力进入关西，但其控制力仅局限在长安周围的关中平原一带，更多的地区实际为当地军阀所把控。曹操对关西军阀进行拉拢的同时，还在用各种政治、经济等相对温和的手段与其展开竞争，并让他们送质子入朝、出兵协助进攻邻近地区的敌对力量，另外还协调各军阀之间的关系，缓和他们的矛盾冲突。由此，建安前十几年的西北地区虽仍是军阀遍地，但大体维持了较为稳定的局面。

---

1 《三国志》卷六《魏书·董卓传》，第187页；卷三六《蜀书·马超传》注引《典略》，第945页。

2 《三国志》卷二一《魏书·卫觊传》，第610—611页。

民族融合大背景下的军阀割据

汉末西北战乱初起时，似乎与传统的“羌乱”并无二致，唯一的区别只是北地先零羌与“河关群盗”借助了黄巾起义的时机。奇怪的是，为何战争开始后不久，最初的举事者便主动交出领导权，而且被选定为新统帅的人物也十分值得注意：先是出自与汉朝关系较近的湟中义从的北宫伯玉、李文侯，随后又以西北汉姓大族边章、韩遂为军帅，后来围攻陈仓失败，王国被废后，又试图立天水名士阎忠为统帅，总领三十六部。可见，这次战乱的发起者们虽然以反抗政府为目标，但并不是在简单地针对所有汉人乃至西北大族，甚至主动逼迫汉人大族名士作为统帅加入他们的队伍，这在以往的“羌乱”中是未曾有过的。为何会出现这一局面？可能是叛军希望利用西北大族的名望扩大影响力，更多吸收汉人加入自己的队伍，或是与先前“羌乱”都被汉朝军队残酷镇压有关，使得反政府的氐羌诸部希望尽可能与西北大族产生联系，以降低以后受到镇压的残酷程度。这些只能作为猜想，难有确论。不过，可以肯定的是，这种向湟中义从以至西北大族名士主动让出领导权的行为之所以会出现，与西北地区长期、深入的羌汉融合是分不开的。

关于东汉西北的羌汉融合，事例很多，如著名的马腾与董卓的事例。据裴注引《典略》，马腾之父马子硕在陇西与羌人杂居，“家贫无妻，遂娶羌女，生腾”[1]。后来马腾应征入伍，并一路升至凉州司马，可见他母亲羌人的身份并未使其受到歧视，看来羌汉通婚在当地相当常见。董卓的事例也反映了羌汉之间的密切交往。《三国志·董卓传》载：卓“少好侠，尝游羌中，尽与诸豪帅相结。后归耕于野，而豪帅有来从之者，卓与俱还，杀耕牛与相宴乐。诸豪帅感其意，归相敛，得杂畜千余头以赠卓”[2]。董卓居于陇西，熟悉与诸羌豪帅交结的方式，这反映了当地羌汉交往的频繁。此外，傅燮的事例也非常典型，值得注意。中平四年，王国、韩遂等东攻汉阳（天水）、三辅，傅燮为汉阳太守，固守城池。《傅燮传》载：

> 时北地胡骑数千随贼攻郡，皆夙怀燮恩，共于城外叩头，求送燮归乡里。子幹年十三，从在官舍。知燮性刚，有高义，恐不能屈志以免，进谏曰：“国家昏乱，遂令大人不容于朝。今天下已叛，而兵不足自守，乡里羌胡先被恩德，欲令弃郡而归，愿必许之。徐至乡里，率厉义徒，见有道而辅之，以济天下。”……王国使故酒泉太守黄衍说燮曰：“……天下非复汉有，府君宁有意为吾属师乎？”燮案剑叱衍曰：“若剖符之臣，反为贼说邪！”遂麾左右进

1 《三国志》卷三六《蜀书·马超传》注引《典略》，第945页。
2 《三国志》卷六《魏书·董卓传》，第171页。

兵，临阵战殁。[1]

傅氏是北地郡的大族，故而傅幹称北地胡为“乡里羌胡”。北地胡叩求送傅燮还乡，以及傅幹所言“乡里羌胡先被恩德”，说明傅燮在北地胡之中很有威望。另外，王国派去劝降傅燮的黄衍，也曾任酒泉太守，可能也是像边章、韩遂一样被劫持加入叛军的，而黄衍劝降傅燮时承诺将会以师事之，可见叛军虽然也曾杀了护羌校尉、金城太守这样的高官，但也努力尝试将这些人尽可能多地吸纳入自己的队伍。如韩遂、马腾等便借此机会积累起了属于自己的武装力量，加上他们在西北的影响力，后来便演变成占据一方的军阀。

民族融合不仅促使马腾、韩遂等军阀出现，也为军阀们壮大自己的军事实力提供了重要的条件。这些割据势力之所以能在西北地区长期立足，一个很重要的原因就是顺应了羌汉结合的趋势，充分利用当地氐羌的力量。氐人曾帮助马超对抗曹操。《魏略·西戎传》载：“近去建安中，兴国氐王阿贵、白项氐王千万各有部落万余，至十六年，从马超为乱。超破之后，阿贵为夏侯渊所攻灭，千万西南入蜀，其部落不能去，皆降。”[2]史料中更是明确记载韩遂营中多有羌兵。《夏侯渊传》载：

---

1 《后汉书》卷五八《傅燮列传》，第1877—1878页。

2 《三国志》卷三〇《魏书·乌丸鲜卑东夷传》注引《魏略》，第858页。

> 韩遂在显亲，渊欲袭取之，遂走……诸将欲攻之，或言当攻兴国氐。渊以为遂兵精，兴国城固，攻不可卒拔，不如击长离诸羌。长离诸羌多在遂军，必归救其家……遂果救长离……乃鼓之，大破遂军。[1]

除了马腾、韩遂，董卓军中也有许多羌胡兵。灵帝征董卓入朝时，董卓上疏云："所将湟中义从及秦胡兵皆诣臣曰：'牢直不毕，禀赐断绝，妻子饥冻。'牵挽臣车，使不得行。羌胡敝肠狗态，臣不能禁止，辄将顺安慰。"[2]疏中提到军中有湟中义从、秦胡、羌胡，可见西北少数民族兵构成了董卓军中的重要战力。关于秦胡，近年来学者讨论颇多，大抵有两种观点，一类认为秦胡即是秦人与胡人，即汉人与少数民族，相当于"胡汉"之类的表达，另一种观点认为秦胡是胡化的汉人，是西北地区一种特定的族群[3]。目前持后一种观点的学者越来越多。从《董卓传》的这段文本来看，认为"秦胡"是胡化汉人的解释确实有其道理，因为只有当秦胡是某一特定人群，才可与同样指示特定人群的湟中义从并举，反之，如果"秦胡"是

1 《三国志》卷九《魏书·夏侯渊传》，第271页。
2 《后汉书》卷七二《董卓列传》，第2322页。
3 可参见王子今《说"秦胡"、"秦虏"》等论著，《中国边疆史地研究》2019年第1期。

泛指胡汉，那么湟中义从自然包括其中，不必单列。然而，有关秦胡的现有史料虽不多，但内容相当复杂。最为典型的一例见于《后汉书·段颎传》："（建宁）三年春，征还京师，将秦胡步骑五万余人，及汗血千里马，生口万余人。"[1]段颎先后平定西羌与东羌，率大军还朝，接受封赏嘉奖。段颎进京时携"秦胡步骑五万余人"，从这个军队规模看，秦胡不应指某一特定种群。《西羌传》记湟中义从"其大种有七，胜兵合九千余人，分在湟中及令居"[2]，又载诸羌"参狼在武都，胜兵数千人……其八十九种，唯钟最强，胜兵十余万。其余大者万余人，小者数千人，更相钞盗，盛衰无常，无虑顺帝时胜兵合可二十万人"[3]。如果秦胡是像湟中义从一样的某一特定种群，远较秦胡著名的湟中义从胜兵人数不过九千人，且分散在湟河谷地与庄浪河流域。诸羌之中，人数最多的钟羌胜兵也只有十余万，诸羌近九十种胜兵者亦不过二十万上下，而能够同时征召的人数又远少于胜兵人数。段颎进京仅秦胡兵便有五万余人，西北地区很难有一个这么庞大的种群。另外，段颎作为征讨东西羌的主帅，其麾下将士不可能只从某一特定种群中征召，而《段颎传》中记载他调集兵力最多的一次军事行动不过只有万

1 《后汉书》卷六五《段颎列传》，第2153页。
2 《后汉书》卷八七《西羌传》，第2899页。
3 《后汉书》卷八七《西羌传》，第2898页。

余人[1]，可见这步骑五万多人应是段颎征讨诸羌的主力，应当来自于胡汉各族，这里的“秦胡”自然也不应是某一胡化汉人之类的特定种群，而是类似于“胡汉”的泛称。当然，有关“秦胡”的史料偏少，还有很多情况并不清晰，难以有确论。不过，《段颎传》中的材料或许能提醒我们，虽然东汉时期西北地区民族融合已相当深入，当然也应有不少汉人胡化，但史料中出现的“秦胡”一词未必就恰好对应西北社会的这一状况，不宜视作西北存在汉人胡化现象的坚实证据。

整体来说，由于长期的民族融合，西北各族之间的联系已颇为紧密，甚至氐羌各部对当地的汉姓大族与名士也十分认可。在此背景下，大大小小的羌汉结合的军阀纷纷涌现，依靠当地大族的影响力与地方治理能力，以及氐羌各部强大的军事支撑，这些军阀在西北地区深深地扎下根基，成为曹操统一与治理北方的一大障碍[2]。

曹操对关陇地区的征服

曹操为控制西北，除了要求马腾、韩遂等送质子到许都，

1 《后汉书》卷六五《段颎列传》，第2149页。

2 参见並木淳哉:《曹魏の関隴領有と諸葛亮の第一次「北伐」》，《駒沢史学》第87号，2016年。

又征马腾入朝为官，其家属皆一并入朝，唯留腾子马超于关西统众。建安十六年（211），曹操命司隶校尉钟繇征汉中，当时钟繇镇弘农。曹操又令刚刚平定太原商曜的夏侯渊、徐晃从河东南下与钟繇合兵西进。马超、韩遂等认为曹操实际是要以征张鲁为借口向自己发难，便联合众多关西军阀会集潼关，阻止钟繇进军。曹操于是率大军前往潼关对战。此后，曹操用四年的时间击败关西众将与举兵对抗的氐羌诸部，平定关陇，才最终统一了北方。

据裴注引《典略》记载，与马超同时起兵会于潼关的还有侯选、程银、李堪、张横、梁兴、成宜、马玩、杨秋、韩遂等，共十支势力[1]。据《魏略》，程银、侯选、李堪皆河东人[2]，杨秋据安定。李堪、成宜于潼关之战时阵亡[3]，其余马超、韩遂等皆退走。曹操围攻安定，杨秋投降。曹操保留他的官爵，使之仍在安定统众。其间夏侯渊进军陇山脚下的汧县、隃麋一带，降服当地的氐人。曹操退回关东，留夏侯渊镇守长安。梁兴至蓝田依托秦岭据守，夏侯渊追至秦岭，击败当地势力刘雄（又作“刘雄鸣”），迫其投降，又于鄠县击杀梁

1 《三国志》卷三六《蜀书·马超传》注引《典略》，第946页。
2 《三国志》卷八《魏书·张鲁传》注引《魏略》，第266页。
3 《三国志》卷一《魏书·武帝纪》，第35页。

兴[1]。马超、韩遂退至陇右，收拢余部，招合氐羌，重新积聚力量。

马超至陇右后，得到氐羌诸部的支持，张鲁又派部将杨昂带兵相助[2]，马超遂率氐羌诸部进攻陇上诸县，得到当地普遍响应，于是马超击杀凉州刺史韦康，占据冀城。韦康被围攻时向夏侯渊求救，救兵未到，韦康便已战败。夏侯渊进军与马超对阵，而背后陇左汧县一带先前投降的氐人再度起兵反叛，夏侯渊退回陇山以东。

马超内连诸羌，外结张鲁，夏侯渊大军又已退回，看似在陇右已别无敌手。然而，此时前凉州别驾天水杨阜等为了给州郡故君报仇，暗中行动起来。杨阜首先联络当时屯兵历城的外兄姜叙。历城位于天水南端西汉水上游沿岸，在祁山及西汉水南侧，已是处在连结武都与陇右的祁山道中段，可能是被马超的势力挤压至此，或是本屯兵于此，但因地理位置较为边缘而尚未受到马超的攻击。杨阜、姜叙联合同乡姜隐、赵昂等，准备起兵，而阜从弟杨岳正在冀城，为马超所拘执，杨阜又与杨岳联络，使为内应。当时亦有安定梁宽及南安赵衢、庞恭等同在冀城，杨阜又同他们提前约定共击马

---

1 《三国志》卷一《魏书·武帝纪》，第36页；卷九《魏书·夏侯渊传》，第270页。

2 《三国志》卷二五《魏书·杨阜传》，第701页。

超。众人约誓完毕，姜叙自历城挥兵北攻卤城，马超果然亲自率兵救援，冀城由此空虚，梁宽、赵衢等便放出尚被关押的杨岳，关闭冀城城门，诛杀马超家人。马超失去后方，与杨阜等交战一番之后，逃往汉中投奔张鲁[1]。程银、侯选也随马超同至汉中。后马超入蜀投降刘备，程银、侯选随张鲁投降曹操，曹操皆复其官爵[2]。

马超至汉中后，从张鲁处借兵还攻祁山一带。姜叙抵敌不过，急忙向夏侯渊求援。夏侯渊、张郃等率兵西进，马超率氐羌兵于渭水谷地险要处阻击，但尚未交战，马超便退，而陇右诸县已降于夏侯渊。马超见大势已去，再度南奔汉中，夏侯渊则乘胜继续西进。

韩遂当时驻兵冀城以北不远的显亲，因夏侯渊进兵，转向略阳。夏侯渊追至略阳附近，准备与之交战。渊部下诸将或言应攻略阳城，或言进攻附近的兴国氐。夏侯渊认为略阳城坚固，韩遂军中多长离诸羌，若先攻长离，韩遂必然前往救援，到时于野外作战，便可省去攻城之劳。长离即长离川，流经略阳附近的陇山地区。夏侯渊留辎重在后，轻兵急袭长离羌人的居处，韩遂军中的羌兵纷纷赶回长离，韩遂不得已只能出兵救援长离，夏侯渊趁机大破韩遂，又攻取略阳，进兵兴国，兴国

---

1 《三国志》卷二五《魏书·杨阜传》，第701—702页。

2 《三国志》卷八《魏书·张鲁传》注引《魏略》，第266页。

氐王千万逃奔马超。夏侯渊沿陇山北上，进至高平，击败高平屠各。随后，夏侯渊向西进攻盘踞陇西郡的各种地方势力。宋建自黄巾起义后不久便占据枹罕，至此已达三十年，自称河首平汉王，置丞相百官。夏侯渊消灭宋建，平定河南地，又乘势进入湟中，河西诸羌纷纷降附[1]。韩遂逃至金城，又奔西平。当地将领麴演等杀遂，送其首于曹操[2]。至此，曹操基本完成对西北的征服，完全统一北方。

史料中最能集中反映西北政治分裂状况的，是有关西北军阀林立局面即将终结之时的记载。由于史书中对曹操平定西北的过程记载较为详细，我们便也得以跟随曹操、夏侯渊的兵锋所向，一探当地军阀割据的大致状况，但由于史料大多是基于曹魏立场的，更多的有关各军阀与氐羌诸部的史事，我们便难以深究了，这不得不说是一个遗憾。曹操、夏侯渊的对手除了有马超、韩遂这样的著名军阀，还有杨秋、李堪、程银、侯选这种稍弱的地方势力。我们并不尽知这些军阀统帅的族属，如杨氏在氐人与汉人之中皆为大姓，故杨秋难以判断是汉人还氐人。不过，我们仍大概可以确定当时会兵潼关的十位统帅多为汉人，而他们的军中包含了大量的氐羌兵。另外，夏侯渊还先后击败汧县一带的氐人、高平屠各、兴国

1 《三国志》卷九《魏书·夏侯渊传》，第271页。
2 《三国志》卷一《魏书·武帝纪》，第45页。

氐，并招降河西诸羌。由此可知，汉末西北地区遍布着众多羌汉结合的军阀豪帅以及散居各地的氐羌诸部，这便是当地军阀割据的基本状况。

河西豪帅——西北分裂割据的余波

曹操击败马超、韩遂等势力后，西北地方割据势力并未就此绝迹，尤其是凉州的河西一带，因地理位置悬远，地方势力仍相当强盛，他们又与曹魏进行了较长时间的争斗，成为西北军阀割据的余波。

夏侯渊击杀宋建、平定河南地之后，虽然一度进兵湟中，收降河西，但不久又被调往汉中，曹操对河西地区的控制仍相当薄弱。如参与击杀韩遂的西平军将麹演，便是当地重要的地方势力，后来此人公然驱逐太守，试图阻止曹魏统治力量深入河西。

夏侯渊平定陇右后，河西的地方势力只是表面降服，实际仍是各自为政，各据一方。曹操尚无暇顾及河西，便采纳张既的建议，对之放任羁縻而已。据《张既传》：

> 是时，武威颜俊、张掖和鸾、酒泉黄华、西平麹演等并举郡反，自号将军，更相攻击。俊遣使送母及子诣太祖

> 为质，求助。太祖问既，既曰："俊等外假国威，内生傲悖，计定势足，后即反耳。今方事定蜀，且宜两存而斗之……"[1]

张既劝曹操先对河西诸将采取暧昧态度，使其自相争斗，以便从中取利。不久和鸾杀颜俊，武威王祕又杀和鸾，为颜俊报仇[2]。此后曹操直至死，都没有过多直接干涉河西事务，任凭当地军阀自相混战。

曹丕称王以后，开始谋求加强对河西的控制。此前曹操任命韦康为凉州刺史，康为马超所杀，遂不设凉州，合凉州之地与原属司隶的三辅为雍州。曹丕即王位，以安定太守邹岐为凉州刺史，进驻河西。设置凉州与任命邹岐很快激起河西地方势力的反应。张掖张进拘执郡守杜通，拒绝听命于邹岐，黄华、麹演也各自在酒泉、西平驱逐太守，响应张进。同时武威三种胡亦起兵，河西道路断绝，武威太守毌丘兴向护羌校尉苏则告急。苏则率军击败并降服三种胡，又进军张掖。麹演将兵迎候苏则，苏则当即杀之，又击斩张进。黄华见三郡皆败，于是投降，河西平定[3]。在这次河西战乱中，史载"雍、凉诸豪皆驱

---

1 《三国志》卷一五《魏书·张既传》，第474页。
2 《三国志》卷一五《魏书·张既传》，第474页。
3 《三国志》卷一五《魏书·张既传》，第474页；卷一六《魏书·苏则传》，第492页。

略羌胡以从（张）进等”[1]，可见在曹氏统一西北后，当地仍有很多地方势力是相当抗拒的，只是暂时屈服而已，待张进等举兵，河西大乱，他们又纷纷响应。另外，西北诸豪能利用氐羌各部的武力，说明当地各民族之间的联系仍相当紧密，能够产生羌汉结合军阀的土壤仍然存在。

随后凉州卢水胡举兵反魏，曹丕召还邹岐，以张既为新任凉州刺史，进驻河西。张既从金城渡河，卢水胡以为张既将由鹯阴口渡，便在鹯阴布下重兵。张既扬声自鹯阴渡，实则暗中出且次（揟次），进至武威。张既既据武威，又率军西至显美，与卢水胡战，大败其军[2]。其后酒泉苏衡与羌人、丁零合兵举事，张既又击败之，于是上疏请求令夏侯儒在酒泉修治左城，置障塞、烽侯、邸阁，西羌由此归附者两万余落。西平麹光杀太守，张既诱赏诸羌求购麹光，其部下果然斩杀麹光而归降[3]。张既在凉州经营数年，曹魏的统治秩序得以逐步建立，不仅各种地方势力受到压制，氐羌诸部也有不少开始与政府合作，而不再轻易受到地方大族的鼓动，其中平定麹光时，便采用了将之与氐羌诸部分化瓦解的手段。

曹魏在河西除了打压豪强，拉拢控制诸羌之外，还注意发

1 《三国志》卷一六《魏书·苏则传》，第492页。
2 《三国志》卷一五《魏书·张既传》，第474—475页。
3 《三国志》卷一五《魏书·张既传》，第476—477页。

展生产，以此增强政府的力量，加强对地方的掌控。魏明帝太和年间，仓慈为燉煌太守，在任上“抑挫权右，抚恤贫羸，甚得其理。旧大族田地有余，而小民无立锥之土；慈皆随口割赋，稍稍使毕其本直”[1]。仓慈在燉煌，竟能强制大族分割部分田地与贫民耕种，可见曹魏在河西着意打压豪强，尽力避免贫民及诸羌依附这些豪强，形成尾大不掉的地方势力。后安定皇甫隆为燉煌太守，推广耧犁与灌溉技术，又在当地移风易俗，颇有汉代循吏之风[2]。

一个值得注意的现象是，自曹丕之后，西北地区就很少见到类似东汉的“羌乱”或汉魏之际的军阀割据现象，这当然很大程度上应归因于曹魏对西北地区控制的加强，包括对各种军阀势力的打击，对地方豪强大族的限制，对氐羌人口的严密控制等等，但还有一个重要原因是西北各族反抗中原王朝的形式发生了重大变化。随着魏明帝时期蜀汉开始北伐，影响西北局势最为重要的因素就从当地的官民关系、族群关系变成了蜀魏战争。诸葛亮首出祁山时，天水、南安、安定三郡纷纷响应，表明到了明帝时期雍凉一带仍有大量不愿服从曹魏的地方势力，他们借着蜀军北伐的时机重新活跃起来。后来姜维北伐期间，陇右、河西的氐羌部落大量与姜维结盟，积极帮助蜀军对

1 《三国志》卷一六《魏书·仓慈传》，第512页。
2 《三国志》卷一六《魏书·仓慈传》注引《魏略》，第513页。

抗魏军，给魏国造成了很大的困扰。由此可见，虽然“羌乱”与军阀林立的情况自曹丕时期以后就基本未再出现过，打击豪强与控制氐羌诸部的措施也确实有其效果，但曹魏从来没有真正解决西北地区的问题。

西北地区的割据战乱是汉末军阀混战的一部分，但它又是颇为独特的。除了董卓等势力，西北军阀大多产生于反抗政府的武装力量之中，他们较少借助国家的地方政权组织或军队系统，虽然很多军阀统帅取得了政府给予的官爵，他们的根基却深埋在西北社会之中。长期的羌汉交往与民族融合，使得西北军阀大多以羌汉结合的方式出现。军阀统帅有不少出身于汉姓大族，甚至曾经就是西北地区的地方官员或军队将领，他们既熟悉如何管理汉人社会，又能较为充分地利用氐羌各部的军事力量。由此我们看到，曹魏征服西北时较为关键的战役，并不像在其他地区的关键胜利那么具有决定性，曹军几乎每到一个地区都会有不同的反抗力量，而较少会有某一支较强大的力量战败后，其他地方的割据势力便会望风而降。另外，西北的地方势力由于太过散碎，而且和当地社会结合极为紧密，很难对他们全部采取斩草除根的做法，因而也更容易出现某支势力时降时叛的情况，由此征服战争在一些地区也会反复进行。总之，西北军阀林立，虽然他们中实力最强的也难以和主要的关东军阀相提并论，但当我们认识到这些割据武装在当地的根基极为深厚以及西北地区情况尤其复杂之后，就不难理解为什么西北军阀并不比那些看上去实力更强的关东群雄容易对付，他们能够在汉末军阀中最早出现，最晚被消灭，不仅得益于地理位置较为偏远，更是有着其他的深刻原因。

二、据险而守与以教聚民的汉中张鲁

在关东群雄互相混战的时候，位于巴蜀与关中之间的汉中盆地一带，也形成了一支独特的割据势力，即是张鲁集团。

张鲁集团在汉末主要军阀中虽然实力偏弱，但很有自己的鲜明特点，其统治带有浓厚的宗教色彩，甚至可以说是一支“政教合一”的割据势力。不过，张鲁集团之所以值得关注，除了它为我们提供了一个可供观察的汉末“政教合一”政治实体的特例之外，还在于它和周边的军阀势力的紧密联系，这对于我们了解当时群雄并立的整体局势，尤其是西部政治形势的演变，具有特殊意义。可以说，宗教因素与汉中特殊的地理位置，使得张鲁集团对汉末局势的影响超出了其自身实力本应达到的高度。

张鲁集团的形成

关于张鲁的身世，《三国志》、《华阳国志》与《后汉书》记载并无不同。张鲁为沛郡人，祖父张陵客居蜀地，学道于鹤鸣山中（《三国志·张鲁传》作“鹄鸣山”，实为同一山）。张陵有子张衡，遂传其道于衡。衡即张鲁之父。张鲁受业于张衡，自号“君师”。张鲁在蜀中传道，利用父祖以来建立的一套宗教规范，不断积累教众，扩大影响，史称其教派为“五斗米道”[1]。不过，关于张鲁宗教首领地位的得来，裴注引《典略》的记载与上述三种史料有显著差别，其文曰：

> 熹平中，妖贼大起，三辅有骆曜。光和中，东方有张角，汉中有张脩……脩法略与角同……又使人为奸令祭酒，祭酒主以《老子》五千文，使都习，号为奸令。为鬼吏，主为病者请祷……使病者家出米五斗以为常，故号曰五斗米师。[2]

1 《三国志》卷八《魏书·张鲁传》，第263页；《后汉书》卷七五《刘焉列传》，第2435—2436页；常璩著，任乃强校注：《华阳国志校补图注》，第72页。

2 《三国志》卷八《魏书·张鲁传》注引《典略》，第264页。

"奸令祭酒"、"奸令"等语显然是贬低五斗米道之词，教规实际内容与《三国志·张鲁传》载张鲁设立之规范相似。五斗米道的创立者究竟是张陵祖孙，还是张脩？面对这一史料矛盾，裴松之曰："张脩应是张衡，非《典略》之失，则传写之误。"[1]裴松之应是因《典略》云"后（张）角被诛，脩亦亡"[2]，故判断此张脩应为张鲁父张衡。这一推测看似解决了不同史料的矛盾，但又存在另一问题。据《典略》记载，张脩死后，"及鲁在汉中，因其民信行脩业，遂增饰之"[3]云云。若按此说，张鲁学道以及成为宗教领袖，可能并非源于家传，而是为了统治汉中才转而信奉由张脩所传的五斗米道，张陵、张衡、张鲁这一传承谱系自然也无从谈起。对照其他史料，可知张脩并非只是张衡之误。《后汉书·灵帝纪》：中平元年（184）"秋七月，巴郡妖巫张脩反，寇郡县"[4]，即表明张鲁据汉中前，西南确有宗教领袖名张脩者。此外，刘焉派张鲁入汉中时也有同行者名张脩，为别部司马，与张鲁共同击杀汉中太守苏固，其后又为张鲁所杀[5]。《华阳国志》还详细记载了张脩奉张鲁之命击杀苏

1 《三国志》卷八《魏书·张鲁传》裴松之注，第264页。
2 《三国志》卷八《魏书·张鲁传》注引《典略》，第264页。
3 《三国志》卷八《魏书·张鲁传》注引《典略》，第264页。
4 《后汉书》卷八《孝灵帝纪》，第349页。
5 《三国志》卷八《魏书·张鲁传》，第263页。

固的经过[1]。按照《典略》记载，张脩在张角失败后不久已经亡故，那么与张鲁一起夺取汉中的应是另一人，只是同名而已。不过这一猜测是集合各种不同史料才得出的，现存记载中，并无一处同时提到光和、中平年间传道之张脩与助张鲁占据汉中的张脩，故而我们并不能确定张鲁道教信仰以及其宗教领袖身份的由来，也难以确定上述史料中提到的张脩是不是两个同名的人[2]。任乃强认为中平元年起兵之张脩既然与张角同年举兵，应即角所统“三十六方”之一，亦属黄巾[3]。此观点没有直接证据，或可备为一说。

刘焉入蜀后不久，灵帝驾崩。刘焉为了能够割据西南，除了积极控制益州西部山区的边防军等军事力量，打压地方大族，还派张鲁进入汉中，以切断与长安朝廷的联系。史载张鲁的母亲因道术常“往来焉家”，于是刘焉任命张鲁为督义司马，进入汉中，断绝诸山谷阁道，杀害汉使[4]。

张鲁虽然实为刘焉所派遣，但他出兵的名义是什么呢？张鲁据汉中后，“焉上书言米贼断道，不得复通”[5]，可见刘焉仍认定张鲁为“米贼”，而不承认他是自己的部下。汉中本

1 常璩著，任乃强校注：《华阳国志校补图注》，第72页。
2 可参见吕思勉《秦汉史》，第746页。
3 常璩著，任乃强校注：《华阳国志校补图注》，第76页。
4 《三国志》卷三一《蜀书·刘二牧传》，第867页。
5 《三国志》卷三一《蜀书·刘二牧传》，第867页。

属益州，刘焉作为州牧，亦未有史料记载汉中太守苏固有抗拒刘焉的举动，为何刘焉仍要派张鲁袭杀苏固，要以这种方式控制汉中呢？笔者以为，张鲁以“贼”的身份，较之朝廷任命的太守苏固更适合去完成隔绝道路甚至杀害使者的任务，如此刘焉便有借口断绝与朝廷的联系，从而割据益州。据《英雄记》记载：“董卓使司徒赵谦将兵向州，说校尉贾龙，使引兵还击焉，焉出青羌与战，故能破杀。”[1]由此可见，蜀中大族贾龙、任歧起兵反刘焉与司徒赵谦有关。按《后汉书·献帝纪》，赵谦于初平元年（190）任太尉[2]，而贾龙等起兵在初平二年，故“司徒赵谦”实应为“太尉赵谦”。《英雄记》云赵谦讨刘焉是因奉董卓之命，但很可能并未触及问题的实质。赵谦与董卓同在长安朝廷，他们的关系相当微妙，甚至互为政治对手。据《后汉书·赵典传》记载：“车师王侍子为董卓所爱，数犯法，谦收杀之。卓大怒，杀都官从事，而素敬惮谦，故不加罪。”[3]车师王侍子即车师王派到朝廷为质任的王子，赵谦当时为司隶校尉，便将其收杀。都官从事为司隶校尉高级属官，董卓杀之，以示对赵谦的报复，可见两人关系颇为紧张。那么，赵谦为何又为董卓联络蜀中大族攻

1 《三国志》卷三一《蜀书·刘二牧传》注引《英雄记》，第867页。
2 《后汉书》卷九《孝献帝纪》，第369页。
3 《后汉书》卷二七《赵典列传》，第949页。

刘焉？其实赵谦本蜀郡人，作为朝中高官，他有意愿和董卓相抗衡，但实力不足，因此贾龙等蜀中大族便成为他可以援引、依靠的力量，而刘焉指使张鲁占据汉中，实际上切断了赵谦与蜀中大族的联系，由此与赵谦结仇。贾龙等大族与蜀郡赵氏关系较密切，他们也不愿失去朝中的强援，而受刘焉摆布，于是便在赵谦授意下进攻刘焉。张鲁隔断道路，间接引发益州与长安政局的变化，而切断蜀中大族与蜀郡赵氏等朝廷势力的联系，便应是刘焉派张鲁进攻汉中的初衷之一。刘焉割据西南，仅有杀本地大族以立威是不够的，还需要切断益州大族与在长安任职的蜀郡赵氏等家族的联系，将他们分别孤立。这一目的，显然是苏固等人无法达到的。

其后董卓身死，李傕等攻杀王允，赵谦又代允为司徒，其年病死。谦弟赵温虽仍在朝中但任高官，后来也相继任司空、司徒，但李傕、郭汜等日相攻杀，朝臣朝不保夕，赵温已难以对益州局势产生实质影响。

张鲁从刘焉的依附势力转变成为完全独立的军阀，经历了几个阶段。张鲁初入汉中时，其母及弟在刘焉处作为人质，另外张鲁得到刘焉大力扶植，其部下应有不少人为刘焉所派遣，这些都缩小了张鲁独立行事的空间。不过，刘焉毕竟不承认张鲁听命于自己，而是称其为“米贼”，因此“米贼”的身份仍使张鲁拥有表面的独立军阀的地位。诛杀张脩应是张鲁清除刘焉势力的重要一步。《华阳国志》虽云脩为张鲁之党[1]，但他与刘焉有较深的关系，张鲁将其诛杀，有助于减弱刘焉对汉中的影响。至兴平元年（194），刘焉病死，刘璋袭位，而张鲁在汉中的地位愈加巩固，“稍骄恣，不承顺璋”，刘璋于是杀死作为人质的张鲁母亲及兄弟，双方遂为仇敌。张鲁此时彻底摆脱刘璋，完成了军阀化的进程。

张鲁与刘璋反目后，刘璋多次派兵进攻汉中，均被张鲁击败。刘璋又任命庞羲为巴西太守，抵御张鲁。张鲁在汉中实行政教结合的统治，一方面向朝廷纳贡，接受汉宁太守的任命[2]，另一方面据险自守，利用传播五斗米道扩大影响。巴蜀地区多有信奉五斗米道者，又“鲁部曲多在巴西”[3]，应表明张鲁部下多为巴人。如张鲁功曹阎圃即巴西人[4]。张鲁用宗教与乡里关系向巴地渗透，造成的一个结果就是“巴人日叛”[5]，巴人纷纷脱离刘璋投奔张鲁。当时有巴夷王杜濩、朴胡、袁约与张鲁同叛刘璋[6]，可见张鲁对巴人影响之深。张鲁虽任命功曹等属官以主政务，但据《张鲁传》记载，张鲁治汉中“犯法者，三原，然

1 常璩著，任乃强校注:《华阳国志校补图注》，第72页。
2 《三国志》卷八《魏书·张鲁传》，第263—264页。
3 《三国志》卷三一《蜀书·刘二牧传》，第868页。
4 《三国志》卷八《魏书·张鲁传》，第264页。
5 常璩著，任乃强校注:《华阳国志校补图注》，第346页。
6 常璩著，任乃强校注:《华阳国志校补图注》，第72页。

后乃行刑。不置长吏，皆以祭酒为治，民夷便乐之”[1]。马超奔汉中后，“张鲁以为都讲祭酒”[2]，说明《张鲁传》所载张鲁的统治方式是可信的，宗教因素在其统治中确占有重要地位。有汉中百姓从田地中挖出玉印，群下便借此机会拥张鲁为汉宁王，经阎圃劝阻才未实行[3]。张鲁实力并不强大，群下之所以要尊其为王，除了当时周边力量都无力征讨或无暇顾及张鲁外，一个比较重要的原因应是宗教领袖的特殊身份使张鲁具有其他军阀统帅所没有的特别的崇高地位。

张鲁集团与北方势力的关系

张鲁政权之所以能长期存在，除了他成功抵御刘璋进攻及利用宗教影响力“雄于巴汉”[4]之外，亦因西北地区长年战乱及军阀分立，汉中较少受到北方的威胁，且往往能从西北的战乱中受益。另外，张鲁也密切关注关陇地区的局势变动，与那里的各种势力积极保持联络，并试图影响西北局势。

董卓时期，张鲁刚刚占据汉中，他的一个重要任务便是阻

---

1 《三国志》卷八《魏书・张鲁传》，第263页。
2 《三国志》卷三六《蜀书・马超传》注引《典略》，第946页。
3 《三国志》卷八《魏书・张鲁传》，第264页。
4 《后汉书》卷七五《刘焉列传》，第2433页。

断长安至益州的道路，甚至杀害朝廷的使者，以便于刘焉独占益州。这一行为不仅触犯了赵谦等益州籍朝中官员的利益，显然也是与董卓相对立的，毕竟被杀害的使者是由董卓控制的朝廷派出的。

董卓死后，刘焉通过他留在长安的儿子刘范与朝臣马宇及马腾等合谋进攻李傕，史料中未记载张鲁此时对李傕、马腾等人的态度，不过，关中的战乱对张鲁未必没有好处。这时关陇一带有大量人口为躲避战乱逃亡巴蜀、荆州等地，而距关中更近的汉中应当也吸收了不少流民。

曹操联合关西诸将攻杀李傕后，对诸将加以羁縻，关中地区的战乱渐归平息，此时张鲁对曹操的态度不见有史书明确记载，但我们仍可根据一些历史细节加以推测。

官渡之战前夕，曹操派卫觊出使蜀中，欲使刘璋出兵牵制刘表。然而，卫觊“至长安，道路不通，觊不得进，遂留镇关中”[1]。当时关西诸将与钟繇关系尚佳，且卫觊已至长安，显然“道路不通”是指汉中，应是张鲁拒绝曹操使者通过，卫觊才不得不停留关中。

曹操平定河北后，益州与许都之间又有了往来。《华阳国志》记载：

---

1 《三国志》卷二一《魏书·卫觊传》，第610页。

（建安）十年，璋闻曹公将征荆州，遣中郎将河内阴溥致敬。公表加璋振威将军，兄瑁平寇将军。十二年，璋复遣别驾从事蜀郡张肃，送叟兵三百人并杂御物。公辟肃为掾，拜广汉太守。十三年，仍遣肃弟松为别驾，诣公。公时已定荆州，追刘主（按：即刘备），不存礼松；加表望不足，但拜越嶲比苏令。[1]

张松见曹操时，曹操已在荆州，显然这次会面地点也在荆州。至于此前的两次通使，当时刘表与曹操、刘璋皆相敌对，张鲁与刘璋有仇怨，又担心曹操联合刘璋吞并自己，如果刘璋与曹操能联络畅通，对于刘表、张鲁显然是极为不利的，故而荆州与汉中的道路恐怕很难会对蜀中使者开放。如果阴溥还有从小路偷过的可能，张肃作为益州别驾，又携带大量随从乃至军士，便只可能是公开出使，偷过的难度太大。除了刘表和张鲁控制的地盘，当时还有一条可能比较畅通的道路，即是从夹在荆州与汉中盆地之间的东三郡通过。据《魏略》记载：

申仪兄名耽，字义举。初在西平、上庸间聚众数千家，后与张鲁通，又遣使诣曹公，曹公加其号为将军，因

1 常璩著，任乃强校注：《华阳国志校补图注》，第346—347页。

使领上庸都尉。[1]

申耽、申仪兄弟聚众于上庸一带，与曹操、张鲁皆有往来，实际上充当了沟通各大势力的中转站，后来直至司马懿击杀孟达之前，成都与中原之间许多人员、书信往来都经东三郡通行。阴溥、张肃尤其是后者便应是先从巴西山路进入东三郡，又由此翻越秦岭进入关中，或从鄂、豫、陕交界处的山路抵达颍川、许都。

此外，从曹操以征张鲁为由遣钟繇、夏侯渊等出兵关中来看，张鲁和曹操的关系应并不友好。虽然在马超等起兵之前，张鲁不大可能有直接挑衅曹操的举动，但断绝道路、不通王命这些行为，也足以表现出张鲁对曹操的有意疏远乃至防备。

马超起兵，拒曹操于潼关，未有史料显示张鲁是否参与，但马超兵败退至陇右时，张鲁确曾出兵助超。《杨阜传》载：

超尽兼陇右之众，而张鲁又遣大将杨昂以助之，凡万余人，攻城……刺史、太守卒遣人请和，开城门迎超。超入……使杨昂杀刺史、太守。[2]

---

1 《三国志》卷四〇《蜀书·刘封传》注引《魏略》，第994页。

2 《三国志》卷二五《魏书·杨阜传》，第701页。

张鲁出兵陇右，显然不希望马超等被曹操消灭，否则汉中将要直面曹操的威胁，另外，关中处于战乱之中，张鲁亦有利可图。《张鲁传》载："韩遂、马超之乱，关西民从子午谷奔之者数万家。"[1]

马超在陇右战败后，南奔汉中，当时程银、侯选等共同聚兵潼关对抗曹操的军阀统帅也同至汉中，马超又有小妇弟名种，原在三辅，此时也已"先入汉中"[2]，汉中已经聚集了相当多的马超旧部或盟友。张鲁为笼络马超，欲嫁女与之联姻，被部下劝阻。其后张鲁部将杨白又嫉害马超，马超遂经由武都逃入蜀中。马超受到的待遇有这样的变化，其中一个可能的原因是当时汉中有大量人口自关陇地区迁移而来，张鲁起初想要拉拢马超，以稳定流民人心，后来担心马超对流民影响太大，威胁自己的统治，便有意疏远甚至暗中驱赶马超。

韩遂等西北军阀被消灭后不久，曹操果然南征张鲁，张鲁被迫投降，同时程银、侯选等此前投奔张鲁者也一起投降。随后，张既劝曹操迁汉中民数万户至长安及三辅[3]。《华阳国志》亦云，曹操自汉中退军后，"留征西将军夏侯渊，及张郃、益州刺史赵颙等守汉中。迁其民于关陇"[4]。根据这些史料，建安

1 《三国志》卷八《魏书·张鲁传》，第264页。
2 《三国志》卷三六《蜀书·马超传》注引《典略》，第946页。
3 《三国志》卷一五《魏书·张既传》，第472页。
4 常璩著，任乃强校注：《华阳国志校补图注》，第73页。

二十年（215）曹操留夏侯渊、张郃于汉中时便将百姓大量迁出，然而，亦有史料显示迁徙汉中人口可能要更晚一些。《三国志·周群传》载：

> 先主欲与曹公争汉中，问群，群对曰："当得其地，不得其民也。"……蜀郡张裕亦晓占候……谏先主……先主竟不用裕言，果得地而不得民也。[1]

如果曹操建安二十年便已令汉中百姓迁徙，为何其后周群和张裕还需要提前占卜是否会"得民"呢？可见刘备争汉中之前汉中百姓尚未被迁出，或者只迁移了一部分。又可参考《魏略》载扈累及寒贫事：扈累，"建安十六年，三辅乱，又随正方南入汉中。汉中坏，正方入蜀，累与相失，随徙民诣邺"；寒贫，"建安初，客三辅……至十六年，关中乱，南入汉中……到二十五年，汉中破，随众还长安"[2]。《魏略》作者为魏人，所持立场自然也是曹魏一方的，故而书中以"汉中破"指刘备取汉中一事，同样扈累事迹中"汉中坏"亦应指此，而不会用"坏"这样的字眼指代曹操于二十年取得汉中。刘备得汉中在建安二十四年，二十五年应是表述寒贫迁至长安的时间。扈

1 《三国志》卷四二《蜀书·周群传》，第1020页。

2 《三国志》卷一一《魏书·管宁传附胡昭传》注引《魏略》，第365页。

累、寒贫都是在马超、韩遂起兵而关中大乱以后南入汉中的，后来直到刘备争汉中时才被曹操北迁，可见建安二十年曹操可能并未大规模迁徙汉中民众，而直到几年后放弃汉中时仍有“徙民诣邺”与迁“众还长安”之事。

张鲁投降曹操后汉中一带局势的变化

张鲁作为汉末最后一个被吞并的主要军阀，他投降曹操的抉择对汉末及三国初期的局势产生了相当大的影响，尤其是刘备集团的总体规划因之有了重大调整。

先简单梳理曹操灭张鲁的过程。建安二十年，曹操已基本平定西北，开始着手南征汉中。曹操入汉中，并未选择斜谷、骆谷等可以从关中直达汉中的道路，而是从更靠西方的陈仓道进兵，先南入武都，再向东进军汉中盆地西侧。陈仓道的道路情况较斜谷等线路更好一些，但亦非畅通无阻。武都的氐人对曹操进行了武力抵抗。氐人听闻曹操要进入武都，便阻塞道路，曹操遣张郃、朱灵击败氐人，方才疏通道路。随后，曹操自陈仓出散关，至河池，又遭到氐人抵抗——“氐王窦茂众万余人，恃险不服”，曹操遂“攻屠之”[1]。随后曹操转而向东进

1 《三国志》卷一《魏书·武帝纪》，第45页。

军位于今陕西勉县的古阳平关，抵达汉中盆地西端，张鲁亦布置军队在阳平关一带防守。在汉末混战中，有关武都地方势力的记载较少，而从曹操征汉中一役可知，张鲁集团并不控制武都，同时马超等西北军阀及益州刘璋也非武都之主，实际上武都一带应是诸氐人部落遍布的状况。

张鲁之弟张卫在阳平关一带山险处布防，曹操攻之不克，准备退军。此时曹军前部夜中迷路，误入敌军营寨，大败张鲁军，张鲁逃入巴中，不久携巴、汉之众投降曹操。

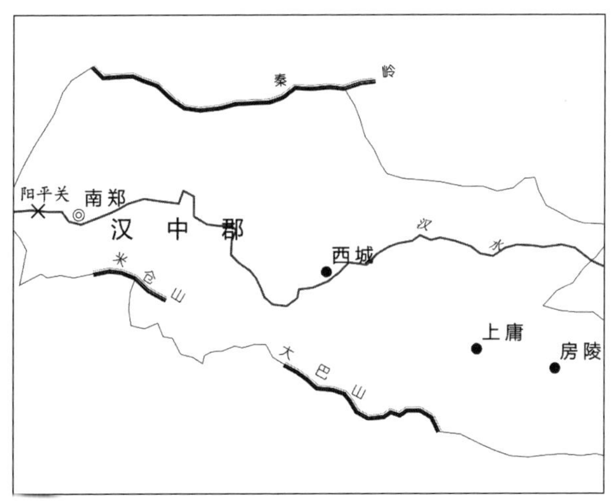

图 4 东汉汉中郡示意图

在张鲁投降前的建安十九年，刘备入主成都，至二十年孙权遣使索求荆州，刘备不允，孙权便派吕蒙等袭取长沙、零陵、桂阳三郡。刘备率军五万下公安，又令关羽入益阳，与孙权摆开阵势，准备大战。正在孙刘相持之时，刘备得知曹操已得汉中，张鲁逃奔巴西，便和孙权达成两分荆州的协议，“江夏、长沙、桂阳东属，南郡、零陵、武陵西属”[1]。孙刘就此罢兵，刘备退回江州。刘备遣黄权往巴西迎张鲁，而张鲁已返回汉中，投降曹操。

按《三国志·武帝纪》，张鲁投降在建安二十年十一月，又载：“九月，巴七姓夷王朴胡、賨邑侯杜濩举巴夷、賨民来附。”[2]张鲁出降较朴胡等稍晚，应是朴胡等先降以试探曹操态度，而后张鲁方才归降。据《黄权传》记载：“于是先主以权为护军，率诸将迎鲁。鲁已还南郑，北降曹公，然卒破杜濩、朴胡，杀夏侯渊，据汉中，皆权本谋也。”[3]杀夏侯渊、据汉中是几年以后的事情了，而破杜濩、朴胡之事，《三国志》、《华阳国志》等文献并无明确记载。《资治通鉴》载：“备乃以权为护军，率诸将迎鲁；鲁已降，权遂击朴胡、杜濩、任约，破之。”[4]《通鉴》的记载并无其他史料的直接支持，那么黄权击破朴胡等人的说法是否可信呢？首先，任约并不见于其他史籍，《华阳国

---

1 《三国志》卷三二《蜀书·先主传》，第883页。
2 《三国志》卷一《魏书·武帝纪》，第46页。
3 《三国志》卷四三《蜀书·黄权传》，第1043页。
4 《资治通鉴》卷六七《汉纪》献帝建安二十年，第2187—2188页。

志》记载同朴胡、杜濩一起随张鲁叛刘璋者有袁约[1]，可能即是《通鉴》中的任约，那么我们还不能只是因为《通鉴》中出现了不见于其他史书的人物而认定它有另外的史料依据。根据现有史料，我们仍可作一些推测。《三国志·王平传》载："王平字子均，巴西宕渠人也……随杜濩、朴胡诣洛阳，假校尉，从曹公征汉中，因降先主。"[2]可见杜濩等在建安二十年底随曹操撤退，一同离开巴、汉一带，而王平再随曹操至汉中已是刘备军击杀夏侯渊之后了，因此"破杜濩、朴胡"之事只能发生在建安二十年。至此，还有两种可能，一是如《通鉴》所述，黄权招降张鲁等失败，遂击破杜濩等，占据巴中，所对应的史料是《三国志·武帝纪》所云：(建安二十年)"十一月……刘备袭刘璋，取益州（笔者按，刘璋投降在前一年，这里为史终言之，非确切时间），遂据巴中；遣张郃击之。"[3]第二种可能即是张郃率军入巴中，后被张飞击败，杜濩等或同在张郃军中，战败后退回汉中，又随曹操前往洛阳。虽然《武帝纪》将张郃出兵系于二十年十一月，而曹操退出汉中在十二月，但我们不确定将张郃出兵系于十一月是否也属于史终言之的书法，可能并不准确。参照其他史料，《张郃传》："太祖还，留郃与夏侯渊

1 常璩著，任乃强校注：《华阳国志校补图注》，第72页。

2 《三国志》卷四三《蜀书·王平传》，第1049页。

3 《三国志》卷一《魏书·武帝纪》，第46页。

等守汉中……进军宕渠，为备将张飞所拒，引还南郑。”[1]《张飞传》：“曹公破张鲁，留夏侯渊、张郃守汉川。郃别督诸军下巴西。”[2]可见，张郃进军巴西究竟在曹操撤退前还是撤退后，仅从这些直接的史料记载看，是不清楚的。然而，《张飞传》又载：“郃别督诸军下巴西，欲徙其民于汉中，进军宕渠、蒙头、荡石，与飞相拒五十余日。”[3]由此可知，即便张郃进军巴西确在十一月，其战败退回汉中最早也在次年正月，而前一年曹操已然撤退，王平及杜濩、朴胡等也已随曹操北迁。由此，击破杜濩、朴胡只能在张郃进军之前，应当即是张鲁等不愿降刘备，黄权当时迎接张鲁时本“率诸将”，并非只是带领一个使者团队，遂出兵攻击杜濩等而破之。这次战斗虽未能擒得张鲁，但仍使刘备能保有巴西之地，这也才有不久后张郃进军及与张飞大战之事。故《通鉴》所述应为可信。

曹操得汉中后，便可直接威胁巴蜀，刘备此时要与曹军直接对抗，还需要孙权的策应。虽然孙刘双方不久前还剑拔弩张，但两分荆州的约定达成后，矛盾暂时缓和，加之曹操取得汉中，对抗曹操成为孙刘当时的首要任务，于是在刘备返回益州的同时，孙权亦“反自陆口，遂征合肥”[4]，以牵制曹操的东

1 《三国志》卷一七《魏书·张郃传》，第525—526页。
2 《三国志》卷三六《蜀书·张飞传》，第943页。
3 《三国志》卷三六《蜀书·张飞传》，第943页。
4 《三国志》卷四七《吴书·吴主传》，第1120页。

南诸军，缓解刘备在西方的压力。随后在建安二十年八月，孙权败于张辽、李典[1]。由此可见，张鲁败于曹操及投降，不仅深刻影响了刘备集团的军事行动，还延缓了孙刘矛盾爆发，促成了夷陵之战之前孙刘之间最后一次联合抗曹。

黄权虽然保住了巴西，但曹操对巴地的威胁还没有消除。张郃带兵沿先前张鲁与巴西宕渠水流域一带联系的山路翻越米仓山，准备将当地百姓迁出。这一举动除了直接威胁刘备对巴地的统治，还有另一重要隐患。巴人一向骁勇善战，多有战功，西汉水、宕渠水流域及三峡地区的板楯、賨民更是以勇武著称，由此，位于今天重庆及四川东部的巴地长期以来便是历史上著名的优质兵源地，历来多出精兵猛将[2]。张郃若将巴人大量迁出，无疑将对蜀汉的军队质量造成极大影响。张郃前往巴西迁出百姓，还可以利用张鲁及杜濩等在当地的影响力。刘备若不能及时制止，后果可能十分严重。我们从这个角度来看，便能明了张飞于瓦口大败张郃对刘备集团的意义。张郃败后，“弃马缘山，独与麾下十余人从间道退，引军还南郑，巴土获安”[3]。虽然所剩十余人只是指与张飞在瓦口一带对峙的军

---

1 《三国志》卷一《魏书·武帝纪》，第45页。

2 可参见《华阳国志》载程包对汉灵帝之问，见常璩著，任乃强校注《华阳国志校补图注》，第24—25页。

3 《三国志》卷三六《蜀书·张飞传》，第943页。

队，而非张郃出发时所带的全部队伍，但此战对张郃而言仍无疑是沉重打击。迁徙巴人的计划就此破产，故而《张飞传》云“巴土获安”。巴地的威胁解除后，刘备便返回成都。张郃退回汉中，意味着曹操也难以再利用张鲁、杜濩等人的影响向巴地渗透，刘备集团不仅在瓦口取得了军事胜利，也在政治上将曹操、张鲁的影响逐出巴西。

至建安二十三年，刘备挥师北进，争武都、汉中，于武都失利后，二十四年刘备军进入汉中，斩杀夏侯渊，曹操不得不率大军将汉中军队与百姓撤出，刘备则于沔阳称汉中王，巴、汉之争至此以刘备方的胜利结束。

曹操占据汉中与张鲁降曹对于刘备集团正反两方面的影响都有。从不利的方面来说，汉中屏障的消失，使刘备不得不在益州直面曹操的威胁，从而无法全力应对日渐显著的孙刘矛盾。在刘备与曹操争汉中之时，关羽为策应刘备而进军樊城，反而给吕蒙袭取荆州以可乘之机。张鲁投降曹操，使得曹操可以借助其宗教及部下与巴人的同乡关系等便利条件向巴地渗透，为刘备控制巴地造成了一定的障碍，可能也延后了刘备进军汉中的时间。从有利的方面说，刘备通过在瓦口及汉中的胜利大大提升了他在蜀中的威信，这些挑战也为刘备巩固对益州的统治提供了机遇。

关注张鲁集团，有两个要点是不容忽视的，一是汉中特殊的地理位置与地理环境，二是张鲁兼有宗教首领与军阀统帅的双重身份。张鲁的硬实力在汉末主要军阀中是相对偏弱的，但由于汉中险要、封闭的地形，使得他在相当长的一段时间内可以保有稳定的统治，而不太受外部势力的威胁。这种较为长期的和平局面又为吸收大量流民而进一步扩充实力提供了条件。宗教因素及部众和巴人的同乡关系使张鲁的势力得以向巴地深度渗透，这种影响力削弱了对手刘璋的实力，尤其是军事力量，反过来又支撑了张鲁在汉中的统治。张鲁实际控制的汉中盆地一带，其实只有汉代汉中郡的一半区域，东部的西城、上庸等地另有申耽、申仪兄弟等势力占据，西边的武都也自有诸氐人部落掌控，并不受张鲁节制。尽管如此，张鲁仍能向南击败刘璋，向北支持马超，影响关陇局势。张鲁之所以能够成为汉末主要军阀之一，很大程度上是因他能借助汉中的特殊条件及五斗米道“天师”的身份，发挥出大大超出其本身实力所应拥有的影响力。另外，张鲁投降后，其部众分别被迁至邺城、关陇，这其中又有许多五斗米道的信众，由此，巴、汉一带的道教信仰在北方逐渐传播，并对后来的历史产生深远而绵长的影响。

第四章　制度与总论

一、从《三国志·臧洪传》略论汉末关东局势

《三国志》第六、七、八三卷为汉末诸军阀统帅的传记，唯有《臧洪传》例外。刘知几、赵翼都认为，从体例上讲，《三国志》不应为臧洪立传，因其事迹与曹操霸业无涉[1]。赵翼推测陈寿本意是表彰臧洪的气节，"不忍没之"。言外之意，《三国志》原不应将臧洪与董卓、袁绍、吕布等并列立传。然而，《臧洪

1 《史通·断限》批评《三国志》为董卓、臧洪等立传曰："当魏武乘时拨乱，电扫群雄，锋镝之所交，网罗之所及者，盖唯二袁、刘、吕而已。若进鸩行弑，燃脐就戮，总关王室，不涉霸图，而陈寿《国志》引居传首。夫汉之董卓，犹秦之赵高，昔车令之诛，既不列于《汉史》，何太师之毙，遂独刊于《魏书》乎？兼复臧洪、陶谦、刘虞、孙瓒生于季末，自相吞噬。其干曹氏也，非唯理异犬牙，固亦事同风马，汉典所具，而魏册仍编，岂非流宕忘归，迷而不悟者也？"（刘知几著，浦起龙释：《史通通释》，上海古籍出版社，2009年，第89页）《廿二史劄记》亦云："按臧洪自是汉末义士，其与张超结交，后与袁绍交兵之处，皆无关于曹操也，则《魏纪》内本可不必立传，而寿列之于张邈之次，盖以其气节不忍没之耳。蔚宗特传于《后汉书》内，不以寿志已有洪传而遂遗之，亦见其编订之正。"（赵翼著，王树民校证：《廿二史劄记校证》，中华书局，1984年，第130页）

传》的特别之处不仅在于他“无关于曹操”，而是相比袁绍、刘表、吕布等人，我们一般不将臧洪归入汉末群雄之列。

诚然，古往今来有许多读者为《臧洪传》渲染的气节所触动，不过，陈寿立此传除了要表彰义举之外，并非全无根据。臧洪的反抗对象是袁绍，与曹操没有直接关系，但是确有复杂的间接关系。甚至可以说，如果没有曹操的因素，臧洪的人生轨迹可能会完全不同。此外，臧洪除了与袁绍、张邈之弟张超关系颇深，与曹操、刘虞、公孙瓒、陶谦、张燕等亦有渊源，处于汉末群雄关系网络的重要节点之上，故而《臧洪传》中包含了非常丰富的历史信息，可以作为理解献帝早期关东局势的一把钥匙。

从臧洪转投袁绍看当时转换效力对象的情况

汉末诸侯争雄，文士武将转换效力对象十分常见。这其中中途投降敌方的例子很多，情况也较为简单，比较著名的如吕布杀丁原而投董卓，更多的则是因战败或形势出现严重不利而被迫向胜利者投降，如张辽投降曹操、于禁投降关羽等等，不胜枚举。除了投降敌对势力之外，还有另一种较为常见的现象为转投其他势力，一般发生在原先效力阵营覆灭或因其他特别原因不得不更换门庭的情况。如王朗、许靖败于孙策后至交州投奔士燮，甘宁因不受刘表、黄祖重用而转投孙权，包括刘备夷陵兵败后黄权转投曹魏等事例也可以归入此列。此外，当时还有一种现象，即同盟阵营之间的人员流动，臧洪归属袁绍便属于这种情况。

臧洪为广陵人。董卓入洛时，张邈弟张超为广陵太守。臧洪劝张超起兵讨董，张超于是进军北上，与刘岱、张邈等汇合。随后，董卓弃洛阳，迁都长安，讨董诸军各自回到自己的地盘，成为大大小小的割据势力。这时，张超派臧洪出使刘虞处，史载其遭遇如下：

> 超遣洪诣大司马刘虞谋，值公孙瓒之难，至河间，遇幽、冀二州交兵，使命不达。而袁绍见洪，又奇重之，与结分合好。会青州刺史焦和卒，绍使洪领青州以抚其众。[1]

张超遣臧洪前往幽州会见刘虞，不知欲商议何事。臧洪行至河间，恰逢公孙瓒军南下与袁绍交兵，因此赴蓟不果。按，初平元年（190），关东诸将起兵。二年年底，公孙瓒大破黄巾于东光。三年初，瓒与袁绍战于界桥。臧洪因双方交战而滞留冀州，那么，他转而跟随袁绍应在界桥之战前后，即初平二、三

1 《三国志》卷七《魏书·臧洪传》，第232页。

年之际。

臧洪作为张超的部下，隶属于张邈一系，却转投袁绍麾下。对于此事，以往学者并未予以太多关注。我们结合同时期的诸多事例，可知同盟势力之间部下更换效力对象是比较常见的。

从共同起兵讨董来说，张邈兄弟与袁绍是同盟。在关东群雄派系分化的早期，兖州在公孙瓒与袁绍之间，选择了袁绍一边。《三国志·程昱传》：

> 初平中，兖州刺史刘岱辟昱，昱不应。是时岱与袁绍、公孙瓒和亲，绍令妻子居岱所，瓒亦遣从事范方将骑助岱。后绍与瓒有隙。瓒击破绍军，乃遣使语岱，令遣绍妻子，使与绍绝。别敕范方："若岱不遣绍家，将骑还。吾定绍，将加兵于岱。"岱议连日不决，别驾王彧白岱："程昱有谋，能断大事。"岱乃召见昱，问计，昱曰："若弃绍近援而求瓒远助，此假人于越以救溺子之说也。夫公孙瓒，非袁绍之敌也。今虽坏绍军，然终为绍所禽。夫趣一朝之权而不虑远计，将军终败。"岱从之。范方将其骑归，未至，瓒大为绍所破。[1]

1 《三国志》卷一四《魏书·程昱传》，第425—426页。

兖州刺史刘岱本来与袁绍、公孙瓒关系都较为友好，随着二人交恶，刘岱也不得不做出取舍，最终听从程昱的建议，拒绝了公孙瓒的要求，实则是选择了袁绍阵营。

刘岱与袁绍的盟友关系，还可以从曹操救东郡进而入主兖州加以解释。曹操取得兖州，固然得益于黑山等外部因素及刘岱意外战死，同时也是袁绍与张邈等兖州本地势力都能接受的一个结果——曹操身兼袁绍的依附势力与兖州大族密友两种身份。曹操在兖州的壮大，也体现了袁绍与兖州大族的密切关系。

因此，臧洪投袁绍，实际上是同盟势力之间人员的流动。类似事例还有不少。如朱灵本为袁绍部将，“太祖之征陶谦，绍使灵督三营助太祖，战有功。绍所遣诸将各罢归，灵……遂留不去”[1]。刘备本为公孙瓒将田楷派遣援助陶谦，“既到，谦以丹杨兵四千益先主，先主遂去楷归谦”[2]。另外，荀彧在袁曹尚为同盟时离袁绍而随曹操，似与此数人情况相类。

关东群豪敌友关系的分化组合

臧洪在青州二年，袁绍又以之为东郡太守。后来臧洪据东

1 《三国志》卷一七《魏书·徐晃传附朱灵传》，第530页。
2 《三国志》卷三二《蜀书·先主传》，第873页。

郡叛袁绍，起因便是吕布、张邈联合袭击曹操的兖州之战。

兴平元年（194）夏，曹操第二次进攻徐州，一直进军到东海郡，多行屠戮[1]。张邈、陈宫趁曹操尚未返回，以兖州叛迎吕布。很快，除了范、东阿等三城，举州皆响应吕布。经过长达一年多的征战，曹操逐渐扭转战局，将吕布、张邈赶出兖州，并围困张超于雍丘。兴平二年十二月，曹操攻克雍丘，张超自杀，遂夷灭张邈三族[2]。至此，兖州之战以曹操的胜利告终。

这次战争的军事对抗主要只在兖州一地展开，背后所牵涉的却是关东两大军事联盟的对垒。《三国志·袁术传》言袁术“既与绍有隙，又与刘表不平而北连公孙瓒；绍与瓒不和而南连刘表”[3]。两大集团在讨董联军瓦解以后迅速形成，并重新塑造了整个关东的政治格局，关东其他大大小小的军阀多不同程度地卷入了双方的争斗——曹操是袁绍的依附势力，兖州刺史刘岱也加入袁绍一边。后来刘岱意外战死，曹操取得兖州，成为袁绍集团中较为强大的一支力量。徐州陶谦和袁术关系较为密切，袁术曾派朱治帮助徐州讨伐黄巾。后来曹操两次攻打徐州，袁绍派朱灵等与他协同作战。刘虞被杀后，他的旧

1 《三国志》卷一《魏书·武帝纪》，第11页。
2 《三国志》卷一《魏书·武帝纪》，第12页。
3 《三国志》卷六《魏书·袁术传》，第207页。

部鲜于辅等人为了复仇，积极联络袁绍进攻公孙瓒，也参与到了两大集团的战争中。另外，黑山张燕、南单于於夫罗、张杨等势力，都或多或少有过支援袁术、公孙瓒的军事活动。就连西方的马腾、韩遂等，以及益州刘焉父子、汉中张鲁也与关东阵营分化有千丝万缕的关系——刘焉父子与刘表相敌对，故刘璋在赤壁之战前数次遣使向曹操致意，而刘表此前与袁绍结盟，本就与曹操为敌。刘璋结好曹操的策略并未对刘表产生太大影响，却让汉中的张鲁担心他们会联合对付自己，除了继续阻断汉中道路，为二者交往尽量制造障碍，还在后来支持马超等西北军阀，延缓曹操、夏侯渊向西进军的步伐。最后刘璋竟转而与刘备结交，张鲁则投降曹操，他们对曹操的态度发生了翻转。

两大集团都是比较松散的同盟，而刘璋、张鲁等外围势力更是只因一时的具体利益有所牵连而已，即便在两大集团的主要成员之间，敌友关系在特定情况下发生转变亦属常见。如刘表将袁术赶出南阳以后，荆州北面的威胁解除，他便不再积极响应袁绍的行动。袁术虽曾派朱治支援陶谦讨伐徐州黄巾，陶谦对袁术却颇有戒备[1]。另外，如袁术临死前试图与袁绍和解，以及出自公孙瓒集团又继承陶谦基业的刘备转投袁曹集团而与

1 《三国志》卷五六《吴书·吕范传》："徐州牧陶谦谓范为袁氏觇候，讽县掠考范，范亲客健儿篡取以归。"（第1309页）

袁术为敌，这些都表明实际上群雄之间的敌我关系会因为局势的转变而发生变化。尽管如此，从臧洪的事迹中，我们仍可以看到两大集团的基本分野还是相当明显的。

曹操围攻张超时，时任东郡太守的臧洪向袁绍请兵救援旧主，袁绍不许。张超死后，臧洪怒意不止，遂与袁绍决裂，于是袁绍发兵围困臧洪所治之东武阳。袁绍不许臧洪救张超，是因袁曹本为同盟，袁绍又直接出兵帮助曹操打击吕布、张邈，臧洪却想请求袁绍救援张超，其难度也就可想而知了。

袁绍围攻东武阳时，令与臧洪同郡的陈琳写信劝降，臧洪回信于陈琳，此信被陈寿抄录在《臧洪传》里。回信中写道："主人相接，过绝等伦。当受任之初，自谓究竟大事，共尊王室。岂悟天子不悦，本州见侵，郡将遘牖里之厄，陈留克创兵之谋。"[1]臧洪起兵本为救援张超，这里却还提到天子和本州。"本州见侵"指的是曹操两次进攻徐州，杀戮甚众，臧洪此处可能还隐含了对袁绍帮助曹操侵徐的指责。写信时陶谦已死，臧洪这里表明自己不会因为是袁绍的部下就背叛徐州百姓，与袁曹合流。"天子不悦"指的是献帝的遭遇，对应下文指责袁绍杀张景明、刘子璜以及逐吕布的行为是"抑废王命以崇承制"[2]。另外，臧洪城破被执时言道："诸袁事汉，四世五公，可

1 《三国志》卷七《魏书·臧洪传》，第234页。
2 《三国志》卷七《魏书·臧洪传》，第234页。

谓受恩。今王室衰弱，无扶翼之意，欲因际会，希冀非望，多杀忠良以立奸威”[1]，与信中持论是一致的。故而臧洪信中又称自己起兵是“东宗本州以为亲援，中扶郡将以安社稷，一举二得以徼忠孝”[2]。曹操在袁绍的支持下进攻徐州，臧洪起兵抗袁，自然就和徐州站到了同一阵线，便是“东宗本州”。从当时的大局势来看，臧洪与吕布、张邈兄弟一样，与徐州都处于袁术、公孙瓒一边。臧洪信中又曰：“但惧秋风扬尘，伯珪马首南向，张杨、飞燕，膂力作难”[3]，意在提醒袁绍，小心受到公孙瓒、张杨、张燕夹击，同时也是在告诉袁绍，自己力量虽然弱小，但是有不少同盟。从这封信来看，徐州、公孙瓒、张杨、张燕、吕布，似乎还可以算上没有提到的袁术，都是臧洪的盟友。这个团队规模相当庞大。然而，东郡被围一年，并没有得到外部的有力支援，说明臧洪不过是虚张声势，试图以此使袁绍分心，实际上他并没有那么坚强的后盾。

两大集团的对抗是献帝早年关东局势最重要的内容。两边为了各自的利益不停厮杀火拼。然而，等到臧洪举兵对抗袁绍时，却没有得到有力的支援，是因为战争进行了几年以后，形势已经有了很大的变化，臧洪提到的以及没有提到的盟友不再

1 《三国志》卷七《魏书・臧洪传》，第236页。
2 《三国志》卷七《魏书・臧洪传》，第234—235页。
3 《三国志》卷七《魏书・臧洪传》，第235页。

具有重创袁曹、支援东武阳的能力了。

就黄河以南的几支势力来说，吕布、张邈刚刚战败南逃，渡过黄河救援臧洪是不现实的。徐州方面，曹操第二次征徐州时，不仅突破了彭城、下邳，还略地至琅邪、东海一带，对徐州军民多行屠戮。陶谦大败之后，恐抵挡不住曹操，甚至打算渡过长江，逃回家乡丹杨。幸好此时张邈突然以兖州迎吕布，又有田楷、刘备救援，陶谦才没有退往丹杨避祸。徐州一片狼藉，显然也无法对臧洪提供多少实质性的帮助。另外，陶谦死后，刘备在徐州改变了对外策略，陈登派使者至河北，向袁绍示好，投向了袁绍一边。此后，刘备兵锋南向，直指袁术，曹操也从之前徐州的侵略者转变为帮助刘备对付袁术、吕布。至于袁术，一方面数次被刘表、曹操打败，仓皇逃窜，另一方面与刘备的关系十分紧张，可以说是强敌遍布，自顾不暇。袁术在兖州之战时都没有太大的动作，吕布、张邈战败后更是很难谈得上向北进取。

至于黄河以北的公孙瓒、张杨、黑山张燕等，同样很难给袁绍制造足够多的压力。张杨实力较弱，难以对全局有太大影响。公孙瓒原本颇为强大，但是界桥之战以后，他向南的推进就受到了阻碍，幽、冀两州进入了相持状态。随后公孙瓒与刘虞矛盾激化，刘虞为公孙瓒所败，随后被擒杀。刘虞死后，公孙瓒暂时壮大起来，但很快虞子刘和、旧部鲜于辅与阎柔等人发动幽州当地力量，联合袁绍与乌桓各部，使公孙瓒陷入三方夹击之中。公孙瓒内外交困，也不再能给袁绍造成实质威胁。初平四年、兴平元年之际，袁绍携吕布与张燕战于常山[1]，这次决战虽不至于使张燕一蹶不振，但仍元气大伤。公孙瓒、张燕在臧洪起兵时虽然还具备一定实力，但在与袁绍的争夺中已经难有大的作为。

从臧洪事件可以看出，两大集团的分野对当时的局势以及人们的观念仍有着深刻影响，然而，相比几年之前，情况已大为不同。虽然两个集团还基本保留了原来的规模，分属两边的主要势力仍然存在，甚至看上去都还足够强大，实际上胜利的天平已经严重地倾斜了。袁术—公孙瓒集团看似庞大的外壳掩盖不住面对袁绍、曹操的节节溃败。两大集团的对峙虽然还在延续，但由于双方力量对比发生了重大改变，关东各势力之间最重要的矛盾已经在渐渐转移了。

袁绍与曹操、献帝的关系

与献帝、曹操的关系是事关袁绍集团主要决策及政治命运的重要政治关系，这些在《臧洪传》中都有体现。

---

1 《后汉书》卷七四上《袁绍列传》，第2382页。

袁绍、曹操在与共同的敌人作战的过程中都得以快速扩张。袁绍消灭了公孙瓒，打击了张燕，取得了冀、青、并、幽四州，并极力笼络结引三郡乌桓。曹操击败袁术、吕布，控制了兖、豫、徐三州，以及扬州的江北部分，官渡之战前又收降了屯据南阳的张绣，刘虞旧部鲜于辅也致书归顺。袁绍与曹操成为群雄当中实力最强的两支。随着袁曹集团对袁术、公孙瓒集团的不断胜利，分别以袁氏兄弟为首的两大集团的矛盾对局势的影响日渐下降，袁曹之间的矛盾反而愈加显著。因此，才有袁术临死前甚至希望归帝号于袁绍、以求被袁绍收留之事。

袁曹矛盾的升级，根本上来讲是双方力量都不断膨胀的结果，曹操挟天子以令诸侯也成为一个重要因素。不过，在袁曹尚未对强敌取得决定性胜利、曹操仍比较弱小的时候，两人之间的矛盾就已经有所表现。前文已经述及，东郡黄河以北的东武阳等地本为曹操所掌控，而臧洪却是袁绍任命的东郡太守，治东武阳，这应当是曹操为了某种政治利益交换向袁绍献出了这些地方，显示了袁曹同盟中二者的地位不平等，这也为后来袁曹关系恶化乃至决裂埋下了隐患。

关于袁绍与天子的关系，臧洪斥责袁绍“王室衰弱，无扶翼之意，今因际会，希冀非望”，以及自称“东宗本州以为亲援，中扶郡将以安社稷，一举二得以徼忠孝”，虽属政治话语，但也不全是凭空捏造，背后皆有其实指。

臧洪批评袁绍“无扶翼之意”，还只是讲不积极勤王，而“希冀非望”用词就相当严厉了。我们知道袁绍在灭公孙瓒以后曾指使部下耿包献符命以试探众人的态度，后来对于袁术欲归帝号于己也表示默许，但那都是较晚的事情。臧洪起兵时袁绍还没有如此明显地表现出称帝意图，但是僭越之心已经有所显露了，这是臧洪言辞如此猛烈的根源。

臧洪回陈琳信曰：

> 昔张景明亲登坛喢血，奉辞奔走，卒使韩牧让印，主人得地；然后但以拜章朝主，赐爵获传之故，旋时之间，不蒙观过之贷，而受夷灭之祸。吕奉先讨卓来奔，请兵不获，告去何罪？复见斫刺，滨于死亡。刘子璜奉使逾时，辞不获命，畏威怀亲，以诈求归，可谓有志忠孝，无损霸道者也；然辄僵毙麾下，不蒙亏除。仆虽不敏，又素不能原始见终，睹微知著，窃度主人之心，岂谓三子宜死，罚当刑中哉？实且欲一统山东，增兵讨仇，惧战士狐疑，无以沮劝，故抑废王命以崇承制，慕义者蒙荣，待放者被戮，此乃主人之利，非游上之愿也。[1]

1 《三国志》卷七《魏书·臧洪传》，第234页。

信中“窃度主人之心”，认为袁绍“实且欲一统山东，增兵讨仇”，而不得已“抑废王命以崇承制”。“增兵讨仇”的推测不知是否出于本意，可对比臧洪临死时言绍“无扶翼之意”，或许“一统山东”、“抑废王命以崇承制”才是臧洪认为的袁绍所作所为的目的，“增兵讨仇”不过是违心之语，批评袁绍仍较为委婉。

回信特别谈论了袁绍将张景明、吕布、刘子璜三人列入死亡名单，以此来支撑自己的判断。信里强调吕布诛董卓之功，应是为了批评袁绍不恤忠于天子的功臣。刘子璜“奉使逾时”，不知出使对象为谁，之后事迹亦不明，故不论。三人之中，张景明的遭遇最能支持臧洪对袁绍的评价。张景明参与了讨董同盟，毫无疑问与关东诸将立场一致，与董卓没有牵扯。另外，他在劝逼韩馥让冀州时也有功劳，对袁绍是有恩的。袁绍将其诛杀是因为“拜章朝主，赐爵获传”，接受了天子赐予的爵位与礼遇。张景明出使长安，应是奉袁绍之命。考虑到袁绍对董卓及其把持的长安政府的态度[1]，那么出使当在董卓死后，王允

1 《三国志》卷六《魏书·袁绍传》：“卓遣执金吾胡母班、将作大匠吴脩赍诏书喻绍，绍使河内太守王匡杀之。”（第192页）《后汉书》卷九《孝献帝纪》：初平元年夏，“大鸿胪韩融、少府阴脩、执金吾胡母班、将作大匠吴脩、越骑校尉王瓌安集关东，后将军袁术、河内太守王匡各执而杀之，唯韩融获免”（第370页）。

当政之时，而这时接受天子爵赐似不能看作是对袁绍不忠[1]。按照臧洪的说法，张景明之死，确实反映了袁绍目无朝廷。

另外，信中还反驳陈琳："足下讥吾恃黑山以为救，独不念黄巾之合从邪！加飞燕之属悉以受王命矣。昔高祖取彭越于钜野，光武创基兆于绿林，卒能龙飞中兴，以成帝业，苟可辅主兴化，夫何嫌哉！况仆亲奉玺书，与之从事。"[2]袁绍视黑山为贼，臧洪回答黑山是有实力的，未必不能成事。这段文字还反复强调黑山"以（已）受王命"，"辅主兴化"，自己又"亲奉玺书，与之从事"，说明自己与黑山是顺从天子旨意，并非叛将与流寇，且有玺书为据。臧洪到了结尾全然不提为郡将张

---

1 可参考陈登为吕布、韩嵩为刘表出使天子事。《三国志》卷七《魏书·吕布传》："珪欲使子登诣太祖，布不肯遣。会使者至，拜布左将军。布大喜，即听登往，并令奉章谢恩……即增珪秩中二千石，拜登广陵太守……始，布因登求徐州牧，登还，布怒，拔戟斫几曰：'卿父劝吾协同曹公，绝婚公路；今吾所求无一获，而卿父子并显重，为卿所卖耳！卿为吾言，其说云何？'登不为动容，徐喻之……布意乃解。"（第224—225页）《三国志》卷六《魏书·刘表传》：刘表"遣嵩诣太祖以观虚实。嵩还，深陈太祖威德，说表遣子入质。表疑嵩反为太祖说，大怒，欲杀嵩，考杀随嵩行者，知嵩无他意，乃止"（第212—213页）。裴注引《傅子》曰："初表谓嵩曰：'今天下大乱，未知所定，曹公拥天子都许，君为我观其衅。'嵩对曰：'……设计未定，嵩使京师，天子假嵩一官，则天子之臣，而将军之故吏耳……'表遂使之，果如所言，天子拜嵩侍中，迁零陵太守。"（第213页）陈登、韩嵩分别出使至许，都接受了天子赐予的官职。返回复命时，两人分别受到了吕布、刘表的盘问威逼，但是原因并不是接受天子赐官，吕布愤恨陈登父子皆得加官进爵，自己一无所获，刘表怀疑韩嵩已经投靠曹操，都与所得官职无关。

2 《三国志》卷七《魏书·臧洪传》，第235页。

超报仇之事，而是一直强调自己翼奉天子的正义立场，从而将袁绍置于不忠于汉室的境地。臧洪以自己和黑山之忠，反衬袁绍之不忠的意图颇为明显。

整体来说，这封信把臧洪想表达的意思都写了出来，但有些地方仍较为含蓄。如论及张景明等三人事迹时加了一句推测袁绍意在“增兵讨仇”，论及黑山时也并未直接批评袁绍不忠。臧洪处在重围之中，言语尚有所收敛，而等到城破被执时，这些顾忌就全然不见了，言辞也更为直白激烈。

以往学界研究汉末政治史时，对于《三国志·臧洪传》并未给予太多关注，而本节整理汉末军阀政治关系选择以这一篇传记入手，主要原因有二：一是臧洪身份的特殊性，二是东郡地理位置的特殊性。

臧洪是徐州人，和兖州张邈兄弟关系很深，又投奔袁绍。袁曹与徐州陶谦为敌，后来吕布、张邈率兖州叛曹操后，袁绍又出兵援助曹操。臧洪在全局中并非是十分重要的人物，但他和那些主要军阀统帅几乎都有千丝万缕的关系。他的事迹深深地打上了群雄相互争斗的烙印。臧洪所管辖的范围只是东汉东郡的黄河以北较小的部分，黄河以南的另一大半郡境则归曹操管辖。河北的东郡部分名义上仍属兖州，而袁绍为了自身战略安全考虑将之纳入自己的控制，这又反映了袁曹作为同盟的内部矛盾。这两点原因使得篇幅并不算太长的《臧洪传》包含了大量的历史信息，其中牵涉到献帝初年关东政局中的主要政治关系，包括群雄之间派系的划分与两大集团力量格局的演变、袁曹同盟的内部矛盾、袁绍作为盟主与献帝的微妙关系等等。

二、汉末混战与将军号制度的演变

魏晋时期是中国历史上一个重要的变革时期，前贤述之已备。在这个大前提下，也应看到，变革可以分为几个阶段，而汉末的混战便是第一个阶段。魏晋政治、社会、制度、思想观念等多方面的变迁，许多都可追溯至汉末混战之时[1]。东汉末年

---

1 汉魏之际的政治、经济状况与社会组织形式等方面皆发生了重大的变化，对此，学者已有许多论述。相关重要著作，如唐长孺:《魏晋南北朝隋唐史三论》第一篇“论魏晋时期的变化”，中华书局，2011年，第20—77页；何兹全:《中国古代社会及其向中世社会的过度》下编“中国中世社会”，商务印书馆，2013年，第645—754页；〔日〕谷川道雄著，马彪译:《中国中世社会与共同体》第一编第二章第二节第一小节“魏晋时期各集团的共同体结构”，中华书局，2002年，第83—92页；其余论著更是不胜枚举。这些著作从多个角度探讨了魏晋时期的变化，并不仅仅是为了厘清那些具体的变迁，而是致力于描摹当时深层次的历史演化进程，包括基本社会形态的更替。当然魏晋时期的变化并非一蹴而就，而汉末战乱无疑是推动中国历史由秦汉大一统走向全新的魏晋时代的早期的具体动因。如何兹全主张“魏晋封建论”，他所设定的封建社会开端的标志事件包括了两个方案，一种是中平元年（184）黄巾起义，一种建安元年（196）曹操开始实行屯田制（何兹全:《关于中国古代社会的几个问题》，《文史哲》（转下页）

的分裂混战不仅影响了当时的政治演变和社会面貌，改变了当时的政治秩序，也对原有的制度体系形成了冲击，将军号制度的变化即是其中之一。魏晋以来，获得将军号的人数大量增加，其中甚至包括了许多的文职官员。由此，原本在汉代颇为贵重的将军号变得泛滥与虚衔化，同时复杂严密的新的将军号班位体系日渐形成。

关于三国时期将军号的泛滥，可以举一个较为人熟知的事例。三国后期，司马昭谋划灭蜀，遣钟会前往关中治兵。姜维上奏后主，请求派将军廖化、张翼分别率军提前驻守阴平桥头与阳安关口，以防魏军来攻。后主以黄皓巫觋之言为理由拒绝姜维请求。不久后，魏军果然三路南下，后主无奈，只得一面命右车骑将军廖化赴沓中驰援姜维，一面派左车骑将军张翼、辅国大将军董厥率军救援关口。张翼和董厥是从何处出发的？《资治通鉴》记载二人先至阴平[1]，然而《三国志·姜维传》又载姜维、廖化向剑阁退却时，张、董方至汉寿[2]，还在剑阁以南，

（接上页）1956年第8期，第21—22页），前者侧重豪族的发展，后者侧重从自由农民到农奴的人身依附关系的变化，无论哪种标准，都可以看出“魏晋封建论”只是一个概说，而主张该理论的学者实际上认为自东汉末年始，中国历史的巨大变迁已然开始了。对于如何看待“魏晋封建论”，不是本文关注的重点，但通过唐长孺、何兹全等的研究，我们可以清晰看到汉末局势的变动对中国历史变迁的深刻影响。

1 《资治通鉴》卷七八《魏纪》元帝景元四年，第2514页。

2 《三国志》卷四四《蜀书·姜维传》，第1066页。

这里我们只能理解为，《通鉴》应是认为张、董从武都之建威出兵，因为此前张翼所担任的是建威都督。但这显然不合情理。一则建威在阳安关口以北，本来就是受敌之所，二则姜维已经退兵回救，张翼、董厥没有理由再退回剑阁以南。这些说明二人实际上率领的是剑阁以南的军队，张翼建威督的职务应该已经在之前就被免去了，原因则是他不赞同姜维出兵北伐。

这里引述此则故事，是为了探讨董厥的身份。因董厥为辅国大将军，故读者易于误认为他和廖化、张翼一样，都是蜀汉的大将。其实董厥此前从未有过领兵作战的记录，他曾担任过尚书令，后来又以辅国大将军平尚书事，是蜀汉的宰相级别的文官，虽然有将军号，但并非武将。后主之所以安排他与张翼一同领兵，可能是为了确保这支军队的政治倾向，确保它不被姜维所侵夺或倒向姜维，其中包含了后主与姜维的深刻矛盾与互不信任，先前所谓听信巫觋不愿派兵也只是不肯合作的借口[1]。

董厥作为高级文官，却拥有将军号，类似的事例在三国时期颇为常见，与两汉大为不同，我们将之称为将军号的泛滥与虚衔化。这种将军号制度贯穿于魏晋南北朝，乃至隋唐以降，其源头即在于汉末混战之时。

关于将军号制度的演变，本文试图在学界已有研究的基

1　详见拙作《蜀汉政治史研究》，北京大学2019年博士论文，第65—70页。

础上[1]，在政治局势之于政治制度发展演变之影响的思路下[2]，围绕汉末混战不同阶段及事件在将军号制度变化过程中的具体作用，作一较为系统的微观探讨。

董卓入洛后将军号的显著增多

《通典·职官》云：

> 自战国置大将军，周末又置前后左右将军，至秦，将军之官多矣。汉兴，置大将军、骠骑将军，位次丞相。车骑将军、卫将军、左右前后将军，皆金印紫绶，位次上卿，掌京师兵卫，四夷屯警。孝武征闽越、东瓯，又有伏波、楼船；及伐朝鲜、大宛，复置横海、度辽、贰师。宣

---

1 廖伯源：《东汉将军制度之演变》，氏著《历史与制度——汉代政治制度试释》，台湾商务印书馆，1998年；张鹤泉：《略论曹魏国家的将军制度》，《中国三国历史文化国际学术讨论会论文集》，湖北人民出版社，2012年；柴芃：《东汉光武、献帝时期的将军制度》，《湖北社会科学》2018年第7期；等等。

2 对于政治与制度之间深入的相互关联，学者已有较多论说，其中楼劲有较明确的阐发，摘取其著作序言中的片段如下："从政治现象的前因后果和发展过程观察相关的制度框架、实施状态，从制度举措及其施用之况观察相应的政治内涵和思想动向，由此才会有较为切实也更具纵深的制度史、政治史、思想史。"（楼劲：《中古政治与思想文化史论》，上海人民出版社，2023年，第1页）

帝增以蒲类、破羌。权时之制，若此非一，亦不常设。光武中兴，诸将军皆称大。及天下已定，武官悉省。[1]

这段描述虽然较为笼统，细节亦有不甚精确之处，但秦汉时期的将军制度大体确经过了如此的变迁。按此概述，西汉时期大将军、骠骑将军、车骑将军、卫将军及左右前后将军的设置已然制度化，如骠骑将军中最有名的当属霍去病，其后亦有外戚担任此职[2]。引文提到的伏波、楼船等将军，类似后来的杂号将军，在西汉时都是“权时之制”[3]。“光武中兴，诸将军皆称大。及天下已定，武官悉省”，是指光武朝将军号繁多，称“大”者较为常见，但仍有许多将军未冠以“大”称，后来诸杂号将军渐次罢废，而回归到较为接近西汉的制度[4]，即大将军至左右前后等将军仍为定制，其余诸名号将军的设置亦为“权时之

1 《通典》卷二八《职官》一〇，中华书局，1988年，第780页。

2 见于《汉书》记载的包括上官安（《汉书》卷七《昭帝纪》，第222页）、王根（《汉书》卷八一《孔光传》，第3355页）、王舜（《汉书》卷九九中《王莽传》，第4100页）。

3 出土文献、器具铭文及印章等，也保留了一些不见于传统史籍记载的汉代将军号，参见郭俊然:《出土资料所见的汉代杂号将军考论》，《黎明职业大学学报》2013年第3期。

4 当然，两汉的将军制度亦有一些明显的变化，如高星驰指出，东汉以“威名”（如征虏、捕虏、武威等）位号的将军较西汉大为增加，而西汉时曾较为常见的以兵种命名的将军（如轻车、材官、楼船、步兵等）在东汉时显著减少。见高星驰:《两汉将军称号的演变》，《鸡西大学学报》2013年第9期。

制”而已，甚至如桓帝时冯绲为车骑将军讨武陵蛮，仍是事毕则罢，又如灵帝初段颎因征西羌有功，由护羌校尉拜破羌将军，以示嘉奖，战事完毕后段颎入朝任职，将军号遂罢。在西汉随事临时设置的诸多将军中，唯有度辽将军在东汉时成为常设之职。度辽将军在西汉时本为征辽东而设，东汉时则常驻南单于庭附近，以监理南匈奴事务[1]。此外，对于“光武中兴，诸将军皆称大”的现象，柴芃有过专门研究，认为这主要是延续新莽制度，与西汉旧制差别很大，当时将军号的大量出现与其他时期的情形也有较大不同[2]。此说可为参考。

两汉多数时间将军号较为稀少贵重，一直延续至董卓入洛前。即便灵帝时黄巾起兵，卢植、皇甫嵩、朱儁也只是分别以北、左、右中郎将领兵镇压。边章、韩遂等据凉州反汉，朝廷连年征讨，董卓在这一过程中曾被拜为破虏将军，同时又有荡寇将军周慎，皆统于车骑将军张温[3]。对董卓、周慎的任命虽是因战事权时而设，但自光武朝以后，将军多为统领出征军队的主将，卓、慎等只是张温的部将而已，似为特例。史料所限，

---

1 有关汉代度辽将军的研究较多，参见何天明:《两汉北方重要建制“度辽将军”探讨》,《北方文物》1988年第3期; 李大龙:《东汉度辽将军述论》,《内蒙古社会科学（文史哲版）》1992年第2期; 孟洋洋:《东汉度辽将军府驻地考实》,《中国边疆史地研究》2017年第2期; 等等。

2 参见柴芃《东汉光武、献帝时期的将军制度》。

3 《后汉书》卷七二《董卓列传》，第2320页。

难以做更多讨论，但这两人的事例可否看作董卓入洛以后将军号泛滥的源头，还值得我们进一步思考[1]。将军在汉代有着特殊的地位，如起兵反抗政府的统帅有不少自称将军，便反映了当时人对将军的看重。而这种看重，也是将军号在汉末趋于泛滥的重要原因之一，直至在汉魏之际的变动中逐渐确立了新的制度体系。

董卓入洛后，拥有将军号的人数与将军号数量都明显增加，但董卓本人并非将军号泛滥的主要推手。据史书记载，董卓秉政时，子弟多得以加官进爵，其弟旻即任左将军[2]。废少帝时，董卓为拉拢袁术，以之为后将军。迁都长安后，司隶校尉赵谦转为前将军[3]。这些将军号在东汉多数时期不常实授，但董卓的这些任命毕竟未超出常规制度之限，虽然将军数量较东汉多数时期有所增多，但还远远谈不上泛滥。除了属于常规制度内的前后左右将军外，董卓入洛后不久即拜公孙瓒为奋武将

1 汉代有些征战会派遣多位将军同时出征，除了每位将军分兵一路的情况外，汉武帝时也有大将军卫青督帅多位将军的情形。光武帝时开国功臣众多，不少人拥有将军号，因而会出现如伏波将军马援督楼船将军段志等讨武陵蛮的事例。光武朝以后，战事减少，将军号也不轻易授予，临时设置的将军号更是稀有，故如邓骘、冯绲等以车骑将军统兵出征，事毕即罢将军号的事例较为常见，而更未出现一次出征时主将以外另有将军的情况，周慎、董卓身为部将而拥有将军号，为东汉开国功臣之外首次见于记载者。

2 《三国志》卷六《魏书·董卓传》，第176页。

3 《后汉书》卷二七《赵典列传》，第949页。

军[1]，张杨与袁绍反目后，又拜张杨为建义将军、河内太守[2]。公孙瓒获得将军号在山东诸将起兵以前，与后来军阀混战时将军号的泛滥是有所不同的。虽然董卓此次授予应包含了拉拢公孙瓒的目的，但仍基本合乎东汉将军号授予的惯例。公孙瓒为东北边将，不是幽州的地方官，加之他长期与乌桓、鲜卑作战，战功赫赫，他获得将军号可与先前段颎拜破羌将军类比，不能全然被视为滥授。袁绍等诸将起兵后，除了张杨，未见史料记载董卓有为拉拢关东诸将等军阀统帅而拜为将军的记载。可存疑的是马腾、韩遂获得将军号的时间。《三国志·董卓传》载："是岁，韩遂、马腾等降，率众诣长安。以遂为镇西将军，遣还凉州，腾征西将军，屯郿。"[3]"是岁"即初平三年（192），董卓被杀即在此年四月。从这段记载无法得知马腾、韩遂获得将军号是否在董卓死前。《后汉书·董卓传》载："初，卓之入关，要韩遂、马腾共谋山东。遂、腾见天下方乱，亦欲倚卓起兵。兴平元年，马腾从陇右来朝，进屯霸桥。"[4]由这段材料可知，董卓确曾试图联结马腾、韩遂，但马腾进驻关中应在董卓死后的兴平元年（194）。另外郿县和灞桥虽同在关中，而灞桥

1 《三国志》卷八《魏书·公孙瓒传》，第240页。
2 《三国志》卷八《魏书·张杨传》，第251页。
3 《三国志》卷六《魏书·董卓传》，第182页。
4 《后汉书》卷七二《董卓列传》，第2335页。

在长安东南，郿县在西，且距长安稍远，可见这段史事的细节实难以厘清。现存史料中未有记载显示，在董卓死后，马腾、韩遂曾卷入李傕等为董卓报仇攻打长安的战争，应是因为李傕、郭汜攻长安时马腾尚未至长安附近，故笔者倾向于认为，《后汉书》中李傕等占据长安后马腾方移屯长安附近的记载更为可信。那么，马腾、韩遂从陇右进入关中及获得将军号，似应在董卓死后，且李傕等占据长安后大肆封拜将军，造成了将军号的迅速泛滥，马腾、韩遂在此时得到将军号，亦可与李傕等人的行为相契合。

董卓对帐下的重要部将，也未有授予将军号的记载。如吕布在董卓时只是中郎将，诛杀董卓后方拜奋武将军[1]。董卓迁都后，“乃使东中郎将董越屯黾池，中郎将段煨屯华阴，中郎将牛辅屯安邑，其余中郎将、校尉布在诸县，以御山东”[2]，其中牛辅部下李傕、郭汜、张济等皆为校尉[3]。由此可见，在董卓阵营内部，将军号并未出现泛滥的现象，董卓也未大量使用将军号笼络其他势力。这应是因为一方面董卓对其部下有较强的控制力，不需要通过滥授将军号而破坏将军制度的方式掌控下属，另一方面董卓对朝中大臣的拉拢很少需要用到将军号，对

1 《三国志》卷七《魏书·吕布传》，第219—220页。
2 《后汉书》卷七二《董卓列传》，第2328页。
3 《后汉书》卷七二《董卓列传》，第2332页。

于各军阀统帅也是更多任命为牧、刺、守、相等地方官，而非授予将军号。至于其中的特例公孙瓒、张杨，亦分别有各自的特别情况。公孙瓒为幽州人，在本州领兵，即便不考虑州牧刘虞的因素，仅仅出于州郡长官回避本籍的原则，也无法拜为州牧、刺史，郡级职位又与公孙瓒地位不相匹配，故拜为将军。张杨地盘不大，所占据的河内又属司隶部，如果拜为州级长官，则应为司隶校尉，显然是不现实的，只能授予河内太守，而张杨之影响力又非一太守所能匹配，故加拜为将军比较合适。

董卓对将军号的授予虽然较为慎重，但在他掌权期间将军号确实出现了明显的扩散，这主要是由山东的讨董诸将所推动的。诸将起兵时，袁绍为勃海太守，"自号车骑将军"[1]，担任盟主，曹操亦"行奋武将军"[2]，孙坚北上参与讨董，袁术"表坚行破虏将军"[3]，鲍信以济北相起兵，"太祖与袁绍表信行破虏将军"[4]。此外，袁绍诱逼冀州牧韩馥献出冀州时，"馥长史耿武、别驾闵纯、治中李历谏馥"[5]，别驾、治中为冀州州佐，而长史则应为军府官员，可见韩馥当时也应有将军号。不仅各支讨董

1 《三国志》卷六《魏书·袁绍传》，第190页。
2 《三国志》卷一《魏书·武帝纪》，第6页。
3 《三国志》卷四六《吴书·孙破虏讨逆传》，第1096页。
4 《三国志》卷一二《魏书·鲍勋传》注引《魏书》，第384页。
5 《三国志》卷六《魏书·袁绍传》，第191页。

军队的将领取得了将军号，一些军阀集团内部的个别重要人物也在此时开始获得将军号。袁绍得冀州后，沮授为之画策，绍“即表授为监军、奋威将军”[1]。按裴注，沮授曾“为韩馥别驾，表拜骑都尉”[2]，可见袁绍入主冀州前沮授并无将军号。自讨董诸将纷纷获得将军号并迅速转变为地方军阀，将军号便逐渐向各地的中小军阀统帅普及，不过，这已是董卓死后的情况了，董卓时期将军号仍主要由为数不多的重要军阀的统帅所享有，还远远谈不上普及。

李傕、郭汜等击败王允、吕布后，占据长安，挟持天子，自相封拜，将军号开始在关西迅速增加，并趋向泛滥。在李傕等攻破长安之前，便已“皆为将军”[3]，李贤注引袁山松《后汉书》曰：“傕等……自拜署，傕为扬武将军，汜为扬烈将军，樊稠等皆为中郎将。”[4]入长安后，“傕又迁车骑将军，开府，领司隶校尉，假节。汜后将军，稠右将军，张济为镇东将军，并封列侯”[5]。四人之外，还有大量各种名号的将军，如安西将军

1 《三国志》卷六《魏书·袁绍传》，第192页。

2 《三国志》卷六《魏书·袁绍传》注引《献帝纪》，第192页。

3 《后汉书》卷七二《董卓列传》，第2333页。

4 《后汉书》卷七二《董卓列传》李贤注引袁山松《后汉书》，第2334页。引文断句与中华书局标点本《后汉书》不同。

5 《后汉书》卷七二《董卓列传》，第2334页。《三国志》卷六《魏书·董卓传》载张济为骠骑将军（第181页），而据《后汉书·董卓传》下文可知，张济为骠骑在后来李郭相争之时，攻破长安后应为镇东将军，《后汉书》所载更为可信。

杨定[1]。后李郭相争，李傕为大司马，张济入长安和解二人，遂"以张济为骠骑将军……迁郭汜车骑将军，杨定后将军，杨奉兴义将军。又以故牛辅部曲董承为安集将军"，时段煨为宁辑将军[2]，李傕还曾"请（贾）诩为宣义将军"[3]，张济侄张绣亦"以军功稍迁至建忠将军"[4]，可见此时将军号已颇为猥滥冗杂。另外，李傕、郭汜为了缓和与关东诸将的关系，还多以将军号加以笼络。如以陶谦为安东将军即在这一时期[5]，公孙瓒迁前将军的任命不知是出于王允还是李傕等人[6]。除了数量急速增加以外，此时的将军号制度又极为混乱无序，除了骠骑、车骑、前后左右等重号将军之外，其他的将军号很可能没有确定的班位次序，远未形成类似于魏晋南北朝时期较为规整的将军号序列。

李傕、郭汜滥授将军号的影响不仅限于关西地区，献帝逃出长安后，为了获得一些军阀的支持，也沿用李、郭的做法，大量授予将军号。献帝为了对付追击的李傕、郭汜，召白波帅韩暹、胡才、李乐等，"以暹为征东、才为征西，乐征北将军"[7]。张杨此时亦出兵、物以资助献帝，据《后汉书》，献帝

1 《后汉书》卷七二《董卓列传》，第2336页。
2 《后汉书》卷七二《董卓列传》，第2338页。
3 《三国志》卷一〇《魏书·贾诩传》，第327页。
4 《三国志》卷八《魏书·张绣传》，第262页。
5 《后汉书》卷七三《陶谦列传》，第2366—2367页。
6 《三国志》卷八《魏书·公孙瓒传》，第243页。
7 《三国志》卷六《魏书·董卓传》，第186页。

"拜胡才征东将军，张杨为安国将军，皆假节、开府"[1]，此处胡才将军号略与《三国志》记载不同。

由此，董卓入洛至献帝东归期间将军号数量的大量增加主要包括几个方面的内容。第一，董卓任命了大量符合东汉常制但此前实际并不经常设置的前后左右等重号将军，以及拉拢公孙瓒、张杨等少数关东将领而授予将军号，这些行为虽然使得将军数量明显增加，但总数仍然相当有限，且基本未超出东汉常规制度，将军号远远谈不上泛滥。第二，关东诸将起兵讨董，有不少人便由此获得了将军号，但这时享有将军号的仍只是一些主要军阀统帅以及部分军阀集团内的极少数重要人物。将军号已明显开始蔓延，但地位仍相当贵重。第三，将军号开始泛滥实始于董卓死后李傕、郭汜占据长安之时，关西诸将甚至部分谋士纷纷获得将军号，且李傕等为了拉拢地方势力也授予了一批将军号。李、郭滥授将军号的行为造成了十分深远的影响，献帝东归时对河东、河内一带的军阀大量授予将军号，此后朝廷也改变了以往谨慎授予将军号的传统。随着将军号的不断增多，经历了最初的相对混乱之后，相关的班位、迁转体系逐渐建立，并最终演生出了魏晋南北朝复杂严密的将军号制度。

---

1 《后汉书》卷七二《董卓列传》，第2340页。

将军号向中小军阀的扩散

在将军号增多、泛滥的第一阶段中，对后来制度演变影响最大的并非具体将军号的大量授予，而是朝廷终于改变了谨慎授予将军号的传统。正因如此，虽然三国建立后的局部统一带来了相对稳定的政治秩序，但将军号并未像东汉光武朝以后那样又基本回归西汉的传统，甚至在西晋统一之后，已经经历了长足发展的将军制度仍未有回归两汉的迹象。

然而，值得注意的是，在曹操迎献帝之初，朝廷授予将军号的条件虽然不再像先前那样苛刻，但此时将军号享有者仍颇为局限，主要集中于三种人群，一是袁绍、曹操等势力较大的军阀统帅与其极少数重要下属，二是关西诸将，三是在献帝东返途中提供帮助的河东、河内一带的将领，这些人多是较为独立的军事集团的统帅。因此，建安初期将军号虽已开始泛滥，但距离三国时期中高级武官大量拥有将军号的景象还有相当距离。填补这一历史空间的，便是将军号向各地中小军阀的扩散。

首先看一下曹操迎献帝后将军号在其下属之中扩散的情况。见于记载的曹操部将中最早获得将军号的是夏侯惇。建安三年（198）曹操平定吕布，遂以惇为建武将军[1]。裴注引《魏略》：

---

1 《三国志》卷九《魏书·夏侯惇传》，第268页。

“时夏侯渊与惇俱为将军”[1]，不过此处的“将军”只是泛指二人都是领兵的将领，而不是说夏侯渊与夏侯惇同时获得将军号。根据《夏侯渊传》，夏侯渊在击败昌豨后拜典军校尉，后又任行领军、征西护军，均未提到将军号，直到建安十七年才被任命为行护军将军，占据汉中后又拜行都护将军、征西将军[2]。其余张辽等诸将被授予将军号也要等到建安十年击破袁谭以后，可见将军号在曹操部将中渐渐扩散并形成体系是较晚的事情。

建安前期，将军号的接受者仍以各地的军阀势力或归附的半独立军事集团的统帅为主，并延及一些实力较强大的军阀集团之内的少数重要人物。

迎献帝当年，曹操表刘备为镇东将军，为拉拢吕布，又拜之为左将军。至建安三年，曹操与刘备联合攻灭吕布，遂以刘备为左将军。建安二年，曹操遣议郎王誧至江东，“承制假策明汉将军”[3]，孙策对于假明汉将军并不满意，又于次年进献方物，曹操遂正式拜策讨逆将军[4]。此后，曹操对于要笼络或降附的独立军事力量的统帅，多与之将军号。官渡之战前后，张绣

1 《三国志》卷九《魏书·夏侯惇传》注引《魏略》，第268页。

2 《三国志》卷九《魏书·夏侯渊传》，第270—272页。又，《张辽传》载：“袁绍破，别遣辽定鲁国诸县。与夏侯渊围昌豨于东海……豨乃许降……从讨袁谭、袁尚于黎阳。”（第517页）可知夏侯渊击昌豨在官渡之战后，曹操攻占河北之前。

3 《三国志》卷四六《吴书·孙破虏讨逆传》注引《江表传》，第1107页。

4 《三国志》卷四六《吴书·孙破虏讨逆传》注引《江表传》，第1108页。

降曹操，操拜为扬武将军[1]。曹操进攻袁谭、袁尚兄弟，张燕率众归附，操以之为平北将军[2]。鲜于辅起兵攻公孙瓒，为刘虞报仇，其后拒绝袁绍而归附曹操，曹操拜为建忠将军，并使“督幽州六郡”[3]。公孙度据辽东，曹操以之为武威将军[4]。公孙度死，其子康继领辽东。建安十二年，公孙康斩袁尚首送与曹操，曹操遂以之为左将军。

除了以上具有较大影响的军阀，将军号也在逐渐向许多中小军阀扩展。建安四年，孙策击败庐江太守刘勋，勋逃奔曹操，曹操以之为平虏将军可能即在此前后。《三国志·武帝纪》只记载了“庐江太守刘勋率众降，封为列侯”[5]，未记载将军号，而考察刘勋事迹，他本为袁术故吏，术死后，其妻子部曲等许多人投奔刘勋[6]，可见此人在江淮间颇具影响力，而这可能也是曹操授予他平虏将军的主要原因。又如刘雄鸣于秦岭一带聚众自守，曹操以之为将军，使其率部属归降，后雄鸣又叛，为夏侯渊击破投降，曹操仍“复其官”[7]，这里的“官”应包括先前授予的将军号。申耽、申仪兄弟据上庸一带，“遣使诣曹公，

1 《三国志》卷八《魏书·张绣传》，第262页。
2 《三国志》卷八《魏书·张燕传》，第261页。
3 《三国志》卷八《魏书·公孙瓒传》，第247页。
4 《三国志》卷八《魏书·公孙度传》，第252页。
5 《三国志》卷一《魏书·武帝纪》，第18页。
6 《三国志》卷四六《吴书·孙破虏讨逆传》注引《江表传》，第1108页。
7 《三国志》卷八《魏书·张鲁传》注引《魏略》，第266页。

曹公加其号为将军……封列侯”[1]。另外，与马超、韩遂同时起兵的杨秋、程银、侯选等关西诸将，史料中只记载了“秋降，复其爵位”[2]，以及“银、选南入汉中，汉中破，诣太祖降，皆复官爵”[3]，并未提到将军号，但关西诸将长期受曹操羁縻，并曾响应支援其重大军事行动，很可能他们多在之前就接受了曹操授予的将军号。

中小军阀统帅陆续获得将军号，一定程度上也是各主要军阀之间争夺这些中小军阀的结果。如官渡之战前，袁绍为拉拢阳安都尉李通，以之为征南将军，李通拒之，后曹操拜通为汝南太守，封都亭侯[4]。田畴率众居于徐无山中，“袁绍数遣使招命，又即授将军印，因安辑所统，畴皆拒不受”[5]。官渡之战后，袁谭为笼络吕旷，“阴以将军印绶假旷”[6]。申耽、申仪兄弟先接受了曹操的封拜，后刘备占据汉中，遂进军上庸，申耽兄弟举众降，“遣妻子及宗族诣成都”，于是刘备以申耽为征北将军，申仪为建信将军[7]。除了这些中小军阀，孙策取得将军号也一定程度上得益于曹操与袁术的竞争。曹操遣王誧出使江东后，孙

1 《三国志》卷四〇《蜀书·刘封传》注引《魏略》，第994页。
2 《三国志》卷一《魏书·武帝纪》，第36页。
3 《三国志》卷八《魏书·张鲁传》注引《魏略》，第266页。
4 《三国志》卷一八《魏书·李通传》，第535页。
5 《三国志》卷一一《魏书·田畴传》，第341—342页。
6 《三国志》卷一《魏书·武帝纪》注引《魏书》，第24页。
7 《三国志》卷四〇《蜀书·刘封传》，第991页。

策获得了假明汉将军的称号，上书陈谢，其中有云："兴平二年十二月二十日，于吴郡曲阿得袁术所呈表，以臣行殄寇将军；至被诏书，乃知诈擅。虽辄捐废，犹用悚悸。"[1]可见此前孙策一直打着从袁术处得来的殄虏将军的旗号，招兵买马，四处攻伐。虽然孙策上书中斥责这一任命乃袁术之"诈擅"，但未必不是向曹操暗示，自己对于所谓的假明汉将军并不满意，若要拉拢自己，还需要更为正式的将军号，后来曹操果然又拜策为讨逆将军，去掉了"假"字。

以将军号拉拢地方军阀或安抚降附势力，在三国时期成为较常见的现象，只是将军号渐渐不再只限于统帅人物。刘备于夷陵兵败，将军黄权、南郡太守史郃等北降曹魏，曹丕"拜权为侍中镇南将军，封列侯……及封史郃等四十二人皆为列侯，为将军郎将百余人"[2]。魏明帝时，吴鄱阳太守周鲂诈降于魏，其降书云："今举大事，自非爵号无以劝之，乞请将军、侯印各五十纽，郎将印百纽，校尉、都尉印各二百纽。"[3]对比汉灵帝时黑山等势力盘踞太行山区，灵帝不过拜杨凤为黑山校尉以统其众，并未授予将军号，足见三国时杂号将军尚未泛滥。

---

1 《三国志》卷四六《吴书·孙破虏讨逆传》注引《吴录》，第1107页。

2 《三国志》卷二《魏书·文帝纪》注引《魏书》，第80页。

3 《三国志》卷六〇《吴书·周鲂传》，第1390页。

汉魏之际将军号体系的初步建立

将军号在向汉末的大小军阀统帅扩散的同时，也逐渐在实力较强的军阀集团的中高级武官之间普及，这使得将军号体系化、制度化成为一种切实需求。对于那些独立半独立的地方势力以及降附人员来说，授予将军号更多是一种笼络手段，这些将军号不仅难以实现体系化，也似不宜过早对其明确划分等级班位，但当将军号在曹操、刘备、孙权等集团内部逐渐增多，便应改变之前相对混乱无序的状况，对将军号加以排列分等，以便于管理，提升政治、军事效率。

曹操有挟天子之势，故而其部将虽然实际上忠于曹操，但名义上仍是奉行王命，可以较便捷地通过朝廷途径获得将军号，由此在汉末各军事集团中，将军号在曹操部将中最早推广开来。不过，这一进程起初仍是非常缓慢的。

前文已述及，曹操部将中最早获得将军号的应是夏侯惇，时在建安三年攻灭吕布之后。次年程昱于刘备袭杀车胄后拜为振威将军[1]，而程昱获得将军号并非因为战功，乃是在于出谋划策。此后相当长的时间内很少见有曹操的部将获得将军号。直至官渡之战几年后的建安八年、九年之际，曹操进攻袁谭、袁

---

1 《三国志》卷一四《魏书·程昱传》，第428页。

尚，张辽、乐进才分别获得中坚将军、游击将军之号，且皆加“行”字，至建安十一年，张辽、乐进、于禁方得到正式的将军号，分别为荡寇、折冲、虎威[1]。李典在建安十一年击破高幹后拜捕虏将军[2]，张郃、徐晃则是在建安十二年北征乌桓后才分别拜为平狄将军、横野将军[3]。至建安十七年献帝策命曹操为魏公时，群臣纷纷上表劝进，其中有“平虏将军华乡侯刘勋、建武将军清苑亭侯刘若、伏波将军高安侯夏侯惇、扬武将军都亭侯王忠、奋威将军乐乡侯刘展、建忠将军昌乡亭侯鲜于辅、奋武将军安国亭侯程昱”[4]等，而夏侯渊、张辽等此时已获得将军号的将领并未显示在现存的劝进名单之中，可见此时曹操部下已有不少中高级武官获得了将军号。

一般认为，《通典》所载魏官品为曹魏末年司马昭执政时所定[5]。由魏官品可知，曹魏末年各将军号已经有了明确的级

1 《三国志》卷一七《魏书·张辽传》，第517页；同卷《乐进传》，第521页。

2 《三国志》卷一八《魏书·李典传》，第534页。

3 《三国志》卷一七《魏书·张郃传》，第525页；同卷《徐晃传》，第528页。

4 《三国志》卷一《魏书·武帝纪》注引《魏书》，第40页。

5 魏官品是否真实反映了曹魏的制度，历来多有学者表示质疑。如阎步克、熊德基等学者认为魏官品中所载的一些官职非曹魏所有，故魏官品产生时间不会早于司马昭执政的咸熙年间，有些职位至晚可能到晋惠帝时才出现；张金龙进一步认定魏官品不仅不能准确反映魏制，于晋初制度也多有不合，称“魏官品”名不符实。参见阎步克：《品位与职位——秦汉魏晋南北朝官阶制度研究》第五章第一节“《魏官品》的问世时间”，中华书局，2009年；熊德基：《九品中正制考实》，氏著《六朝史考实》，中华书局，2000年；张金龙：《“魏官品”、“晋官品”嫌疑》，《文史哲》（转下页）

别、位次排列[1]。魏官品对曹魏已有的将军号做了总结，其中包括从第一品的黄钺大将军到第五品的礼见诸将军，涵盖了《三国志》所载建安元年迎献帝后曹操集团及曹魏政权的多数将军号，至于一些遗漏的[2]，也可视为包含在第四品、五品诸将军号后的“等将军”之中。

东汉多数时期的将军号体系位次分明，由九种常制将军（包括位与公等的大将军、骠骑将军、车骑将军、卫将军，位同上卿的前后左右将军，以及略低于卿的度辽将军）与少数名号将军构成的将军体系十分简洁明了。董卓入洛后，各种名号将军越来越多，对这些将军号重新整理排列也经历了一个过程。判断众多名号将军开始形成较为清晰的位次序列的一个标志，即是将军号开始出现迁转升降。这里面有一些情况可能不宜视作将军号形成位次序列的例证，如孙策对假明汉将军不

（接上页）2017年第4期。不过，也有学者认为魏官品虽存在一些疑点，但其整体的真实性和史料价值，是应当肯定的。如可参见张旭华：《〈魏官品〉产生时间及相关问题试释——兼论官品制度创立于曹魏初年》，《郑州大学学报（哲学社会科学版）》2006年第5期。阎步克虽然指出了《通典》抄录的魏官品“不乏粗率致误之处”，但仍然认为“把《魏官品》确定在咸熙元年左右，是可资取信的”（阎步克：《品位与职位——秦汉魏晋南北朝官阶制度研究》，第250、242页）。亦可参见阎步克：《魏晋的朝班、官品和位阶》，《中国史研究》2000年第4期。

1 《通典》卷三六《职官》一八，第991—992页。

2 如杨秋、王基曾任讨寇将军，此名号不见于魏官品。参见《三国志》卷一《魏书·武帝纪》注引《魏略》（第36页），同书卷二七《王基传》（第751页）。

满，曹操又授予他讨逆将军，以及张辽、乐进由行中坚、游击将军迁荡寇、折冲将军，这里的迁转很可能不是因为后来的将军号地位更高，只是由“假”、“行”将军变成正式的将军。排除这种事例，史籍中可以见到曹操部下最早的将军号迁转事例发生在建安九年、十年之际攻破邺城、取得河北之时，夏侯惇由建武将军迁伏波将军[1]，同一时期程昱由振威将军迁奋武将军。又建安二十年张辽、乐进击败孙权，二人分别迁征东将军、右将军[2]。魏官品中未出现荡寇将军与前后左右将军，但无疑四征与前后左右将军位次应高于荡寇、折冲。前后左右将军在晋官品序列中属第三品[3]，魏官品或亦如此，应是史料遗漏之故。另振威、建武在魏官品中皆属第四品，而建武位在振威之前，故而程昱、张辽、乐进的上述迁转亦符合魏官品中的升迁情形，夏侯惇则不符合。惇由建武迁伏波，魏官品中建武为第四品，伏波第五品，可见曹操时期的诸将军号虽已开始形成位次，但与魏官品中记载的严密体系尚有差距。

相比曹操在建安九年、十年之际，便将整理各名号将军的位次付诸迁转实践之中，刘备、孙权集团的相应做法则晚了许多。孙刘两家在其下属中推行将军制度均在赤壁之战以后。刘

1 《三国志》卷九《魏书·夏侯惇传》，第268页。
2 《三国志》卷一七《魏书·张辽传》，第519页；同卷《乐进传》，第521页。
3 《通典》卷三七《职官》一九，第1003页。

备取江南诸郡，以关羽为荡寇将军，张飞征虏将军，赵云牙门将军[1]，将军人数不多。其中赵云的牙门将军是否可以视为和其他名号将军类似，可参考《通典》的记载。《通典》卷二九“杂号将军”一项末尾有“牙门将”，而其他名号将军则只书将军号，并无“将”或“将军”字样，又本注云：“冠服与将军同”[2]，可见“牙门”并非正式的将军号。赵云当时应是有类似将军的地位，但还没有获得正式的将军号。刘备入蜀后，大量授予部下将军号，许多文臣如诸葛亮、糜竺、孙乾、简雍、伊籍等皆在其列，武将更是不胜枚举。至建安二十四年，群下上表推刘备为汉中王，其中所列群臣多有将军号[3]，可见此时刘备集团内将军号已比较普遍了。

刘备集团中将军号的迁转最早发生在称王以前，但见于记载的不多：关羽迁前将军，马超由平西将军迁左将军，张飞迁右将军，黄忠击杀夏侯渊，由讨虏将军迁征西将军，不久刘备称汉中王，忠又迁后将军[4]。黄忠进为征西将军是因击杀夏侯渊功勋非凡，而前后左右将军的设立应主要是为了匹配汉中王国的制度需求。刘备称帝后，马超、张飞又分别任骠骑、车骑

1 《三国志》卷三六《蜀书·关张马黄赵传》，第940—948页。
2 《通典》卷二九《职官》一一，第804页。
3 《三国志》卷三二《蜀书·先主传》，第884页。
4 《三国志》卷三六《蜀书·关张马黄赵传》，第941—948页。

将军，而设立骠骑、车骑将军应是为了匹配称帝所需的制度规模。又魏延在刘备得汉中后拜镇远将军、督汉中，备称帝，延迁镇北将军。其他文武将官则未有变更将军号的事例。这表明刘备时期似乎已经建立了一套将军号的班位体系，但迁转事例仍较少，较之诸葛亮开府治事之后，制度的完备与严密程度尚有差距。刘备死后，诸葛亮执政，有关将军号迁转的事例随之变得颇为常见。以赵云为例，刘备定蜀后，拜云翊军将军，此后直至白帝托孤，将军号未有过变化。建兴元年（223）后主继位，赵云迁征南将军，又迁镇东将军，六年北伐失利，被贬为镇军将军[1]。后主继位后短时间内赵云将军号便发生了两次变化，后来又遭降贬，这种频繁的迁转甚至贬黜现象的出现，表明刘备死后不久蜀汉的将军号班位及迁转体系便进一步完善了。

孙氏部将获得将军号主要可分为两个阶段，一在赤壁之战之前，尤其是孙策时期，二在建安十八年以后。

孙坚死时诸子尚且年幼，坚兄子贲统摄余众，成为孙氏集团当时的实际统帅。孙贲为袁术征伐，袁术以之行征虏将军[2]。孙策渡江后，曹操为拉拢孙氏，与之结姻，使其子曹章（笔

1 《三国志》卷三六《蜀书·关张马黄赵传》，第949页。
2 《三国志》卷五一《吴书·宗室孙贲传》，第1209页。

者按，应为“彰”）娶孙贲之女[1]。建安十三年，曹操南下荆州，虎视江东，派使者刘隐奉诏拜贲为征虏将军[2]。孙策渡江后，以舅吴景为丹杨太守。建安二年，曹操派王誧至江东，“表景为扬武将军”[3]。又孙策姑子徐琨佐策定江东，“从破庐江太守李术，封广德侯，迁平虏将军”[4]。按，孙策破李术在建安五年。参照孙贲封侯时间，“贲与策征庐江太守刘勋、江夏太守黄祖，军旋，闻繇病死，过定豫章，上贲领太守，后封都亭侯”[5]，孙策讨黄祖在建安四年底，可知孙贲封侯应与徐琨封侯及拜为将军时间相近，当时孙策并未公然与汉朝为敌，没有自行封侯的权力，故孙贲、徐琨的爵位应出自朝廷，徐琨的将军号也应与吴景一样为朝廷所授。至建安七年，孙权“表（朱）治为吴郡太守，行扶义将军”，而此前孙策便已安排朱治“领太守事”[6]，可见此次上表只是为了使朱治任太守的既定事实得到朝廷认可，其将军号也应是朝廷授予的。

由上可知，赤壁之战前孙氏集团中少数将领获得了将军号，这些应当都是以朝廷名义授予的，故尤为珍贵。孙吴像曹

1 《三国志》卷四六《吴书·孙破虏讨逆传》，第1104页。
2 《三国志》卷五一《吴书·宗室孙贲传》，第1210页。
3 《三国志》卷五〇《吴书·妃嫔传》，第1196页。
4 《三国志》卷五〇《吴书·妃嫔传》，第1197页。
5 《三国志》卷五一《吴书·宗室孙贲传》，第1209—1210页。
6 《三国志》卷五六《吴书·朱治传》，第1303页。

操、刘备那样在下属中推广将军号，应始于建安十八年。

孙权最早给部下授予将军号应是建安十八年以贺齐为奋武将军[1]，十九年又以鲁肃为横江将军、甘宁为折冲将军[2]，此前周瑜于建安十五年病亡时仍只是偏将军，未有将军号。二十年，孙刘中分荆州，孙权以程普为江夏太守，拜荡寇将军[3]。同年蒋钦因在合肥拒张辽力战，拜荡寇将军[4]。二十二年，曹操攻濡须，吕蒙、周泰拒敌有功，孙权以吕蒙为虎威将军，周泰为平虏将军[5]。其后将军渐多，尤其是袭取荆州以及取得夷陵之战的胜利后，孙权更是授予了一大批将军号。

见于记载孙权部下最早的将军号迁转是孙瑜的例子："建安九年，领丹杨太守……加绥远将军……后从权拒曹公于濡须，权欲交战，瑜说权持重，权不从，军果无功。迁奋威将军。"[6]孙瑜第一次获得将军号在建安九年，很可能是出自朝廷的诏令。曹操攻濡须共有两次，分别在建安十八年、二十二年，这时孙权开始大量授予部下将军号，故而孙瑜将军号的迁

1 《三国志》卷六〇《吴书·贺齐传》，第1379页。

2 《三国志》卷五四《吴书·鲁肃传》，第1271页；卷五五《吴书·甘宁传》，第1294页。

3 《三国志》卷五五《吴书·程普传》，第1284页。

4 《三国志》卷五五《吴书·蒋钦传》，第1286—1287页。

5 《三国志》卷五四《吴书·吕蒙传》，第1277页；卷五五《吴书·周泰传》，第1288页。

6 《三国志》卷五一《吴书·宗室孙瑜传》，第1206页。

转可能不具有典型性。另外稍晚的例子是吕范、周泰。吕范应于建安十八年、十九年左右拜平南将军，后参与袭取荆州，迁建威将军[1]。周泰于建安二十二年拜平虏将军，关羽败亡后，孙权又以周泰为汉中太守，奋威将军[2]，此事应在建安二十四年、二十五年之际。由此可知，约建安十八年至二十二年之间，一批重要将领获得了将军号，二十四年末孙吴袭杀关羽，孙权为了表彰立功将领，除了新授予一批将军号，又给部分已有将军号的将领作了迁转安排。后孙权称王，建立年号，更是又授予了一批将军号，孙吴的将军号数目逐渐增多，其班位与迁转体系也逐渐形成并完善起来。

两汉至魏晋的政治、制度、经济、社会等多个层面都有着重大的转变，是众所周知的。在前辈学者热烈讨论中国古史分期问题时，唐长孺、何兹全等学者所主张的魏晋封建论，即是建立在对汉魏之际中国多方位变化的深入观察基础之上的。

在社会大转型发生的过程中，汉末的混战是一个十分关键的契机，许多后人眼中的重大变动都须追溯至此。本文以魏晋南北朝将军号制度的形成及初步发展为出发点，管窥汉末战争对汉魏之际政治制度演变的影响。以往学者对这一时期将军制

1 《三国志》卷五六《吴书·吕范传》，第1310页。
2 《三国志》卷五五《吴书·周泰传》，第1288页。

度的研究已颇为成熟，本文主要侧重将军号的扩展与体系化的过程，另外过去的研究对于将军号泛滥及逐渐系统化原因的解释多侧重军事活动频繁的角度[1]，这固然是十分重要且基础的原因，但也要看到汉末混战在将军号制度变迁过程中所发挥的特定的、不可替代的作用。

关于汉魏之际将军号制度的变迁，具体可概括如下：董卓入洛与群雄起兵讨董，致使东汉历史正式开启了军阀混战的时代，其中影响力较大的军阀集团的统帅陆续获得了将军号，虽然人数仍然不多，但为将军号的进一步扩散提供了重要的基础。董卓死后，李傕、郭汜把持长安朝政，大肆封拜将军，致使关西地区率先出现了将军号泛滥的现象。献帝东归时，为了能得到河东、河内一带军阀的支持，不得不延续滥授将军号的做法，这可以看作朝廷滥授将军号的开端。曹操秉政后，为了笼络各种地方势力，进一步向军阀统帅们授予将军号，许多中小军阀的统帅便得以获得将军号。与此同时，曹操也借助挟天子之便陆续对其部下加授将军号，由此渐渐形成了初步的将

1　如阎步克《品位与职位——秦汉魏晋南北朝官阶制度研究》第八章第二节“魏晋南朝将军号的散阶化”：“狼烟四起之世，克敌制胜离不开将士们效死用命，酬功奖劳就少不得名位的褒赏，这时军号的普授便是再自然不过的事情。”（第436页）洪武雄即将三国时期名号将军大量出现归因于“三国鼎立，长期混战”（洪武雄：《蜀汉政治制度史考论》，文津出版社，2008年，第3页）。

军号班位及迁转体系。刘备、孙权对曹操的做法亦步亦趋，也在赤壁之战后陆续对部下大量授予将军号，并逐渐形成了相应的班位及迁转体系。在这一过程中，军阀混战的起始促使将军号开始蔓延，而军阀林立的状况又使得将军号向各地推广，另外，频繁的战争为将领们建立功勋提供了更多机会，从而致使曹操、刘备、孙权在其集团内逐渐推广将军号，并创设了一系列的相应规制。

三、汉代旧制在汉末分裂到局部统一过程中的作用

三国鼎立的局面是如何形成的？学者们已有很多讨论，也给出了许多答案，如自然地理方面的阻隔，南方社会、经济的长期发展，以及吴蜀联盟的稳定存在，等等。然而，相对于秦汉以后为何会出现三国鼎立，还有一个重要的历史问题受到的关注相对较少，即是：为何汉末深度的甚至是破碎性的分裂没有长期持续下去，而是转变为更稳定的、局部统一的三分天下的态势？这其中有一些十分基础的原因，包括中国地理方面的某些特点，秦汉长期统一的影响下人们对政治统一的普遍认同。这些因素之外，本书则尝试从汉末混战之中寻找更为直接的原因，以求对这段历史作出更为丰满、更具层次性的解读。

在学者们对汉末三国政治演变的已有研究中，对各政治

集团内部不同人群关系的探讨是十分引人注意的部分[1]，田余庆笔下的蜀汉“新人”、“旧人”，孙吴政权的“江东化”，尤其是此类研究的典范[2]，而如果我们尝试俯瞰汉末群雄并立的全局，不难发现多数主要军阀中至少有两种政治人群，即本地势力与外来势力。蜀汉的情况更为复杂一些，包括了两种外来势力，即以荆襄人为主的刘备旧部（即田先生文中的“新人”），刘焉父子时期入蜀的外来者（“旧人”），此外还有巴蜀地区的土著。当然刘焉父子时期，巴蜀地区的政治力量主要只是“旧人”与土著两种。袁绍集团中有外来士人与河北士人，实力都颇为强大，关系也较复杂。曹操在兖州时，其部下包括以曹氏、夏侯氏及荀彧等人为核心的外来者与兖州本地大族。最为复杂的吕布集团同时统帅着六种势力，包括并州旧部、河内势力、兖州势力、丹杨兵、青徐豪霸以及徐州大族，而这六类人群中，前四者为外来势力，后两者为徐州一带的本地势力。这些不同人群的实力对比与政治关系，是各军阀集团内部政治结构的重要内容，也深刻影响了他们的政治抉择及命运。那么，为何汉末主要军阀中会普遍存在外来团体与本地势力的明显划

---

1 参见张大可《三国鼎立形成的历史原因》，收入氏著《三国史研究》，商务印书馆，2013年。

2 参见田余庆《李严兴废与诸葛用人》、《孙吴建国的道路》、《暨艳案及相关问题》等论文，收入氏著《秦汉魏晋史探微》。

分？这种划分又对汉魏之际的政治演变产生了哪些影响？

追溯汉末混战的由来，不难发现战乱主要不是由地方试图反抗或抗衡中央而引发的，而是源于中央的政治分裂。灵帝死后，朝堂之上外戚、宦官、士人三种力量的斗争很快进入了白热化状态，最终前两者几乎同时覆灭，而士人们还没有来得及确认自己胜利者的身份，便又被趁乱进入洛阳的西北军阀董卓所压制。士人团体虽然有强大的政治影响力，但因不掌握军事优势，以及朝臣缺失组织核心（东汉后期士大夫的影响很大，但一直缺乏具有领导力的政治组织核心，袁绍等人投靠何进，即是以外戚代为承担士大夫力量组织核心的角色。何进死后，士大夫的力量便无法高效凝聚起来）、利益不尽一致、抵抗意志强弱程度不同等原因，最终未能阻止董卓控制朝政。士人中有一部分决意反抗董卓，他们逃出洛阳，联合东方的州郡官员，以讨伐董卓的名义起兵，由此许多郡县官府武装化程度迅速提升，并开始走向军阀化的道路。正是朝堂上巨大的政治分裂，为地方官员拥有较强独立武装提供了机会。由于汉末分裂并非是地方势力壮大之后各自为政的结果，而是在中央政治斗争的强烈刺激下才出现的，也就导致汉末主要军阀大多脱胎于东汉的政权系统，因而他们的口号一般不是反对东汉王朝，甚至相敌对的势力都会宣称自己是在维护汉统，如此一来，这些主要军阀治理自己的地盘时便更多会延续而不是否定东汉旧制，即便是有损益调整，也主要是在原有制度基础上因时因地制宜。魏蜀吴制度虽有显著差异，但其基础皆由继承汉制而来，原因即在于此。在各种制度中，地方长官回避本籍的原则被绝大多数军阀普遍继承，并成为汉末政治演变的重要历史背景，产生了极其深远的影响。

关于地方长官回避本籍的任官原则，史书中的记载不多，较早可见蔡邕论“三互法”。《后汉书·蔡邕传》：

> 初，朝议以州郡相党，人情比周，乃制婚姻之家及两州人士不得对相监临。至是复有三互法，禁忌转密，选用艰难。[1]

李贤注：

> 三互谓婚姻之家及两州人不得交互为官也。《谢承书》曰“史弼迁山阳太守，其妻钜野薛氏女，以三互自上，转拜平原相”是也。[2]

---

1 《后汉书》卷六〇下《蔡邕列传》，第1990页。
2 《后汉书》卷六〇下《蔡邕列传》李贤注，第1991页。

由《后汉书》可知，在三互法施行之前，“婚姻之家”与“两州之士”已不许互相监临，故而李贤所举的事例可能只是三互法之前的回避方式，三互法则要更为复杂，只是史料缺失，具体内容我们已无从考知。蔡邕上疏中讲道：

> 伏见幽、冀……阙职经时，吏人延属，而三府选举，逾月不定。臣经怪其事，而论者云“避三互”。十一州有禁，当取二州而已。又二州之士，或复限以岁月，狐疑迟淹，以失事会。[1]

因为三互法的施行，幽冀二州选官时，共有十一州士人需要回避，只能从剩余二州中选择，而剩余二州的士人又“狐疑迟淹”，致使员缺之职迟迟不能补授。三互法具体回避方式不明，这里不再展开讨论。至于“两州人士不得对相监临”，其实表述也不确切，此语应只对应刺史，至于郡国守相与县令长，则应表述为“两郡”或“两县”，李贤所引史弼的事例便可证明。史弼在《后汉书》中有传。弼为陈留人[2]，属兖州。据李贤注引谢承《后汉书》，他最初被任命为山阳太守，但因妻子为钜野人，属山阳郡，故而自上书陈明应当回避，于是改授平原。山

---

1 《后汉书》卷六〇下《蔡邕列传》，第1990—1991页。

2 《后汉书》卷六四《史弼列传》，第2108页。

阳与陈留同属兖州，如果二州之士不得相互监临的原则适用于郡级长官，那么士人便不能在本州出任郡国守相，史弼不得任山阳太守，不须待其妻为山阳人。史弼最初能够被任命为山阳太守，显然官员籍贯回避是要对应相应官职级别的，即牧、刺对应州，守、相对应郡、国，令、长对应县。关东诸将起兵讨董时，兖州诸郡守相即多有本州人，如济北相鲍信为泰山人，陈留太守张邈为东平人，他们担任郡守时只是回避了本籍所在的郡，而非籍贯所属州，由此可窥见官员回避的一些基本原则。

本节关注的焦点并非东汉复杂的任官回避原则[1]，而是只选择其中最为基础的地方长官回避本籍的部分展开讨论[2]。正如《蔡邕传》中所言，任官回避制度是为了防止“州郡相党，人情比周”，这种制度设计初衷应包含了尽可能维持地方的政治

---

1 可参考潘超男《中国古代任官回避制度研究》第三章第一节“汉代任官回避制度的萌芽”，安庆师范大学硕士学位论文，2017年，第17—19页。

2 目前学者们对这一问题已进行过深入探讨，且对汉末时不符合长官回避本籍的事例进行了列举。参见濱口重國:《漢代に於ける地方官の任用と本籍地との關係》,《歴史学研究》101，1942年; 严耕望:《中国地方行政制度史·秦汉地方行政制度》，“中央”研究院历史语言研究所，1990年，第348—349页;〔日〕窪添庆文著，赵立新等译:《魏晋南北朝官僚制度研究》，复旦大学出版社，2017年，第254—255页。这些事例一是样本太少，二是多位于边疆地区，或是遥署虚领，情况较为特殊，不足以说明汉末三国之初国家已确定放弃了长官回避本籍制度。另外晋武帝时也找不到不符合这一制度的事例，也能从侧面说明一些问题。

正义、减轻不法官吏及地方豪强对民众的欺压与剥削的考虑，而上层统治者或许更为关心的是防止在地方出现牢不可破的本地势力，从而加强中央对地方的控制，以维护大一统的政治局面。

随着东汉中央政府权威的崩溃，原有的任官回避制度自然也不再能为本来的政治目标服务，地方割据势力最终还是发展起来，成为汉末政治的主导力量。然而，在看似混乱的纷争之中，各主要军阀集团仍无一例外地继续坚持着地方长官回避本籍的原则，而主要军阀中州级长官居多，由此造成汉末的主要军阀统帅多非其统治地区的本乡人。如冀州牧韩馥、袁绍皆为豫州人，兖州刺史刘岱为青州人，曹操为豫州人，徐州牧陶谦、刘备分别籍属扬州、幽州，荆州牧刘表为兖州人，益州牧刘焉为荆州人。史书没有明确记载吕布曾为州牧，但他确有可能曾担任过兖州的州牧或刺史，而又曾派使者求曹操授予自己徐州牧的职任[1]。陈宫叛曹操迎吕布时对兖州士大夫言讲“吕布壮士，善战无前，若权迎之，共牧兖州”[2]，虽然这里有“权”字，“共牧兖州”的“牧”也含有统治、治理的意思，但兖州人是不能自任本州牧、刺的，故吕布很有可能被陈宫等推奉为新任州牧或刺史，以增强反曹集团的政治正当性。汉末较为强

1 《三国志》卷七《魏书·吕布传》，第225页。
2 《三国志》卷七《魏书·吕布传》，第221页。

大的军阀中，只有两支控制的地盘是其统帅的家乡，堪称例外。公孙瓒为辽西人，属幽州，他击杀刘虞后，便取得了对整个幽州的统治。孙策为吴郡富春人，属扬州，而率军攻占江东，统治了扬州的大部分地区。然而，公孙瓒与孙氏兄弟都没有幽州、扬州州牧或刺史的身份。公孙瓒擒获刘虞后，并未立即将其处死，而是胁迫献帝派来的使者段训将其斩杀，其后又表训为幽州刺史，作为自己实际控制幽州的傀儡，公孙瓒的幽州统治者身份则是由前将军之职确立的。孙策渡江后，并未设扬州的建制，而是自任会稽太守，便是出于本籍回避的原则。由此，孙策统众时更为看重将军号，故而才有增加贡赋求曹操给自己正式将军号的行为。孙权继领江东后，仍任会稽太守，犹以将军统众。赤壁之战次年，即建安十四年，刘备表孙权为徐州牧，孙权才初次成为州级长官[1]。袭杀关羽后，曹操又表孙权为荆州牧，仍旧回避扬州[2]。

公孙瓒、孙策之外，辽东公孙氏籍属辽东，自任辽东太守，独为特例。不过，辽东地处偏远，对中原局势影响微弱，本书不予专门讨论。

东汉中央政府崩溃之前，州郡长官虽非当地人，相对缺少政治根基，但依靠东汉政权的强大支撑，对地方往往有较高

---

1 《三国志》卷四七《吴书・吴主传》，第1118页。
2 《三国志》卷四七《吴书・吴主传》，第1121页。

的权威，甚至常有州郡长官驱逐县级官员的事例。如质帝本初元年（146）诏书："顷者，州郡轻慢宪防……或以喜怒驱逐长吏"[1]，又桓帝建和元年（147）"诏州郡不得迫胁驱逐长吏"[2]。这里的长吏指县令长等县级官员。州郡不顾"宪防"擅自驱逐县级官员，至令朝廷连下诏书，可见当时州郡长官权势之大。董卓废帝给关东州郡提供了起兵自立的机会，但同时这些新的军阀统帅也失去了中央政府的强大支持，如何继续牢固控制其辖区，便成了他们不得不直面的问题。

我们前面讨论过刘表和陶谦的事例，他们所遇到的统治问题便较为典型地反映了缺少中央强力支持的州级长官在统治地方时所面临的困境。刘表单马入宜城，借助荆襄大族的支持兼并了当地宗帅的武装力量，才在荆州站稳脚跟。同时，除了情况不明的黄祖外，我们看不到刘表曾拥有一支亲信力量，由是不得不继续仰仗蒯越、蔡瑁等本地大族。刘表与蔡氏联姻，对反抗自己的荆州大族镇压之后仍保留相当程度的宽容，都与他的统治需要本地大族的支撑有关。刘表也尝试笼络前来投奔的游散武装力量，如张绣、刘备，但仅有他们也不足以对抗本地大族。正因刘表对荆州事务掌控程度较弱，对本地大族偏向于妥协，故而没有强悍的统治核心集团，便难以吸收大量南奔的

1 《后汉书》卷六《孝质帝纪》，第280页。
2 《后汉书》卷七《孝桓帝纪》，第289页。

外来士人为己所用。刘表之所以坐拥荆襄之众，却只能静观成败，很大程度上也是因为发动战争尤其是取得胜利可能会迅速提升刘表的威信，而削弱本地大族原有的政治地位，故而刘表不热衷于扩张，未必因为他不情愿如此，而是受到本地大族的掣肘，无力向外扩张。至于陶谦，他本是边将出身，具有较丰富的军旅经验，朝廷将徐州委任给他也是为了镇压当地的黄巾余部。陶谦至徐州后，平定了当地黄巾，虽然这是在臧霸等青徐豪霸以及袁术、孙坚等人的支援之下实现的，但仍可以推测在汉末混战初期，陶谦便已经组织起了一支较具战斗经验的军队。然而，陶谦与本地大族的关系仍不够紧密，依附于自己的外来亲信团体力量不够强大，又较为松散，且其社会地位及影响力难以和本地大族相比，故而陶谦对徐州的资源整合程度较为有限，促使他在与曹操的战争中一再战败。

由刘表、陶谦的事例可以看出，若要在军阀混战中拥有较强的竞争力，除了占据的地盘、统治的人口及拥有的军事力量须达到一定规模之外，还要有较为强大的外来依附势力。这其中的代表为袁绍、曹操、孙策。袁绍凭借家族影响力及自己在士人中的号召力，吸引了大量外州名士前往冀州投奔，其中尤以与袁绍家乡汝南为邻郡的颍川名士最为时人所重，成为帮助袁绍控制河北的重要力量。不过，也正因袁绍部下外来的依附力量与本地大族政治力量都颇为强大，又有袁绍与献帝的微妙关系等原因，颍川士人与河北士人之间矛盾重重，造成了整个集团的政治分裂。曹操与兖州大族鲍信、张邈、陈宫等本为故友，他能够取得兖州刺史之职也多得益于鲍信等人的拥戴，不过，曹操仍然拥有一支较具实力的外来依附力量，既包括荀彧等具有较强影响力的大族名士，又有诸曹、夏侯家族的多位武将追随，这些都是兖州大族叛迎吕布后曹操能够重夺兖州的重要基础。孙策虽本为扬州人，但正如田余庆所论，江东土著多将其认定为奉袁术之命略取江东，故而多待之以敌对或疏离态度[1]。孙策攻取江东依靠的是以江淮豪族为主的外来势力。正因有江淮势力的强大支持，孙氏不仅能够占据江左，还建立了较稳固的统治，并为日后不断接纳江东大族以实现“江东化”提供了必备的条件。

对于外来的统治者来说，取得本地大族的全力支持本非易事，除曹操与兖州大族一度关系较为亲密之外，只有刘虞与刘备能做到拥有当地大族的普遍拥护。刘备的事例不具有典型性，因为他虽然得到了徐州多种人群的支持，外部环境却太过凶险，致使他对徐州的经营终归徒劳。刘虞的事例则说明仅有本地士庶的支持，仍然不能保证在军阀相争之中处于优势，应是因为刘虞没有强大的外来依附势力，为了取得本地大族及民

1　见田余庆《孙吴建国的道路》，第269—272页。

众的支持，需要部分放弃将辖区人口及资源高强度组织起来的做法，由此难以形成强大的战争能力。这应是刘虞败于公孙瓒的根本原因。

由上可见，若要在汉末军阀混战中拥有较强的竞争力，不仅需要有一块能提供足够多人口及资源的地盘，还需要有一支足够强大的外来亲信力量，至于和本地大族的关系，则是相对次要的。在具体的案例中，曹操武力镇压兖州叛乱，孙氏对江东大族先是武力征服，后来又逐步接纳，刘备统治荆州则是建立在本就与荆州大族关系较融洽的基础之上，并未经历对本地势力清算再整合的步骤。这三者与当地大族的关系各不相同，但最终都实现了较为稳定的统治，这其中的关键应在于是否有能力整合盘根错节的本地势力，而实现整合的前提则是要拥有较强的外来亲信力量，在此基础上，与当地势力关系较融洽的，重新整合的时候遇到的阻力便会小一些，如刘备在赤壁之战后能够较为轻易地据有荆州，同时吸引了大量已经归降曹操的荆州士人纷纷渡江前来投奔。反之，则可能需要血腥的战争征服，例如曹操重夺兖州。

与曹、刘、孙形成鲜明对比的，是刘虞、袁绍、吕布，后三者对本地力量的重新整合都是颇为失败的。刘虞为政宽仁，尽管得到了较多的同情与支持，却因缺少利益高度一致的强大的中坚支持力量，无力将幽州内外的各种资源高度组织起来，形成实际的政治、军事支撑。袁绍拥有实力强劲的亲信团体，但本地势力也同样不容小觑，二者形成了难分高下的竞争关系，由此，袁绍也无法实现对所统治地区的高度整合。虽然集聚了大量的物资与军队，但因为存在激烈的内耗，这些资源所能发挥的作用只能是大打折扣。吕布集团的问题是外来势力太过庞杂，互相之间的利益分歧十分显著，甚至有的矛盾是难以调和的，加之本地大族对吕布并不欢迎，致使吕布不仅不能整合徐州的力量为己所用，反而被徐州大族利用其内部矛盾，最终将其击败。

至此，回顾田先生的论著，无论是孙吴"江东化"进程，还是诸葛亮调和"新"、"旧"关系，其实都是在重新整合当地力量。这些整合工作促使吴、蜀政权的统治基础真正得以稳固下来，并有能力实现对曹魏的抗衡甚至进攻。

从汉末混战的史事可知，多数军阀统帅与统治区域内的本地势力的关系并非十分融洽，利益分歧在所难免，因而这些军阀便有整合本地势力的需求。对于占据江左的孙氏与割据西南的蜀汉来说，外来亲信集团原本的实力较为强大，且地理环境相对独立，整合工作受到外部其他军阀等势力的影响较小，加上吴蜀之间建立了长期持续的同盟关系，因而能够在南方实现较稳定的统治。

与孙、刘两家相对较易实现对江东、巴蜀的控制形成鲜明对比的，是北方尤其是中原群雄的整合工作较多受到周边其他势力的干扰。一旦统帅和本地势力之间产生矛盾，就容易给外敌以可乘之机，因而留给这些割据势力内部整合的空间是比较有限的。对于本地势力宽容妥协固然容易在短期内取得他们的支持，但若要实现较高的政治组织程度，则需要特定的时机或较久的时间，大部分军阀难以做到。而如果对有分歧的本地势力采取戒备甚至敌对态度，对异己者采取高压姿态，虽然能收一时之效，但极易加剧矛盾，使自己丧失统治基础，公孙瓒与幽州士庶的关系就是典型的案例。在此情况下，向外扩张、击败对手便成为北方尤其是中原地区彼此联系较为紧密的军阀们加速内部整合的重要手段。以袁绍和曹操为例。曹操虽然一度失去兖州的大片土地，但通过此前的多次胜利，曹操核心团队的凝聚力已经建立起来，为日后的反击保留了基础。另外，袁绍集团发动官渡之战的时机并不成熟，因为其核心统治集团内部出现了显著的政治裂痕。袁绍始终不愿接受献帝，甚至授意部下进献符命来摆脱献帝的影响，而袁绍集团的二号人物沮授未能曲意逢迎，坚持自己的政治抱负，主张奉迎献帝，以求借助天子的影响壮大实力。沮授与袁绍之间的分歧愈加明显，直至袁绍对他不再信任。然而，袁绍此前为了顺利控制冀州，给予了沮授相当高的地位和权力，使之有权节制三军，故而虽然已经对沮授颇为不满，也还不能有太明显的动作，以免引起局面的巨大震荡。由是，袁绍不得不在矛盾尚未解决的时候发动与曹操的决战，寄希望于通过战胜曹操来进一步提升威望，从而解决与沮授的矛盾。最终，内部矛盾严重影响了袁军在官渡之战中的表现，而核心团体中矛盾更少的曹操集团取得了决战的胜利。当然，曹操迎天子之后，吸纳的各种人士越来越多，他们中有不少人对曹操不满，而官渡之战的胜利也为曹操压制朝堂上的质疑声音乃至反对者们创造了条件，使曹操的地位愈加巩固。显然，军阀集团内不同团体人群的矛盾促使军阀们加紧了对外扩张的过程，加剧了汉末混战的激烈程度，当然也加快了北方统一的步伐。

灵帝后期，虽然东汉许多地方都已发生规模大小不一的叛乱，一些地方势力开始成长起来，但真正的汉末军阀大混战仍是由中央的分裂向地方传导而促成的。由于讨董军队的统帅主要为州郡长官，且汉代已有地方长官回避本籍的制度，故而汉末主要军阀统帅的籍属多不在其所统治的地区。在此情形下，军阀化的地方长官失去了大一统王朝的支撑，只能依靠自己能够聚集起来的力量维持统治，同时也需要重视与当地势力尤其是大族的关系。另外，这些军阀统帅为了不被当地势力压制、架空，便倾向于扶植主要由同乡、亲故等组成的外来亲信力量。由此，当地势力与亲信团体便成为多数主要军阀集团政治结构中的重要部分，两种力量的实力对比与相互关系也很大程度上决定了军阀集团的抉择与命运。

在汉末混战的激烈角逐中，能否实现对所统治地区力量的高度整合，很大程度上决定了一个军阀集团的竞争力，然而要实现整合是颇具难度的，于是在各支军阀关联度较高的北方，对外扩张成为军阀统帅压制内部矛盾、增强自身政治控制力的重要手段，因而加剧了战争的激烈程度，也加快了北方统一的进程。与之形成对比，在地理位置相对独立的江东与西南地区，政治整合受到外部干扰相对较少，孙刘两家在取得了一些关键胜利后，便获取了整合当地资源的政治资本，吴蜀政权的根基由此得以稳定下来。三国鼎立的局面之所以能够形成，在于魏、蜀、吴各自实现了对所统治地区资源的高度整合，而没有给敌国留下太多的可乘之机，加上吴蜀建立了较为稳固的联盟以及地形阻隔、南方经济发展与人口增长等因素，激烈的汉末混战便转入了相对稳定的天下三分。正是地方长官回避本籍的制度，致使各主要军阀集团内部往往形成较为复杂的政治结构，迫使他们不得不重视内部各种势力的整合，这便是汉末破碎性分裂最终转变为三国局部统一的一个重要制度原因，它与经济、地理、政治运作等因素一样，都不应当被忽视。

附录：汉末群雄混战大事年表

汉灵帝中平元年（184）

二月，黄巾起义。

三月，以何进为大将军。遣卢植、皇甫嵩、朱儁讨黄巾。

七月，巴郡道教首领张脩起兵。

十一月，黄巾起义失败。

凉州先零羌与湟中义从北宫伯玉等起兵反汉，逼边章、韩遂为帅。

二年（185）

二月，黑山起于太行山中。

三月，北宫伯玉攻掠三辅，汉以皇甫嵩出兵征讨，不克。

八月，张温代皇甫嵩讨北宫伯玉。

三年（186）

二月，江夏兵赵慈反，杀南阳太守秦颉。

六月，荆州刺史王敏击斩赵慈。

十月，武陵蛮反，郡兵击破之。

四年（187）

六月，张纯、张举联合乌桓诸部起兵，张举自称天子。

十月，零陵人观鹄反，长沙太守孙坚击破之。

十二月，征南匈奴兵击张纯，南匈奴人不乐从军，其右部与休屠各反。

五年（188）

二月，黄巾余部郭太等起于西河白波谷。

三月，休屠各胡杀并州刺史张懿，又与匈奴左部击杀南匈奴羌渠单于。南单于子於夫罗诣洛阳自讼，后灵帝死，天下大乱，於夫罗遂留河内、河东一带，以抄略为计，并参与群雄混战。

四月，汝南黄巾起。

六月，益州从事贾龙击杀黄巾马相，迎益州牧刘焉就任。先是，益州黄巾马相攻杀刺史郤俭，自称天子，多攻破三蜀城邑，又破巴郡，杀太守。

八月，置西园八校尉。

十月，青州、徐州黄巾起，后以陶谦为徐州牧征讨黄巾。

十一月，巴郡板楯蛮叛，上军别部司马赵瑾击破之。

十二月，公孙瓒大破张纯。

六年（189）

二月，皇甫嵩大破王国于陈仓，韩遂、马腾等退回陇右。先是，韩遂杀边章及北宫伯玉，与马腾、李相如等共推王国为军帅。陈仓之败后，诸将废王国，逼劫天水阎忠为帅，阎忠死，诸将遂割据西北，互相混战。

三月，幽州牧刘虞悬赏张纯、张举，张纯为部下所杀，张举逃出塞。

四月，灵帝死，皇子辩即位，是为少帝。

何进诛杀宦官蹇硕。

六月，何氏杀灵帝母董太后。

八月，何进令董卓、王匡、桥瑁、丁原等屯洛阳周边，欲逼迫太后许其诛杀宦官。宦官张让、段珪等杀何进，袁术等攻入皇宫，尽杀宦官。董卓趁乱入宫，收编洛阳诸军，并杀丁原。

九月，董卓废少帝为弘农王，立陈留王协为帝，是为献帝。

董卓杀何太后。

献帝初平元年（190）

正月，袁绍等起兵于关东，讨击董卓。

董卓杀废帝弘农王。

二月，董卓迁都长安。

三月，献帝至长安，董卓焚烧洛阳城及宫室，尽诛袁氏在长安者。

是岁，曹操与兖州军击董卓，战败，曹操至丹杨募兵，后至河内归附袁绍。

孙坚自长沙北上参与讨董，杀荆州刺史王叡、南阳太守张咨。袁术遂据南阳。董卓表刘表为荆州刺史。

袁绍、韩馥等谋立刘虞为帝，次年，刘虞拒之。

公孙度自立为辽东太守，平州牧，据有辽东。

二年（191）

二月，孙坚大败董卓将胡轸，入洛阳。

四月，董卓还军长安，关东诸将亦陆续罢兵东归。

七月，袁绍逼韩馥让冀州。

黑山入魏郡、东郡，东郡太守王肱不能御，曹操遂引兵入东郡，击败黑山，代王肱为东郡太守。

十一月，公孙瓒大破黄巾于东光。

是岁，犍为太守任歧与贾龙起兵攻刘焉，刘焉击破之。先是，刘焉遣张鲁击杀汉中太守苏固，据有汉中，隔绝道路，杀害汉使。刘焉又多杀益州大姓以立威，太尉蜀郡赵谦说任歧起兵，任歧、贾龙遂反刘焉。

三年（192）

正月，袁术遣孙坚攻刘表于襄阳，刘表部将黄祖拒之，孙坚为黄祖军士所射杀。

袁绍大败公孙瓒于界桥。

四月，王允、吕布诛杀董卓。

青州黄巾击杀兖州刺史刘岱，曹操接任兖州刺史，击破黄巾。

六月，董卓部将李傕、郭汜等攻入长安，杀王允，吕布逃往关东。

七月，太傅马日磾及太仆赵岐等循行关东，后马日磾滞留淮南，为袁术所逼辱。

是岁，公孙瓒遣单经、刘备联合陶谦进逼袁绍，袁绍、曹操击破之。

四年（193）

是年春，刘表断袁术粮道，袁术自南阳退至陈留，曹操复击败之。

赵岐至关东，袁绍、公孙瓒遂罢兵。魏郡兵反，引黑山于毒等共覆邺城。

三月，袁术杀扬州刺史陈温，据有淮南。

陶谦攻兖州之泰山郡，曹操击破之。

六月，袁绍入太行山讨黑山于毒等，击破黑山多部。袁绍率军北至常山，与黑山张燕大战，大破之。此后，袁绍越过太行山经营并州，以甥高幹为并州牧。

秋，曹操征陶谦，下十余城，陶谦据守不出。

十月，刘虞率兵十万攻公孙瓒，兵败，为公孙瓒所杀。

是年末，袁术始遣孙策渡江。

兴平元年（194）

三月，韩遂、马腾与刘焉子刘范等谋攻李傕、郭汜，大战，韩遂、马腾败归陇右，刘范等被杀。

是年夏，曹操出兵徐州，屠戮甚众。公孙瓒部将田楷、刘备救徐州。陶谦留刘备于小沛，表备为豫州刺史。

是岁，曹操部下张邈、陈宫引吕布攻兖州，曹操退还兖州，与吕布战。先是，吕布归附袁绍，助袁绍于常山大败张燕，后绍欲害之，布遂奔河内投张杨，此时入兖州。

陶谦死，刘备代领徐州。

刘焉死，其子刘璋代为益州牧。先是，刘焉遣张鲁入汉中，其母、弟留于蜀中为质任。刘璋领州，张鲁渐骄纵不服，璋杀鲁母、弟，遂为仇敌。

二年（195）

二月，李傕、郭汜大战于长安。

是年夏，曹操击败吕布，吕布东奔刘备。

七月，献帝东归。

十一月，献帝至曹阳，杨奉、董承等引白波帅奉迎，击败李傕追兵。

十二月，李傕败献帝于曹阳，百官死者甚多。献帝北渡黄河，至安邑。

曹操攻破雍丘，击杀张邈弟张超，收复兖州。

是岁，孙策击破牛渚，遂渡江。

袁绍败公孙瓒于鲍丘，公孙瓒退守易京。先是，刘虞旧部鲜于辅、阎柔等纠合州兵，北连乌桓，南结袁绍，迎刘虞子刘和，大败公孙瓒所置渔阳太守邹丹，公孙瓒所辖之地日蹙。

兴平元年、二年，多地连旱，蝗虫大起，人相食，或有以人脯为军粮者。

建安元年（196）

二月，曹操击破汝南黄巾，始开许下屯田。

是岁，吕布袭取下邳。六月，吕布部将郝萌叛布于下邳，连及陈宫、袁术。先是，刘备与袁术交战，留张飞守下邳，吕布遂袭取之。后刘备投奔吕布，吕布使备屯小沛。袁术遣纪灵攻备，吕布辕门射戟，袁、刘罢兵。

七月，董承、杨奉、韩暹等卫献帝还洛阳。乏粮，公卿有饿死者，张杨输粮至洛阳，筑杨安殿。曹操至洛阳迎献帝，韩暹遁走。

九月，曹操为大将军，挟天子迁许。杨奉欲于中途劫致献帝，不及。

十月，曹操征杨奉，杨奉、韩暹逃奔袁术。

曹操以袁绍为太尉，班位在大将军下，袁绍不受，曹操遂免大将军，任司空，行车骑将军事，以袁绍为大将军。

是岁，吕布攻小沛，刘备逃奔曹操，曹操以之为豫州牧，复还小沛。

张济自弘农奔南阳，攻穰，阵亡，族子张绣代领其众。刘表招张绣屯南阳，以为北边屏障。

孙策败扬州刺史刘繇，攻下丹杨、吴郡，刘繇逃往豫章。孙策又东攻会稽，太守王朗降。

袁谭击败公孙瓒所置青州刺史田楷，又败北海相孔融，尽有青州。

二年（197）

正月，曹操征张绣，至宛城，张绣降而复叛，曹操败走。

是年春，袁术自称天子，遣使韩胤至徐州，吕布送韩胤于许，曹操斩胤。袁术攻吕布，为布所败。

是年夏，曹操遣使者王誧至江东，拜孙策为会稽太守。

十一月，曹操征南阳，至宛，击破刘表军。

三年（198）

正月，曹操还许。

三月，曹操征南阳，围张绣于穰。

四月，曹操遣谒者仆射裴茂联合关西诸将击杀李傕。同一时期，郭汜为其将五习所袭，死于郿。

五月，曹操击败张绣、刘表军，退兵。

九月，曹操东征吕布。是年春，吕布遣高顺攻刘备，曹操以夏侯惇救备，战不利，操遂亲征。

十月，曹操破彭城，围下邳。

十二月，下邳城破，曹操缢杀吕布，挟刘备还许，拜备左将军。

是岁，孙策击破庐江太守刘勋，遂西讨黄祖于江夏。刘繇病死。

四年（199）

是年初，孙策征黄祖，退军，遂攻占豫章，尽有扬州江南之地及庐江。

三月，袁绍攻杀公孙瓒于易京，尽有冀、青、幽、并四州。公孙瓒死后，渔阳人推鲜于辅行太守事，鲜于辅归附曹操。

四月，曹操遣史涣、曹仁攻杀眭固于河内。先是，张杨据河内，为其将杨丑所杀，眭固又杀杨丑，降袁绍，曹操遂遣军渡河击破之。

是年夏，袁术自烧宫室，奔其部将雷薄、陈兰于潜山，薄、兰不受，袁术遂欲归帝号于袁绍，往青州投袁谭。先是，董承受衣带诏诛曹操，引刘备同谋。刘备惧为曹操所害，于是请往徐州阻击袁术，曹操许之。

六月，袁术死。

十一月，张绣降曹操。

十二月，曹操进军官渡，以御袁绍。

是岁，刘备至徐州，后袭杀刺史车胄，遂反曹操，徐州响应，东海昌霸等亦同起兵。曹操遣刘岱、王忠讨击，为刘备所败。

曹操以钟繇为司隶校尉。钟繇招抚马腾、韩遂等，关西诸将渐归附曹操。

五年（200）

正月，董承衣带诏谋泄，连及诸人皆伏诛。

曹操东征刘备，破之，擒关羽。刘备逃奔袁绍。

二月，袁绍遣颜良等渡河，围东郡太守刘延于白马。

四月，曹操率军救白马，斩袁绍将颜良、文丑。袁绍渡河而南。

十月，曹操夜袭乌巢，袁绍军败北逃。曹操获沮授，杀之，并杀袁军降卒八万人。

是岁，孙策死，其弟孙权代领其众。

袁绍、曹操相拒于官渡时，刘备至汝南，联络汝南黄巾刘辟等袭扰许下。曹操遣蔡阳击刘备，为备所杀。

益州征东中郎将赵韪反刘璋，三蜀响应。

六年（201）

九月，曹操至汝南征刘备，刘备败走，奔刘表，刘表使备屯新野。

是岁，刘璋击败赵韪，赵韪为部下所杀。先是，三辅、南阳民流入益州，刘焉父子收以为兵，称“东州兵”，刘璋用东州兵击败赵韪。

七年（202）

五月，袁绍死，少子袁尚代之。袁谭自号车骑将军，屯黎阳。

九月，曹操进兵黎阳，袁谭、袁尚败退。

八年（203）

三月，曹操大破袁氏兄弟。

四月，曹操进军邺城。

八月，曹操南征刘表。袁谭、袁尚相争，袁谭败走平原，袁尚追击之。袁谭遣使辛毗向曹操求援。

十月，曹操至黎阳，与袁谭结盟，约以联姻。袁尚退还邺城。曹操退兵。

九年（204）

二月，袁尚复攻袁谭。曹操引兵攻邺城。

七月，袁尚大败，北逃中山。

八月，曹操克邺城。

九月，曹操领冀州牧，解兖州牧之任。

曹操围邺时，袁谭攻冀州东部诸郡县。袁尚败走中山，袁谭追攻之，袁尚又走故安，奔其兄幽州刺史袁熙。

是岁，辽东太守公孙度死，子康代之。

十年（205）

正月，曹操攻袁谭，斩之，并诛其妻子，杀郭图。

袁熙部将焦触、张南叛袁熙、袁尚，熙、尚奔三郡乌丸（乌桓）。

四月，黑山张燕等降曹操。

乌丸攻鲜于辅。

八月，曹操北征救援鲜于辅，乌丸败逃出塞。

是岁，并州刺史高幹反。高幹为袁绍之甥，绍以之为并州牧。曹操拔邺城，幹降，仍以之为刺史。操北征乌丸，高幹遂起兵反。

十一年（206）

正月，曹操征高幹，围壶关三月，高幹逃奔荆州，为上洛都尉王琰捕杀。

十二年（207）

五月，曹操北征三郡乌丸，至无终。

八月，曹操与乌丸王蹋顿大战于白狼山，斩蹋顿，屠柳城。

袁熙、袁尚奔辽东公孙康。

九月，公孙康斩袁熙、袁尚及乌丸首领，送其首于曹操。

十三年（208）

正月，司徒赵温免。

是年春，孙权征江夏，杀太守黄祖，刘表以其子刘琦为江夏太守。

六月，罢三公，置丞相、御史大夫，曹操任丞相。

七月，曹操南征荆州。

八月，刘表死，子琮代之。

九月，刘琮降曹操。刘备败走夏口。孙权遣鲁肃吊刘表丧，遇刘备于当阳，备遣诸葛亮同鲁肃见孙权，孙刘结成联盟。曹操据江陵。

十二月，孙权攻合肥。周瑜、刘备败曹操于赤壁。

曹操退还北方，留曹仁守江陵。周瑜、刘备攻曹仁。

赤壁之战前，刘璋遣别驾张松至荆州见曹操，操遇松无礼，松遂怨之。

十四年（209）

是岁，孙刘联军与曹仁相攻守逾年，仁退走。周瑜为南郡太守，镇江陵。

刘备表刘琦为荆州刺史，南征荆州四郡长沙、零陵、桂阳、武陵。

刘琦死，刘备领荆州牧，屯公安，表孙权为徐州牧。

刘备至京口见孙权，孙权嫁妹于刘备，并借备南郡之地。

十五年（210）

是年春，曹操发布首道求才令，提出“唯才是举”。

是岁，孙权以步骘为交州刺史，至交州，交州士燮归附孙权。

周瑜死。

孙权遣孙瑜取道荆州攻益州，刘备以诸将分据险要，阻断吴军前路，孙瑜退还。

十六年（211）

正月，太原商曜反，曹操遣夏侯渊、徐晃攻破之。

三月，曹操命夏侯渊、徐晃南下弘农，与司隶校尉钟繇合兵，扬声经关中攻汉中张鲁。

关中诸将马超、韩遂等疑曹操将袭己，遂聚兵潼关，拒阻夏侯渊、钟繇西进。曹操敕诸将坚守，勿与战。

七月，曹操西征。

九月，曹操大破关西诸将，马超、韩遂败走。

十二月，曹操退还，留夏侯渊镇关中。

是岁，刘璋闻曹操将攻张鲁，恐其有吞并益州之意。张松劝刘璋绝曹操而迎刘备。刘璋遂遣法正至荆州迎备，约共取汉中。

刘备偕庞统、法正率兵入蜀，留诸葛亮、关羽、张飞守荆州。

孙权自京口移治秣陵。

十七年（212）

五月，曹操诛杀马腾，夷三族。先是，马腾携家入许，以子超留关中统其众。

八月，马超杀凉州刺史韦康，据冀县。

十月，曹操征孙权，又使乐进攻关羽。

张松兄张肃揭发张松与刘备通谋，刘璋杀松。刘备诱杀刘璋白水督杨怀，与璋反目。

是岁，孙权建石头城，改秣陵为建业。

十八年（213）

正月，曹操至濡须口，与孙权交战。

诏书以天下十四州复《禹贡》九州，省幽州、并州，皆入冀州。

五月，曹操为魏公，加九锡，以魏郡等十郡为封国。

十一月，魏国置尚书、侍中、六卿。

十九年（214）

正月，杨阜、赵衢等讨马超，超南奔张鲁。

夏侯渊击破韩遂，韩遂退至金城。

是年夏，雒城破，刘备进围成都。先是，刘备攻占蜀中城池愈多，而兵力不足，于是命诸葛亮、张飞、赵云率军入益州，分定郡县，留关羽镇荆州。庞统死于雒。

五月，刘璋出降，刘备遂得益州。刘备迁刘璋于南郡。

七月，曹操征孙权。

十月，夏侯渊屠枹罕，斩宋建。先是，陇西宋建聚众枹罕，自称河首平汉王，改元，置百官，三十余年。

曹操自合肥还。

十一月，曹操杀伏皇后。

二十年（215）

正月，省云中、定襄、五原、朔方等郡，每郡置一县领其民，合以为新兴郡，正式放弃黄土高原以北大片土地。

三月，曹操出征张鲁。

五月，西平、金城诸将杀韩遂，送首于曹操。

七月，曹操至阳平关，张鲁军败，奔巴中。

先是，孙权以刘备已得益州，求还荆州，刘备不与。孙权遂遣吕蒙等取长沙、零陵、桂阳三郡。刘备引兵五万下公安，与孙权对峙。至此，刘备闻曹操攻汉中，遂与孙权平分荆州，长沙、江夏、桂阳东属，南郡、零陵、武陵西属。刘备西还江州。

八月，孙权围攻合肥，张辽、李典击破之。

十一月，张鲁降曹操。

十二月，曹操退兵还，留夏侯渊、张郃守汉中。张郃率军入巴中，迁徙巴西民众。

二十一年（216）

张飞大败张郃于瓦口，张郃退还汉中。

五月，曹操晋爵魏王，魏国增置相国、奉常、宗正等官。

十月，曹操东征孙权。

二十二年（217）

孙权遣徐详与曹操暗中通使，重约联姻。

三月，曹操班师。

是岁，法正劝刘备取汉中，张飞、马超进兵武都，曹洪拒之。

二十三年（218）

刘备率诸将进兵汉中，张飞、马超自武都退兵，攻汉中。

七月，曹操西征。

十月，宛城守将侯音反，南招关羽，曹仁围宛。

二十四年（219）

正月，曹仁屠宛城，斩侯音。

刘备击杀夏侯渊。

三月，曹操自斜谷至汉中，刘备据险而守。

五月，曹操还长安，刘备遂得汉中。

七月，刘备于汉中称汉中王，还成都，留魏延守汉中。

八月，关羽水淹七军，擒于禁，斩庞德。曹操又遣徐晃救曹仁。先是，关羽围攻曹仁于樊，曹操遣于禁、庞德救之。

十月，曹操还洛阳，孙权致书求袭关羽后方。曹操自征关羽。吕蒙袭取荆州，士仁、糜芳降吴，关羽遂为徐晃所破，退兵南走，樊城围解。

十二月，孙权将潘璋、马忠擒关羽及其子平于临沮。孙权杀关羽父子，传首洛阳。

曹操以孙权为骠骑将军，领荆州牧。

吕蒙死。

二十五年（220）

正月，曹操还洛阳，病死。曹丕继位魏王。

十月，曹丕代汉称帝，建国号为魏，曹丕此前改建安为延康，至此改元黄初。

魏文帝黄初二年（221）

四月，刘备称帝，改元章武。

七月，刘备兴兵伐吴。

十一月，曹丕封孙权为吴王。

黄初三年（222）

二月，刘备至夷陵。

六月，陆逊败刘备于夷陵。

九月，魏攻吴，临江而还。先是，曹丕征孙权太子为质任，孙权不从，魏遂攻吴。孙权于是改元黄武。

十二月，孙权遣使者郑泉至白帝，复与刘备通使。

黄初四年（223）

二月，刘备病死于白帝，托孤于诸葛亮。